质保数据分析与质保政策设计

何曙光　戴安舒　张兆民　著

科学出版社
北京

内 容 简 介

本书结合国内外的最新成果，共分为六章。第 1 章系统地介绍质保管理的基本概念；第 2 章介绍质保数据分析的可靠性理论基础，为后续的数据分析奠定基础；第 3 章介绍质保数据的基本结构、基于质保数据的寿命分布拟合以及质保数据的汇总分析方法；第 4 章通过三个案例对质保数据进行讨论和介绍；第 5 章主要介绍影响质保成本的关键因素以及质保成本估计方法；第 6 章主要介绍一维/二维质保政策的设计和优化以及个性化质保政策的设计和优化。

本书可供工业工程与质量管理专业的研究、管理与应用人员阅读参考。

图书在版编目(CIP)数据

质保数据分析与质保政策设计/何曙光，戴安舒，张兆民著. —北京：科学出版社，2021.10

ISBN 978-7-03-069913-8

Ⅰ. ①质… Ⅱ. ①何… ②戴… ③张… Ⅲ. ①消费品–质量管理体系–研究–中国 Ⅳ. ①F273.2

中国版本图书馆 CIP 数据核字(2021) 第 196566 号

责任编辑：徐 倩／责任校对：王晓茜
责任印制：张 伟／封面设计：无极书装

科学出版社 出版
北京东黄城根北街 16 号
邮政编码：100717
http://www.sciencep.com
北京凌奇印刷有限责任公司 印刷
科学出版社发行 各地新华书店经销
*
2021 年 10 月第 一 版 开本：720 × 1000 1/16
2022 年 5 月第二次印刷 印张：13
字数：262 000
定价：136.00 元
(如有印装质量问题，我社负责调换)

前　言

全球市场竞争的加剧和科技的进步，正深刻改变着企业的竞争和消费者的选择。在现代市场竞争环境下，消费者在做出购买决策时正逐渐从单一的决策维度向更多的综合决策维度转变。对于耐用品而言，由于其长生命周期和高价值的特点，用户的体验不但受购买产品时的初始质量影响，而且受产品使用过程中的可靠性及售后服务影响。其中，售后质量保证（简称质保）是耐用品寿命期内的一项重要政策。制造商在制定质保政策时，除需要满足特定的法律规定外，也会将质保政策作为重要的市场竞争要素和市场营销手段。另外，在质保服务过程中，企业能够收集海量的质保数据。质保数据中包含了大量产品现场质量和可靠性信息，通过质保数据分析可揭示产品在交付后的质量和可靠性状况，进而为产品质量改进与质保政策设计提供有效支持。

本书依托于我国企业的实际案例，结合国内外的最新成果和作者近年来的理论成果与应用实践，对质保数据分析和质保政策设计相关问题进行介绍。全书共分为 6 章。第 1 章系统地介绍质保管理的基本概念；第 2 章介绍与质保数据分析相关的可靠性理论基础，为后续的数据分析奠定基础；第 3 章介绍质保数据的基本结构、基于质保数据的寿命分布拟合以及质保数据的汇总分析方法；第 4 章通过三个案例对质保数据建模与应用进行讨论和介绍；第 5 章主要介绍影响质保成本的关键因素以及质保成本估计方法；第 6 章主要介绍一维/二维质保政策的设计和优化以及个性化质保政策的设计和优化。本书可供工业工程与质量管理专业的研究、管理与应用人员阅读参考。我国制造业正处于“生产型制造”向“服务型制造”的转型阶段，本书通过对质保数据、质保管理等相关方面的深入研究，可为制造型企业的服务化转型提供运营支持。

全书由天津大学管理与经济学部何曙光教授、天津财经大学管理科学与工程学院戴安舒博士、中国民航大学交通科学与工程学院张兆民博士合著，研究工作得到国家自然科学基金项目（项目号：72032005、71802145 和 71902180）资助。

本书第 1 章、第 2 章、第 3 章由何曙光著；第 4 章、第 5 章由戴安舒著；第 6 章由张兆民著。本书在写作过程中还受到天津大学管理与经济学部工业工程系主任何桢教授的重要指导，在此致以真诚的感谢。

最后还要感谢科学出版社的大力支持与帮助。

作　者

2021 年 3 月 1 日

目　录

第 1 章　绪　　论

全球市场竞争的加剧和科技的进步，正深刻改变着企业的竞争模式和消费者的选择模式。在现代市场竞争环境下，消费者在做出购买决策时正逐渐从单一的决策维度向综合的决策维度转变。对于耐用品而言，由于其长生命周期和高价值的特点，用户的体验不但受购买产品时的初始质量影响，而且受产品使用过程中的可靠性及售后服务质量的影响。而无论是产品可靠性还是售后服务质量，都会对消费者的满意度乃至忠诚度产生影响，并最终影响消费者的重复购买决策。在整个耐用品生命周期内，售后质量保证是一项重要政策，对于制造商、代理商以及用户都具有重要的影响。本章将从不同的角度对质保相关的概念进行介绍。

1.1　产品、质量与可靠性

1.1.1　产品及其分类

产品售后质量保证，简称质保，是与特定产品销售相伴随的由制造商给用户的承诺和保证，确保产品能够正常执行其预定的功能。事实上，并不是所有的产品都提供质保，而且不同产品的质保政策体现出明显的差异性。因此，首先从质保的角度对产品及其分类进行介绍。

从概念上，产品是指由一个组织提供给市场，能够满足消费者特定需求而被消费者使用和消费的任何东西，可以是有形的实体产品、无形的服务或者两者的组合。除一些特殊情形如维修服务外，绝大多数的质保都是针对有形产品的。从质保的角度，对产品进行如下分类。

（1）非耐用消费品和耐用消费品。消费品是相对于工业品而言的，主要指直接提供给最终消费者使用的产品，日常见到的产品绝大多数都属于消费品。按照产品的特点，消费品一般分为非耐用消费品和耐用消费品。非耐用消费品一般指消耗较快、需要不断重复购买的产品，典型的非耐用消费品如服装鞋帽、化妆品、食品、日用品等。通常厂家并不需要为售后产品提供质量保证，但此类产品在生产过程中需要满足大量不同的法律法规、健康和安全标准等，以保护消费者的合法权益。特别地，一般规定非耐用消费品生产商需要标明产品成分、所使用的原材料等。与非耐用消费品相对应，耐用消费品是指使用寿命较长、可以多次使用的消费品。耐用消费品一般价值较高、消费者购买次数较少，典型的耐用消费品如家用电器、家具、家用汽车、个人计算机、手机等。制造商生产的耐用消费品除了需要满足相应的国家、地区以及企业标准，还需要为售后产品提供质量保证。

（2）工业品。工业品是指那些购买者以社会再生产而不是消费为目的所购买的产品。工业品一般可以分为工业中间品和最终工业品。工业中间品如汽车制造过程中使用的原材料和零部件如涂料、钢材、发动机，计算机中的中央处理器（central processing unit，CPU）、硬盘、内存等。工业中间品最终会成为最终工业品的一部分。最终工业品主要服务于工业或工程，如大型发电设备、工程机械、机床等。与耐用消费品类似，工业品制造企业也需要为工业品提供质量保证，但工业品的质保相比于消费品要复杂得多。还有一点需要注意的是，并不能够仅从产品本身区别是工业品还是消费品，而是与实际的用途有关，如家用汽车和商用汽车（如出租车、运输车辆）就分别属于消费品和工业品，类似的例子还包括家用和商业用途的洗衣机、打印机等。在质保管理领域，区分一个产品属于消费品还是工业品，是因为消费品和工业品的质保政策存在差异，在后续章节会进一步介绍。

（3）复杂产品系统。复杂产品系统指研发成本高、规模大、技术含量高、集成度高的大型产品、系统或基础设施等，这类产品系统一般具有特定用途，多为小批量生产或单件定制。复杂产品系统的典型特征是在产品的生命周期内要进行大量复杂的维修、维护以及改造 (repair/maintenance/overhaul, RMO) 等。根据产品的用途划分，常见的复杂产品系统包括军用飞机、舰船、火箭等以及发电站、计算机网络、通信网络、大型起重设备等。此类产品往往是由不同产品构成的复杂系统，一般价值极高且包含有特殊的技术。复杂产品系统的质保政策往往是个性化和可谈判的，一般作为复杂产品系统交易的合同条款存在。

（4）标准产品和个性化定制产品。标准产品是根据市场调研及企业经验所设计和制造的产品，一般的耐用消费品和大多数的工业品均属于标准产品。与标准产品不同，个性化定制产品是为满足特定客户需求而设计和制造的产品。定制产品随定制程度的不同，与标准产品存在不同程度的差异，定制产品的质保可以与标准产品相同，也可以不同。

（5）不可修产品和可修产品。不可修产品是指产品从投入使用到不能正常工作或性能无法满足要求至寿命结束，如灯泡、电子元器件、普通开关、电池等。此类产品一般价值较低，修复不可行或不经济。而可修产品则是指产品在失效后可经由维修作业将产品恢复到正常工作的状态。绝大多数的耐用品如家用电器、计算机、汽车等都属于可修产品。可修产品和不可修产品的分类并不是绝对的，一个可修产品的零部件可能是不可修的，如计算机的某一个电路板、汽车上的某一个零部件。区分产品是否可修是因为分析两类产品寿命时的方法存在差异，有关内容会在后续章节进行讨论。

根据上述分类，本书所研究的产品集中于附加质量保证的耐用消费品或者具有同类特征的工业品，如电子产品、家用电器、家用或商用汽车、工程机械、消费类电子产品等。

1.1.2　产品质量

质量是人们在日常生活中不断使用但又非常难以准确定义的词汇，从不同的出发点和不同的角度，可以给质量进行不同的定义。例如，国际标准化组织（International Organization for Standardization，ISO）在 ISO9000：2000《质量管理体系基础和术语》中将产品质量定义为:“一组固有特性满足要求的程度。”在该定义中，将质量定义为满足要求的程度和能力的产品固有特性，这些要求可能来自标准、技术规范或者用户需求，而特性则可能是物理特性、感官特性、功能特性等。基于此，质量被抽象为一组可衡量的特性或特征，全部符合这些要求则视为质量合格。与此相反，美国著名质量管理专家朱兰则从顾客的角度出发，提出了产品质量就是产品的适用性，即产品在使用时能成功地满足用户需要的程度。用户对产品的基本要求就是适用，适用性恰当地表达了质量的内涵。

事实上，更容易理解的有关质量的定义是从不同的维度对产品质量进行描述，一般包含如下八个维度。

（1）性能。性能指对产品主要工作特性的衡量，一般通过量化的指标进行衡量。例如，汽车的动力性能通常会采用百公里加速时间来衡量；计算机的 CPU 性能采用主频、内核数、缓存容量等；手机性能则通过边框尺寸、屏占比、屏幕刷新率、摄像头像素等。产品的性能往往用于对不同竞争对手的产品之间的比较和评判。

（2）特征。产品所具有的特定特征，同样用于区别不同竞争对手产品之间的差异，所不同的是产品的特征往往并不能够进行简单的比较，而是取决于消费者对某些特征的需求或偏好程度和产品成本的权衡。越是市场竞争激烈的产品，其产品的特征越多、更新越快。例如，手机从单摄像头到多摄像头、汽车从行车记录到 360 度摄像头、自动驾驶、自助泊车、主被动安全配置等。

（3）符合性。符合性主要指产品及其零部件与现有标准的符合程度。

（4）可靠性。可靠性指产品在规定时间内出现故障的可能性，一般用概率来表示。高可靠性是耐用品制造商追求的重要目标，无论是对消费品如个人计算机、手机还是对于工业产品如飞机、汽车、电梯、工程机械等都非常重要。有关可靠性的详细内容将在 1.1.3 节进行进一步论述。

（5）耐用性。耐用性是指可修产品在规定的使用和维修条件下对产品寿命的度量，可以视为产品可靠性的一种特殊情况。对于不可修产品，可靠性和耐用性是等价的。耐用性一般用时间来衡量，在一些特殊情况下也使用产品的产出量来衡量，如汽车的行驶里程、打印机打印的页数、飞机的飞行里程和起落架次等。

（6）可维护性。可维护性关注的是当产品发生故障后维修的难易程度及修理的速度。可维护性对于工业产品如生产线、设备、工程机械等非常重要，一般采用平均修复时间（mean time to repair, MTTR) 衡量。

（7）美观。主要面向消费品，产品质量的美观维度高度依赖个人的评价标准，是一个非常主观的指标。对于同样的产品，不同的消费者有不同的评价，甚至同一个消费者也会随时间、环境等的改变而给出不同的评价。

（8）感知质量。感知质量是指顾客按照自己的使用目的和需求状况，综合分析市场上各种相关信息，对一种产品所做的抽象的主观的评价。

上述八个维度包含了从不同的视角对产品质量的要求，影响着产品的市场竞争能力和消费者满意度。其中产品的性能、特征和符合性属于静态特性，消费者可以通过产品介绍或测试报告获得这方面的信息，对于消费者购买决策有重要影响。产品的可靠性、耐用性和可维护性则需要用户使用产品才能体验到，是影响用户满意度、忠诚度和重复购买意愿的重要因素。产品的美观和感知质量，更多受消费者主观因素的影响，是产品设计与策划、市场定位等过程中需要考虑的重要因素。

从上述定义还可以发现，产品可靠性是产品质量的一个维度。但由于可靠性本身的复杂性，已发展成为一个独立的分支，因此在特定语境下产品质量和可靠性是并列的，具有各自的基础和范畴的学科。在本书中，除非特别说明，将质量和可靠性作为并列的两个概念进行论述。

1.1.3　产品可靠性

产品的可靠性定义为：产品在规定的条件下、在规定的时间内完成规定的功能的能力。根据定义，可靠性实际上是在时间维度上讨论产品的质量，因此可靠性也称为时间维度上的质量。从这一角度理解，可以把产品离开制造系统时的质量状态视为是静态的、产品固有的质量，而可靠性则是产品投入使用后由于产品自身的质量、使用环境、使用方式等表现出来的与时间和使用程序相关的动态质量特性。随着现代科技的发展和制造检测技术的进步，产品在投入使用前的质量是相对比较容易得到保证的，而由于产品质量的随机性和使用环境的不确定性，可靠性相对比较难以控制和测量。

对于不可修产品，其可靠性往往用平均故障时间 (mean time to failure, MTTF) 进行度量，显然平均故障时间越大则产品可靠性越高。对于可修产品，产品的无故障运行时间除了受产品的可靠性影响，还与产品的可修性以及维修质量相关，常用的指标是平均故障时间间隔（mean time between failure, MTBF），即相邻两次故障之间的平均时间间隔。理论上说可修产品的寿命可以无限长，但在实践中，一般会考虑产品的经济寿命。如果频繁发生故障从而导致维修成本过高，则继续使用产品的成本会高于收益，需要对产品进行报废和更换。

在产品使用过程中，由于未知或特定原因导致产品完成规定功能的全部或部分丧失称为失效，引起产品失效的原因或可能的路径称为失效模式。根据失效的原因和后果，可以把失效分为很多种，这里仅介绍与质保相关的几类失效。① 偶然失效：由于偶然因素引起的产品失效，只能通过统计或概率预测其发生，可靠性分析中的绝大多数失效都是偶然失效。② 渐变失效：由于产品的规定性能随寿命单位数增加而逐渐变化引起的，可以通过事先的检测进行预测。③ 软失效：产品某一性能超出规定范围，但又不足以导致功能完全丧失的失效。产品不能执行规定功能的状态称为故障，故障通常是产品本身失效后的状态，但也可能在失效前就存在。失效是可靠性中的一个术语，而故障是产品的外在表现。

任何产品失效都会导致一定的后果，对于一般的消费者来说，这种后果可以是带来生活的不便（如汽车影音系统失效）、经济损失（如冰箱制冷失效）甚至带来危险或导致生命财产的重大损失（如汽车制动系统失效、漏电保护装置失灵等）。而对于工业品如生产线、机床、工程机械等来说，产品失效往往会使生产过程停止，从而导致生产能力的损失、订单延期交付、商誉损失等，而重大关键设备的失效甚至会引起安全事故等不良后果。因此，对任何产品的消费者或用户来说，总是希望产品的可靠性尽可能高、无故障运行时间尽可能长。

产品制造过程中各种因素（人机料法环测）引起的质量波动、运输及交付过程中存在的对产品的损伤以及产品最终使用环境和使用模式的差异性，导致产品的失效存在很大的不确定性，表现为寿命分布比较分散。图1.1给出了一个平均寿命为 1075 天的不可修产品的寿命分布直方图和经验累积概率分布曲线，从中可以发现寿命分布存在右偏，即大量产品的寿命比较短而有少数产品的寿命会很长。从累积分布曲线可以看到，大约 40% 的产品的寿命超过 1200 天，大约 20% 的产品会在 500 天以内失效。尽管产品的平均寿命接近 3 年，但仍然有 5% 的产品的寿命小于 200 天。产品被出售给消费者后，显然部分消费者会由于产品寿命偏短而面临一定的风险，质保的一个重要目的就是对消费者提供保护，消除消费者面临的此类风险。

从产品生产商的视角，设计和生产高可靠性的产品也会带来诸多的好处。首先，作为耐用品重要质量特性的可靠性，是衡量产品质量的重要依据，对于生产商参与市场竞争、塑造品牌与口碑、提升客户满意度及忠诚度等具有重要作用。其次，产品可靠性的提高可以有效降低与产品失效相关的质保成本并降低相关的产品责任风险。因此，可靠性是产品设计与制造过程中的重要决策因素。

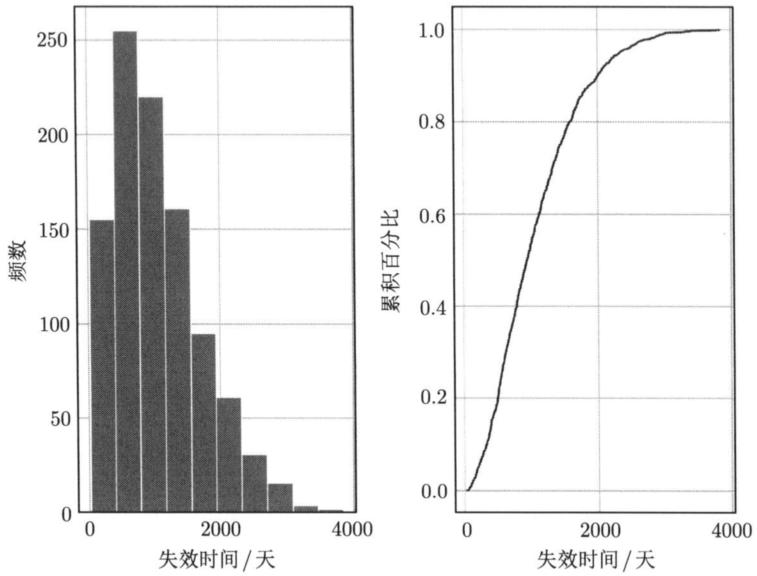

图 1.1　典型的产品寿命分布

从产品形成的过程来看，产品的可靠性又可以划分为设计可靠性、制造可靠性、交付可靠性和现场可靠性。产品形成过程不同阶段的可靠性及其影响因素如图1.2所示。

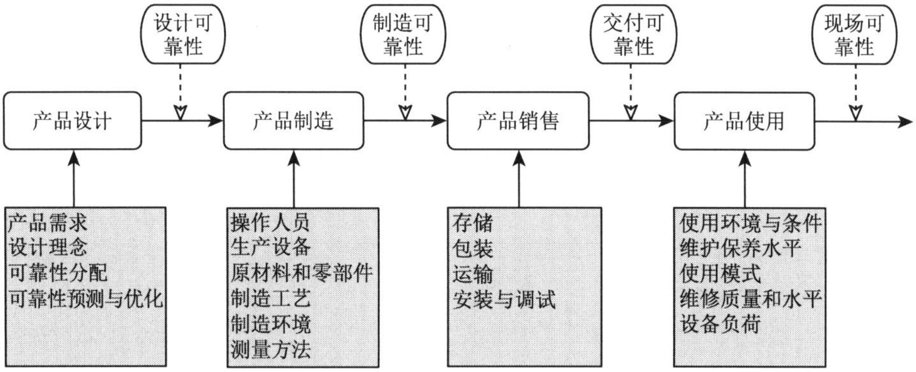

图 1.2　产品形成过程不同阶段的可靠性及其影响因素

(1) 设计可靠性。设计可靠性是指产品在完成设计之后预计的可靠性水平，是在综合考虑用户需求、产品成本、可制造性、可维修性以及失效后果等因素的基础上，通过可靠性分配、预测与优化等方法确定的产品可靠性水平。设计可靠性是产品可靠性的源头，对产品的可靠性起着决定性的作用。同时，在设计中存在的缺陷也会影响产品的可靠性。

（2）制造可靠性。产品的制造可靠性也称为固有可靠性。在制造过程中，影响产品可靠性的因素包括操作人员（人员轮换、班次等）、生产设备（设备的状态、是否存在故障）、原材料和零部件（原材料的批次、供应商等）、制造工艺、制造环境以及测量方法等，所有这些因素的共同作用使得产品的制造可靠性存在波动，即不同产品的寿命存在差异。同样，制造中的缺陷也会影响产品的可靠性。

（3）交付可靠性。交付可靠性是指产品在完成制造和销售并交付给客户时的可靠性，其影响因素包括产品的存储、包装和运输过程发生的颠簸、碰撞以及产品的安装与调试等导致的产品可靠性下降。与产品的制造可靠性不同，交付可靠性一般是未知的，主要作为产品可靠性溯源的一个可能方向。

（4）现场可靠性。现场可靠性是产品真正交付用户后在用户使用过程中表现出的可靠性，受产品使用环境与条件、维护保养水平、使用模式、维修质量和水平（针对可修产品）以及设备负荷等因素的影响。现场可靠性是设计、制造和交付可靠性的具体体现，也是用户在使用产品时感受到的可靠性，对用户满意度和忠诚度产生直接影响。

从产品生命周期的角度，一般的机械产品都会经历早期失效、偶发失效和磨损失效三个阶段，各个阶段的失效率如图1.3所示，称为“浴盆曲线”。各阶段的特征如下。

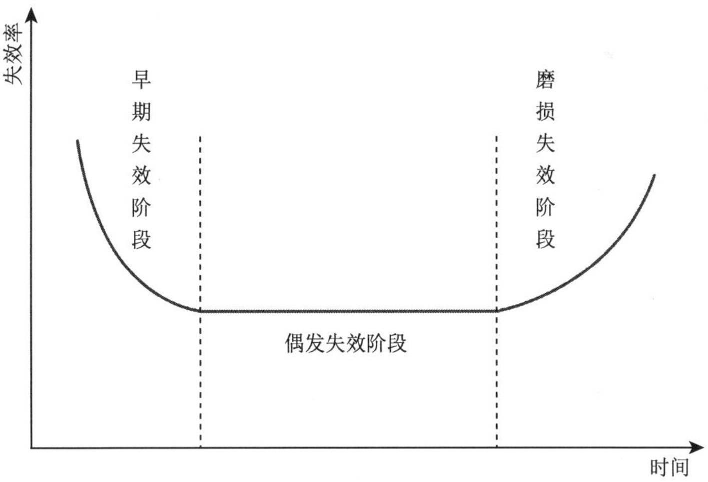

图 1.3　产品生命周期不同阶段的可靠性

（1）早期失效阶段。早期失效阶段是指产品投入使用早期的阶段，主要表现为产品的失效率呈下降趋势，即随着产品使用时间的延长其失效概率在持续下降。

一般来说，早期失效是由于产品设计和制造缺陷、材料和零部件缺陷、安装调试不当等引起的，表现为产品投入使用的很短时间内就发生失效。近年来随着制造技术的提升、制造过程中各种可靠性试验手段的不断完善，产品早期失效阶段在时间上有变短甚至消失的趋势。例如，对于新车来说，由于先进的制造工艺、高精密度的零部件加工以及汽车出厂前的冷磨合，现在所需要的磨合期已经从早期的几千公里下降到一千公里甚至更短。

（2）偶发失效阶段。偶发失效阶段是指产品经过早期失效阶段后，进入稳定运行阶段，产品的失效主要表现为偶发故障，故障之间彼此独立且与时间无关。偶发失效阶段是产品性能最佳、运行成本最低、经济性最好的阶段。对于复杂产品或产品系统，可以通过维修、维护乃至大修等工作，延长偶发失效阶段，以最大化产品或系统的寿命。

（3）磨损失效阶段。产品进入磨损失效阶段后，失效率显著上升，这主要是由产品使用后期零部件的磨损、老化等引起的。对于工业品来说，产品进入磨损失效阶段后，其失效时间间隔显著降低，产品耐用性变差、维修维护成本增加，直接影响运营系统的效率和经济性。对于消费品来说，产品性能和经济性也会变差，如家用汽车进入磨损失效阶段，不但失效次数增加，而且油耗等也会上升。产品的经济寿命就是考察产品继续使用的经济性以确定是继续使用该产品还是进行报废更新。从质保的角度，由于质保期相对于产品生命周期较短，因此基础质保主要涵盖早期失效阶段和偶发失效阶段。但近年来，市场竞争使得产品基础质保期有延长的趋势，加之延保的销售，使得质保期有可能涵盖到磨损失效阶段，这是企业在制定质保政策和设计延保时需要关注的问题。

1.2 产品质保的概念和功能

1.2.1 产品质保的概念

本质上，质保是产品制造商对产品质量和可靠性责任的延伸。相对于非耐用品而言，耐用品一般都比较复杂，不具备专业知识的消费者很难对其进行准确判断，从而使得耐用品制造商和用户之间存在一定的信息不对称问题。此外，耐用品一般价值较高、使用时间较长，在信息不对称的条件下当消费者或用户购买产品时，存在一定的风险。质保指的是由制造商或其代理为消费者或用户提供的产品质量保证，即产品能够在规定的时间内和正常的使用条件下执行预定的功能。这里的特定时间称为质保期，一般是从产品购买日期开始计算，也有一些产品（如家用空调）的质保期是从产品安装完成并投入使用开始计算。使用条件则定义了产品的工作环境和条件，在产品质保条款中一般都会明示说明，常见的如电子产品的电压、电流、温度等，此外在质保政策中往往通过免责条款的形式表明不属于质保的情形。在质保期内，如果产品出现故障或非人为损坏的情形，则由制造商或其代理商对故障产品进行免费维修或更换，该服务过程称为质保服务，在质保服务中所发生的成本称为质保成本。

质保是通过法律法规的形式规定的生产商必须承担的强制责任和义务，我国与产品质保相关的法律法规包括《中华人民共和国产品质量法》《中华人民共和国消费者权益保护法》等法律以及针对不同产品制定的法规如《电子产品国家新三包规定》以及《家用汽车产品修理、更换、退货责任规定》等。这些法律法规的不断修订和完善，是我国市场逐步成熟的标志。例如，2013 年 10 月 1 日起实施的《家用汽车产品修理、更换、退货责任规定》就是在我国成为全球第一大汽车生产和消费市场后实施的，规定了家用汽车的质保期（使用时间和行驶里程）的下限。《电子产品国家新三包规定》同样规定了电子产品的整机、主要零部件的质保期下限。企业可以在满足国家规定的质保期下限的条件下，根据自身的产品状况、市场策略等自行确定产品质保政策。

1.2.2 质保的功能

如前所述，产品质保是生产商为其生产和销售的产品提供的保证。从产品责任和市场竞争的角度来看，质保具有如下几方面的功能。

1. 保护功能

从消费者的视角，质保政策保证了消费者的基本权益。在质保政策下，消费者在质保期内不需要为产品的故障或失效额外支付费用。一方面，由于信息的不对称，耐用品消费者在交易过程中处于被动和弱势的一方。另一方面，由于产品质量存在波动性，一些产品（个体产品或批次产品）相对来说更容易出现故障。无论上述哪种情形，都意味着消费者面临更大的风险，而质保则通过强制责任的形式对消费者权益提供有效的保护。

质保除保护消费者的权益外，也对生产商的权益进行了保护，主要体现在两个方面。一方面，质保期规定了生产商责任期限，即生产商对其销售产品的免费质保责任以质保期为界，质保期以外的产品故障和维修则由用户支付相关费用。另一方面，质保政策中的免责条款规定了消费者在使用产品时的义务，即产品需要在规定的正常条件下使用。这就明确了生产商的责任边界。

2. 信号量功能

质保的信号量功能是指消费者借助质保政策所释放的信息来评判隐含的产品质量和可靠性。如前所述，消费者由于自身背景知识和拥有的信息所限，一般很难对产品的质量和可靠性进行简单有效的评判。因此，消费者需要一些简单明了的信号量来对产品质量和可靠性进行比较，就如通过成绩对学生进行评价、通过跑分软件对手机处理器的性能进行评价一样。

质保政策的信号量功能的基本逻辑如下：制造商在销售产品的时候对其产品的质量和可靠性有基本的判断，也就能够估计出不同的质保期条件时可能的质保成本。考虑到制造商赚取利润的目的，如果产品的质量和可靠性比较差，制造商是不会为产品提供长的质保期的。反之，如果某制造商在同类产品中提供了较长的质保期，则在一定程度上反映了制造商对产品可靠性的信心，从而反过来推断出该制造商的产品有较好的质量和可靠性。基于质保政策的信号量功能和上述逻辑，消费者更愿意选择提供较好的质保政策的产品。

但是由于实际的市场竞争的复杂性，消费者在选择产品时需要同时考虑品牌、价格、质保期、服务口碑等很多因素，并在诸多的因素中作出权衡。因此，在市场上经常看到一些品牌、口碑方面处于弱势的制造商会为其产品提供更长的质保期。事实上，企业在制定质保政策时也同样需要考虑上述诸多因素并结合竞争对手的选择及企业自身的竞争策略进行综合权衡，因此，质保政策有时与产品的质量和可靠性并不完全一致。

3. 促销功能

对于类似汽车、计算机等高价值、长生命周期的耐用品来说，消费者在制定购买决策时，往往会将质保期及质保政策作为重要的决策因素。因此，制造商或其代理在参与市场竞争时，往往将质保政策作为重要的促销手段之一。

在将质保政策作为促销手段时，在实践中有不同的表现形式，最常见的是生产商为特定的产品或产品系列提供更好的质保政策，从而比竞争对手对顾客有更大的吸引力。除此之外，在一些家用电器销售时，代理商为了吸引顾客，采用为顾客赠送延保的方式进行促销，即销售商在原有质保政策的基础上将产品质保期免费延长一段时间，常见的如半年或者一年。当然，使用质保政策作为促销手段时，在促进产品销售的同时也会导致质保成本的增加，因此需要对质保成本进行精确分析和测算。

4. 推广新产品或新技术的手段

当全新的产品被开发出来并推向市场时，或者在传统的产品中包含有全新的技术时，消费者往往对此类新产品或新技术的信任度较低。同时由于新产品或新技术缺乏足够的历史数据对其可靠性进行评估，很难通过有说服力的观测数据提高消费者对产品或技术的信任度。在这种情况下，生产商往往会为新产品或新技术提供更加优越的质保政策，以此进行产品或技术的推广。例如，作为新能源汽车代表的纯电驱动汽车，是近年来汽车市场中的热点。尽管纯电驱动的汽车已经初步得到了市场的认可，但相比于已经发展了 100 多年的燃油驱动汽车，消费者对纯电驱动汽车电机的寿命和可靠性、性能衰减、环境对电动汽车性能的影响等方面仍存在很多的顾虑。

为了推广电动汽车及相关技术，很多厂商都为汽车的电驱动零部件提供更长的质保期。例如，作为著名的新能源汽车品牌，比亚迪公司为其燃油汽车提供的质保期为 4 年或 10 万公里；为其纯电驱动的汽车提供的整车质保期为 6 年或 15 万公里，电动系统主要部件（动力电机、驱动电机控制器、直流总成和电池）的质保期为 8 年或 15 万公里，而电芯则是终身保修。显然，对消费者来说，电动汽车的质保政策要比燃油车更实惠。而特斯拉（Tesla）汽车同样为其电动汽车提供了较好的质保政策。特斯拉为 Model S 和 Model X 提供的整车质保期为 4 年或 8 万公里，高压电池与驱动总成的质保期为 8 年或 24 万公里，且质保期内保有最低 70% 的电池容量。上述两个例子说明，对于类似电动汽车这样的新技术，质保政策是进行新技术推广的重要手段。

除此之外，质保政策还是新的品牌或产品进入一个全新的市场时通常采用的营销策略，即生产商通过包含质保政策的营销组合策略来抵消其品牌或产品劣势并赢得消费者的认可。例如，作为进入美国市场较晚的韩国汽车品牌起亚（Kia），为赢得消费者的认可，起亚的 Tiburon 车型为其销售的家用汽车提供了超长的质保期，整车质保期为 5 年或 6 万英里（1 英里 ≈1.61 公里），发动机的质保期则是 10 年或 10 万英里。无论是整车还是发动机的质保期都要远远超过其他主流汽车品牌，如福特（Ford）为 Focus 车型提供的整车和发动机质保期都是 3 年或 3.6 万英里，BMW 525i 和 Audi A3 提供的整车和发动机质保期都是 4 年或 5 万英里。

1.3　质保政策及其分类

1.3.1　质保政策

质保政策是指产品制造商制定的面向消费者的质保条款，其中包含着有关质保期、质保涵盖范围、维修方式、费用分摊方式、免责条款等内容。质保政策随产品、销售地法律法规等的不同而存在很大的差异，如复杂产品的质保期可以针对产品整体、子系统或零部件等分别确定；产品的部分核心零部件（如计算机的 CPU、汽车的发动机）可以由其供应商单独制定质保期；产品发生失效后采用何种方式使产品恢复到工作状态，常见的如维修或更换（或更换的条件）；产品维修时使用的零部件的来源和等级；复杂产品如汽车的维护要求（如汽车定期保养）等。例 1.1 给出了一个家用洗衣机的质保政策条款摘要，例 1.2 总结了一些汽车生产企业的家用汽车质保政策条款。

例 1.1　某品牌洗衣机的质保政策（摘要）

公司将按照《消费者权益保护法》的有关规定，凭发票为您提供以下服务：

一、家庭洗衣机的整机免费保修三年，主要零部件免费保修一年；

二、下列情况不属于免费保修范围：

（1）用户因运、装、用、管不当而损坏的；

（2）自行拆卸产品的；

（3）涂改发票或无购机发票的；

（4）因异常电压、火灾等外部原因损坏的；

（5）未按说明书、洗衣机注意标牌等注意事项要求使用的。

提示：该产品为家用，除家庭以外（如学校、公寓、部队、企业、医院、洗衣房、洗浴中心、酒店、宾馆、招待所等团体）使用的洗衣机，不属于保修范围。

例 1.2　我国家用汽车质保政策要点

汽车的质保政策相比于家用电器要复杂得多，目前国内销售的汽车的质保政策主要包括如下内容：

（1）汽车质保同时规定了使用时间和行驶里程，以先到者为准。按照新的家用汽车“三包”政策规定，我国市场上家用轿车的质保期一般为 3 年或 6 万公里，以先到者为准。一些汽车厂商出于市场营销或新产品推广的目的，会延长质保期如 3 年或 10 万公里甚至更长。

（2）汽车厂商往往为不同的零部件制定不同的质保期。发动机以及变速器等核心零部件的质保期一般与整车相同，而蓄电池、轮胎等磨损件的质保周期会相应缩短，一些易损件如制动片、灯泡、刮水器等，有的厂商提供非常短的质保期，有些厂商则干脆将其排除在质保范围外。此外，出于促进销售的目的，某些核心部件的质保期可能长于整车。

（3）常见的免责条款。汽车的质保政策中往往会增加比较多的免责条款，例如，未按规定在指定的 4S 店或维修点进行保养；私自对车辆进行改装；改变车辆用途 (汽车厂家会为不同用途的汽车制定不同的质保政策，如出租车比私家车的质保期要短)；用户使用不当造成损坏；私自拆装或更改里程表数值导致无法获取真实的行驶里程数；在质保期内汽车所有者发生了变更等。

通过例 1.1 和例 1.2 可以发现，无论家用洗衣机还是家用汽车，在质保政策中都对其用途做了严格的规定。这主要是因为用户的使用强度是影响产品可靠性和质保成本的因素之一。例如，运营车辆如出租车的使用强度要远远高于私家车，其使用时发生失效的可能性也要远远高于私家车。统计表明，一辆出租车的使用强度可达到每年 10 万公里甚至更高，而我国私家车的平均年行驶里程一般为 1 万公里。家用洗衣机和经营用洗衣机也存在类似的情况。因此，产品用途一般都会出现在质保政策的条款中以保护制造商的利益。而运营车辆和经营用电器等产品，其质保政策则根据产品的用途、使用环境和强度等另行制定。

1.3.2 质保政策的分类

按照质保期、维修方式、是否免费等，质保政策可以划分为很多不同的种类，在这里主要讨论在实践中常用的部分质保政策及其分类。

1. 一维质保政策与二维质保政策

在质保政策中，最重要的一个条款就是质保期，用以定义产品制造商的责任范围。在质保期内，非人为或误操作导致的产品失效由制造商进行维修或更换。其中质保期的起算时间随产品和制造商政策的不同有所差异，有的产品是从销售时间（以销售发票）开始计算，而有的产品（如空调）则是从完成安装调试并正式交付给用户（验收单）开始计算。按照产品质保期（责任范围）的定义方式，质保政策分为一维质保政策和二维质保政策。

一维质保政策中，质保范围仅用一个变量定义，一般是从产品销售或正式投入使用开始计算的使用时间 (服役年龄)，用 W 表示。如果使用时间超出 W，则表示产品出保。日常生活中的绝大多数电子产品、家用电器采用的都是一维质保政策，如家用电器整机的质保期一般是 1~3 年，家用计算机的质保期一般是 1 年。此外，需要注意的是一维质保政策的质保期除用时间来定义以外，还可以用产品的实际使用量进行定义，如设备的工作小时、产出量等。

二维质保政策与一维质保政策不同，其质保范围用两个变量定义。其中一个变量是产品从销售或正式开始使用起的使用时间 (W)，另一个变量是产品的使用量 (U)，如汽车的行驶里程、复印机复印的纸张数等。在二维质保政策中，用使用时间和使用量来定义质保范围，两者中以先到者为准。图1.4给出了两种常见的二维质保政策质保期示意图。对于图 1.4(a) 的矩形二维质保政策的质保期来说，在时刻 t ，产品的使用量为 $R(t)$ ，质保范围为 $t \leqslant W$ 且 $R(t) \leqslant U$。显然对于低使用强度用户，产品质保期会在小于使用量限制 U 的情况下结束，对于高使用强度用户，其产品质保期则早于时间限制 W 结束。由于使用率的不连续性（如图 1.4(a) 中的折线所示)，产品质保期结束时间或者质保期结束时的使用量是随机变量。目前使用矩形二维质保政策的产品有很多，如家用汽车的质保期为 3 年或 6 万公里，部分挖掘机提供的质保期为 2000 工作小时或 1 年，一些大型的打印机或复印机也通过时间和打印/复印的数量定义其质保期。

显然如图 1.4(a) 所示的矩形二维质保政策，无论对于高使用强度用户还是低使用强度用户，其保障范围都有所缩减。而如图 1.4(b) 所示的 L 形二维质保政策则是在原有质保期 (W,U) 的基础上，增加了使用量上限 U_1 和使用时间上限 W_1。对于使用率低于 U/W 的用户，其实际的质保期为 (W_1,U)，而对于使用率高于 U/W 的用户，则其实际的质保期为 (W,U_1)。显然，L 形二维质保政策对用户更有利。

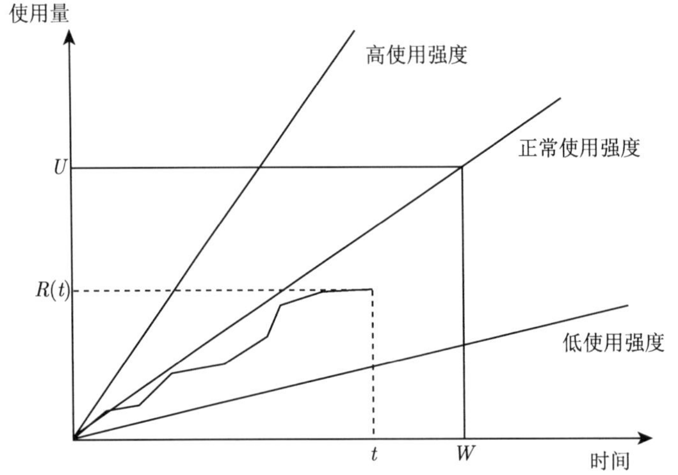

(a) 矩形二维质保政策

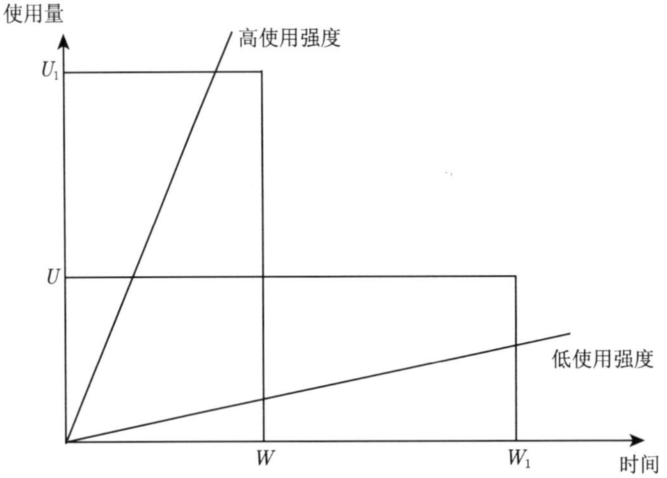

(b) L 形二维质保政策

图 1.4　二维质保政策质保期示意图

2. 更新质保政策与非更新质保政策

在产品质保期内，产品发生失效并维修或更换完毕后，按照是否对质保期进行更新，将质保政策划分为更新质保政策和非更新质保政策。当产品发生失效后，经过更换或维修后产品能够继续使用，在更新质保政策下，该产品的质保期从零开始重新计算。而在非更新质保政策下，产品的质保期延续故障前的使用时间，不再进行更新。非更新质保政策和更新质保政策如图1.5所示。

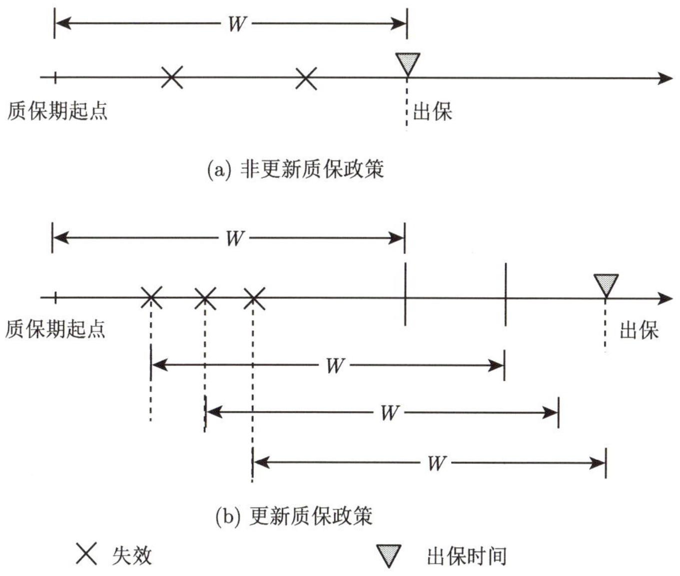

图 1.5　更新质保政策和非更新质保政策

对于更新质保政策，如果产品在质保期出现故障，产品出保的条件是维修或更换后的产品使用时间至少要达到 W。而对于非更新质保政策，不管产品经过几次维修或更换，只要产品的使用时间超过 W 就意味着产品出保。除更新和非更新质保政策外，制造商还可能（需要）对产品质保期内的失效做特殊的约定，如维修次数、失效部件等。例如，在我国《家用汽车产品修理、更换、退货责任规定》中，对家用汽车的更换责任做了明确规定。这些特殊条款包括：① 如果汽车修理时间累计超过 35 天，或者同一个产品质量问题引发的修理累计超过 5 次；② 家用汽车购买之日起 60 日内或者行驶里程 3000 公里之内（以先到者为准）出现转向系统失效、制动系统失效、车身开裂或燃油泄漏；③ 因影响安全性的严重故障累计进行了 2 次修理，严重安全性能故障仍未排除或者又出现新的严重安全性能故障的；④ 发动机、变速器累计更换 2 次后，或者发动机、变速器的同一主要零件因其质量问题，累计更换 2 次后，仍不能正常使用的；⑤ 转向系统、制动系统、悬架系统、前/后桥、车身的同一主要零件因其质量问题，累计更换 2 次后，仍不能正常使用的，消费者可以选择更换或退货。

3. 免费质保政策与按比例分摊质保政策

根据质保期内维修费用的承担者和支付方式，质保政策可以分为免费维修/更换质保（free repair/replacement warranty, FRW）政策和按比例分摊维修/更换质保（pro-rata repair/replacement warranty，PRW）政策。FRW 是最常见的质保政策，但是由于该政策的维修责任全部由制造商承担，有可能会导致用户不按照手册对产品进行维护、对产品过度使用、索赔欺诈等道德风险。与 FRW 政策不同，PRW 政策主要是针对不可修产品而言的，当新产品使用到时间 $t(0<t<W)$ 时，由制造商按照产品的购买价格和使用时间对用户进行补偿，即由制造商和用户按照使用时间分摊更换产品的成本，制造商承担 $r(t)C_s$，用户承担 $(1-r(t))C_s$，其中 $r(t)$ 是使用时间 t 的函数且 $0\leqslant r(t)\leqslant 1$，$C_s$ 为产品购买价格。函数 $r(t)$ 的不同形式，代表了制造商和用户分摊比例的变化情况，图1.6 给出了三种不同形式的分摊比例函数 $r(t)$，其中 $r(t)$ 分别为常数 $r(t)=a$、线性函数 $r(t)=1-t/W$、指数函数 $r(t)=\mathrm{e}^{-(t/W)^b}$。显然当分摊比例函数 $r(t)=1$ 时，PRW 政策就成为 FRW 政策，而当 $r(t)=0$ 时，表示用户承担所有成本，也就意味着该产品不提供质保。对于可修产品，也可以针对每一次的失效所发生的维修费用设置制造商与用户的分摊比例，可以是固定分摊比例也可以构建相应的分摊比例函数。

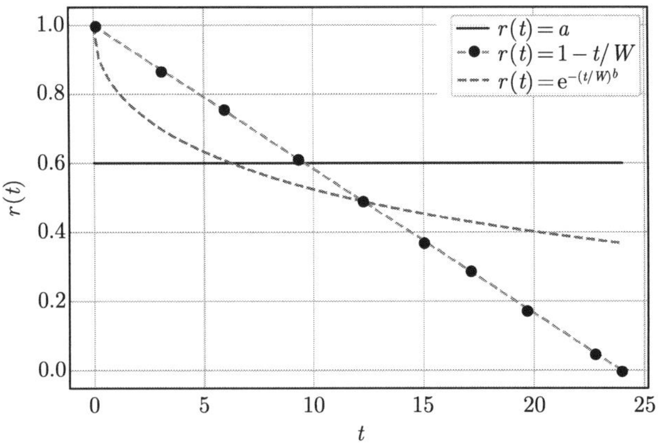

图 1.6　按比例分摊质保政策的分摊比例函数

PRW 政策的优点是当产品发生失效时，制造商和用户都承担一定比例的维修费用，从而促使用户有动力更好地维护和使用产品，可有效避免由制造商单方面承担费用而产生的道德风险。但 PRW 政策的缺点是比 FRW 政策更复杂，不容易让用户接受，同时 PRW 政策也在一定程度上增加了用户的风险从而弱化了质保政策的保障功能。为了同时发挥 FRW 政策和 PRW 政策的优点，有时会将两者进行组合，如可以将质保期 W 划分为 $[0, W_1)$ 和 $[W_1, W]$ 两个区间，当使用时间 $t < W_1$ 时采用 FRW 政策，而当 $W_1 \leqslant t \leqslant W$ 时采用 PRW 政策，该组合策略如图1.7 所示，当 $t < W_1$ 时 $r(t) = 1.0$，当 $W_1 \leqslant t \leqslant W$ 时，$r(t) = (t - W_1)/(W - W_1)$。

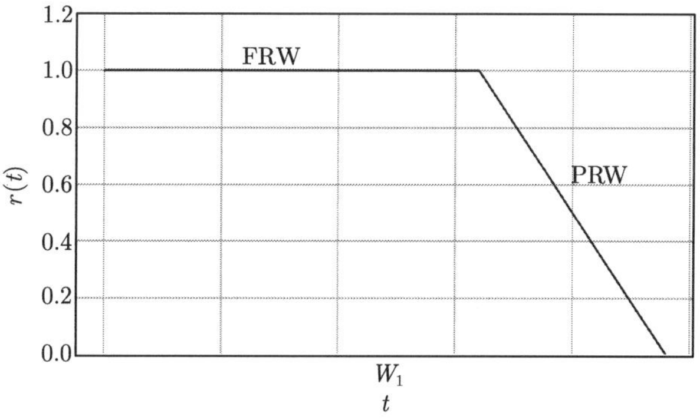

图 1.7　基于 FRW 和 PRW 的组合质保政策

4. 个性化质保政策与可谈判质保政策

个性化质保政策是指制造商为了吸引消费者，为消费者提供不同形式的可供选择的质保政策和不同质保条款的组合，也称为质保菜单。个性化质保政策主要是标准产品的制造商根据不同用户的需求、偏好、对产品的使用模式等，设计对用户具有吸引力的质保政策，同时保证在不同的质保政策下预期的质保成本大致相当。

可谈判质保政策一般是针对复杂产品或复杂系统而言的，在此类产品或系统的采购中，质保期和质保条款都可以作为谈判内容，即完全根据承包商和用户的意愿在公平条件下确定质保政策并作为交易合同的重要商务条款。

5. 可靠性增长质保政策

可靠性增长质保政策是适合于可修的复杂产品或系统的质保政策。对于此类产品或系统来说，用户除了关注质保期内的维修费用外，还要考虑系统的可用性。可靠性增长质保政策一般是可谈判的，其目的在于激励系统承包商或制造商不断提高产品的可靠性、可维修性和可用性。在可靠性增长质保政策中，一般会将期望的最小平均失效时间间隔作为质保政策条款之一。在系统运作过程中，如果实际的平均失效时间间隔小于约定的最小值，则由承包商对系统进行改进甚至对用户进行经济补偿。

6. 基础质保和延伸质保政策

延伸质保也称为服务合同，是相对于基础质保而言的。基础质保是与所销售产品捆绑在一起的，消费者或用户不需要再单独为基础质保支付任何费用。而延伸质保则是由消费者付费对基础质保期进行延长。延伸质保是一种针对特定产品、与保险具有一定相似性的产品。延伸质保的设计非常灵活，既可以针对产品整体也可以针对产品的核心零部件，主要面向产品价值高、维修费用高、使用时间长的产品如家用电器、手机、汽车等。此外，延伸质保可以由制造商、销售商、保险公司等机构进行设计和销售，也可以由以上机构联合进行销售。近年来，随着市场竞争的加剧和产品制造利润的下降，延伸质保已逐步成为制造企业重要的利润来源之一，相比于产品制造来说，延伸质保的边际利润要高得多。当然，对于销售机构来说，延伸质保也是具有一定风险的，对用户使用模式和行为、产品失效概率和维修成本等进行精确分析是延伸质保设计的关键。

1.4 质保数据与质保数据分析

1.4.1 质保数据

产品在质保期内发生失效后，由消费者向制造商或其代理发起索赔，在质保政策的涵盖范围内的索赔称为质保索赔，与质保索赔相关的数据称为质保索赔数据，包括对产品失效的描述及服务过程的记录。此外，与质保索赔数据中的产品相对应的还包括来自生产过程的生产数据和来自分销过程的销售数据，生产数据和销售数据统称为质保索赔数据的补充数据。由质保索赔数据和补充数据构成的数据集称为质保数据。

质保索赔数据一般包括如下内容。

(1) 产品相关信息：产品编码、产品类型、生产时间、销售时间等。

(2) 客户相关信息：客户名称、地址、联系电话等。

(3) 故障相关信息：客户的故障描述、故障发生时间、故障发生原因等，对于二维质保产品，还包括故障发生时的使用量（如汽车的行驶里程）。

(4) 维修相关信息：维修人员、故障诊断结果、维修措施、维修结果。

(5) 成本相关信息：与故障维修相关的人员、交通、零部件等费用。

(6) 客户满意度评价：制造商在完成维修后一般会通过电话或其他方式对用户进行回访，以确定客户对于维修的满意度。

由于企业收集质保索赔数据的主要目的是用于制造企业和代理商等合作方之间的资金结算，因此信息相对比较完整。但不可避免地仍有部分模糊信息，比较典型的如客户的故障描述信息、故障发生原因等往往并不准确、故障实际发生时间与用户报告的故障时间有时也会存在一定的偏差。此外，维修人员的故障诊断结果有时也并不一定是实际的失效部件。

质保数据中的补充数据主要包括以下内容。

(1) 生产相关信息：产品编码、生产时间、生产过程信息（原材料、零部件、装备人员等）。

(2) 设计相关信息：产品的关键零部件、常见失效模式等。

(3) 销售相关信息：产品编码、销售时间、销售地区等。

从质保数据分析的目的出发，补充数据越完整充分，分析的深度和准确性越高。得益于企业广泛使用的信息系统如企业资源计划（enterprise resource planning，ERP）系统、客户关系管理系统等，上述数据的采集变得越来越容易，而且数据的完整性也越来越好。

质保数据是企业售后服务过程中累积的重要数据资源，具有以下几个特点。

（1）质保数据中的索赔数据由于涉及服务代理、制造企业甚至销售企业之间的财务结算，因此一般都比较精确。此外，质保索赔数据属于格式化数据，有利于分析和处理。

（2）质保数据存在信息不完整的情况，如对于通过代理商甚至多级代理商进行销售的产品，很难跟踪产品具体的销售时间，也就是说只有发生失效的产品才能采集到确切的销售时间和地区。对于汽车等采用二维质保的产品，尽管一般可以准确跟踪到产品的销售时间，但其行驶里程很难实时采集，只能在维护或维修时获取并记录。

（3）质保数据中存在大量的噪声数据，比较典型的包括以下几类。

①索赔欺诈：对超出质保期、超出质保范围的产品提供服务。

②过服务：在执行质保服务的过程中，给用户提供超出失效范围的服务，如将未发生失效的零部件进行更换。

③失效但没有报告：用户在使用产品的过程中，对于一些不影响使用的故障并不会在发生失效时立即报告，而是等待与将来可能的失效一起维修或在即将到质保期的时候维修。

④延迟报告：用户由于某种原因，在产品发生失效时未立即报告，而是延迟一段时间再报告。

（4）高度右删失：当产品出保后，一般制造商很难再追踪到产品的使用及失效情况，从而使数据呈现高度的右删失。例如，家用汽车出保后，用户出于成本、方便性等原因不再到制造商指定的代理机构进行维修，从而难以获取车辆的后续信息。一般家用汽车质保数据的删失率可能高达 50% 以上，而电子产品的删失率则更高。

（5）数据随时间累积：质保数据是随着产品的生产、销售、使用而逐渐累积的，使用越久的产品累积的数据越多，不同时间投入使用的产品的数据是不平衡的。

质保数据的上述特点给数据分析和应用增加了难度，有关质保数据分析方面的问题在后面的章节还会进一步讨论。

1.4.2 质保数据分析的目的

质保数据分析是采用统计学、机器学习等方法从质保数据中获取有效信息的数据分析方法的总称。虽然企业收集质保数据的主要目的是进行财务结算和分析，但质保数据中蕴含着大量与产品早期质量和可靠性相关的信息，对于产品设计、制造以及销售等有关决策具有重要价值。具体来看，质保数据分析的主要目的包括以下几个方面。

（1）为产品设计和制造缺陷提供早期预警。在当前的市场竞争环境中，制造商在产品设计、制造和上市方面都面临着来自竞争对手和市场的巨大成本压力。此外，由于产品复杂程度的增加和运行环境的不确定性，要对新产品进行 100% 的现场可靠性测试几乎是不可能的。这就意味着在产品试制和导入阶段，有可能遗留未被检测到的缺陷。通过产品上市后的质保数据，有可能发现在产品验证过程中未发现的缺陷，为产品早期失效提供预警，以避免由于缺陷蔓延给企业带来的损失。

（2）评估产品现场可靠性，为产品改进提供信息。产品质保数据为企业进行产品在真实使用场景的质量和可靠性（即现场可靠性）状况的评估提供了可能。由于产品使用场景的复杂性，制造商获取产品现场可靠性是非常困难的。一般来说，除质保数据外，制造商还有两种评估产品现场可靠性的途径：一个是在实验室进行基于场景模拟的寿命测试，另一个是产品在真实场景中的试用等。寿命试验一方面难以模拟所有可能的使用场景，另一方面由于时间和成本的约束也只能进行小规模的测试，很难保证发现所有的缺陷。而产品试用则存在时间和成本的双重约束，如汽车制造商在新车上市前的路试耗时非常长而且成本极高。质保数据为产品现场可靠性评估和产品改进提供了重要的数据源，通过对质保数据的分析，可以建立产品现场可靠性模型和产品失效发生的规律，为产品改进提供支持。

（3）质保成本的分析。质保成本是制造商重要的成本项，据统计可能占到产品销售额的 2%~8%，对企业的利润有重要的负面影响。通过基于质保数据的分析，可以深入了解质保成本的来源、构成及影响因素，为降低质保成本、提高质保服务效率提供有效信息输入。

（4）预测质保索赔和质保成本。对市场保有的产品以及新产品进行质保索赔预测，可以使制造商更有效地对服务设施、服务能力、备品备件等进行合理的计划和控制，以应对质保索赔的不确定并保证合理的服务水平。而与质保索赔相关的质保成本预测，则是制造商制订资金计划的重要依据，目的在于避免由于低估质保成本带来的资金不足或高估质保成本带来的资金浪费。

（5）质保政策和维护政策的确定。如前所述，质保政策是耐用品市场竞争中重要的促销手段。质保政策的制定需要综合考虑产品质量和可靠性水平，市场竞争对手的质保政策、质保成本以及质保对消费者购买意愿的影响等因素，以实现企业利润的最大化，质保数据分析为质保政策的制定提供了基础和依据。此外，针对复杂产品的维修和维护过程，同样需要进行分析和优化，如失效部件的维修与更换决策、预防性维护的周期和程度、维修方式等，基于质保数据分析和产品可靠性模型的构建，同样是产品维护政策优化的基础。

1.5　本书主要内容

本书共包含六章内容，各章内容概述如下。

第 1 章绪论。介绍质保和质保政策的相关概念、质保政策分类以及质保数据分析的基本概念。

第 2 章质保数据分析的可靠性理论基础。首先介绍质保数据分析的概率统计基础，包括随机变量与概率分布、常用可靠性指标以及寿命数据的特性；其次介绍质保数据分析中常用的离散分布和连续分布；然后介绍基于质保数据的寿命分布参数及其置信区间估计、分布检验和含协变量的质保数据建模；最后对重复失效数据分析的相关问题进行讨论。

第 3 章质保数据分析。首先介绍质保数据的基本结构，然后介绍质保数据的预处理、分布拟合与参数估计、协变量建模以及重复失效数据建模等问题，最后介绍质保数据的汇总分析方法。

第 4 章质保数据分析案例。通过三个案例介绍复杂情形下的二维质保数据分析问题。案例 I 讨论新上市汽车质保数据分析的相关问题，重点讨论可靠性学习效应问题及建模；案例 Ⅱ 研究不完全数据情形下的二维质保数据建模问题并通过汽车质保数据进行验证；案例 Ⅲ 以挖掘机质保数据为对象，讨论不完美维修情形下的质保数据建模和索赔预测。

第 5 章质保成本分析。介绍质保成本的构成以及不同维修策略下质保成本的估计方法，并针对不可修产品和可修产品质保的差异对质保成本建模方法进行详细阐述。

第 6 章质保政策设计。针对一维质保和二维质保政策设计问题，从质保政策对产品需求量及质保成本的影响的视角，介绍质保政策设计与优化的相关问题，并通过实例进行说明。

为方便读者，在附录部分给出了韦布尔参数估计、置信区间估计的 Python 代码并简要介绍 Python 统计包 stats 中的常用函数及 Scipy 中的最优化函数的使用方法。

第 2 章　质保数据分析的可靠性理论基础

如前所述，质保数据分析的一个重要的目的是评估产品的现场可靠性，本章主要介绍一些与质保数据分析有关的可靠性相关理论，为后续的数据分析奠定基础。

2.1　质保数据分析的概率统计基础

2.1.1　随机变量与概率分布

随机变量是概率论与数理统计中的一个基本概念。随机变量是指变量的值无法预先确定，仅以一定的可能性即概率取值的量。可靠性工程中最常见的随机变量就是产品的寿命，某一产品的寿命虽然无法预先完全确定，但可以通过一定的手段，获取或推断一个产品寿命的区间。随机变量大体上可以分为离散随机变量和连续随机变量。离散随机变量是指在一个固定区间内变量的取值为有限个，或数值可以一一列举出来，如一个产品中的缺陷数、产品失效的次数、质保期内发生的索赔次数等。而连续随机变量在一个区间内的取值有无限个或数值无法一一列举出来，如产品的寿命就是一个典型的连续随机变量。在统计学中，随机变量往往用大写字母如 X、Y、Z 等表示，而随机变量的具体取值则用小写字母如 x、y、z 等表示。

随机变量取某一特定值或可能范围的规律用概率分布描述。随机变量在整个取值范围内的概率等于 1。设某一随机变量 X 的取值范围为 $\{x_1, x_2, \cdots, x_n\}$，$X$ 取值为 x_i 的概率用 p_i 表示，记为 $p_i = p\{X = x_i\}$。则 X 取值小于等于 x_i 的概率称为累积分布函数 (cumulative distribution function, CDF)，简称分布函数，表示为

$$F(X) = P(X \leqslant x) = \sum_{x_i \leqslant x} P\{X = x_i\} = \sum_{x_i \leqslant x} p_i$$

如果 X 为连续随机变量，其累积分布函数表示为

$$F(x) = P(X \leqslant x)$$

如果连续变量的分布函数 $F(x)$ 可微，则存在导数：

$$f(x) = \frac{\mathrm{d}F(x)}{\mathrm{d}x}$$

称 $f(x)$ 为连续随机变量 X 的概率密度函数 (probability density function, PDF)。对于离散分布，$f(x_i) = p_i(i = 1, 2, \cdots, n)$ 称为概率质量函数 (probability mass function, PMF)。

2.1.2 总体、样本和样本统计量

在统计学中，通常把研究对象的全体称为总体，而把组成总体的每一个研究对象称为个体。按一定规则汇总起来的一定数量的个体称为样本，样本中包含的个体的数量称为样本容量。例如，要研究某厂商生产的一批产品（近似相同生产条件下生产）的寿命，则这批产品就构成一个总体，该总体中的每一个产品就是一个个体。为了研究这一批产品的寿命，从中随机抽取 10 个进行研究，则这 10 个产品就构成了一个样本，样本容量为 10。实际观测到的每个产品的寿命称为一个观测值，一个总体中所有个体的观测值就是总体分布。

进行统计分析的目的是获取总体的性质或总体分布。总体中的个体个数有时是无限的，如一条生产线生产的所有产品，随着生产的进行，总体一直在变化。在这种情况下，显然无法对总体中的所有个体进行研究。此外，类似寿命试验这样的破坏性试验，即使总体有限，也不可能全部测试。因此，总体分布通常是未知的。在研究过程中，必须对总体进行抽样观测，即从总体中随机抽取一定容量的样本，通过对样本的研究推测总体分布。

由于样本来自总体，因此样本数据的特征反映了总体的特征，或者样本数据是对总体的一个近似描述。样本统计量是对样本数据进行汇总后获得的能够反映样本数据关键特征的量，是样本数据的函数。随机变量的一个样本数据为 $X_1, X_2, \cdots, X_n$ ，则样本统计量可以表示为 $g(X_1, X_2, \cdots, X_n)$。由于样本是从总体中随机抽取的，每一样本的统计量都不一样，即样本统计量是随机的。对一个样本容量为 n 的样本数据 $X_1, X_2, \cdots, X_n$ ，常用的样本统计量包括样本均值和样本方差。

样本均值：
$$\bar{X} = \frac{1}{n}\sum_{i=1}^{n} X_i$$

样本方差：
$$S^2 = \frac{1}{n-1}\sum_{i=1}^{n}(X_i - \bar{X})^2$$

在总体分布类型已知的条件下，只要给出总体分布的参数，则总体的情况就比较清楚了，总体参数的估计往往是借助样本统计量实现的。

2.1.3 可靠性常用指标

如前所述，可靠性是产品在特定时间、特定使用条件下，执行规定功能的能力。在可靠性工程中，往往用概率来描述这种能力，并用一些指标来标度产品的

可靠性特征。常见的包括可靠度、失效率、平均寿命和可靠寿命。

1. 可靠度

产品可靠度指产品在特定时间内和规定的条件下，完成规定功能的概率，通常记为 R 。把产品从开始使用到首次失效所经历的时间称为产品的寿命，记为 T，显然 T 是一个非负随机变量。这时产品的可靠度等价于产品寿命大于 t 的概率，即

$$R(t) = P(T > t)$$

在可靠度定义中，产品工作于规定的条件是一个重要的前提。工作条件的改变往往会对可靠度造成影响。例如，电视机的正常工作温度为 20℃，如果工作于 40℃ 甚至更高温的环境下，则其可靠度会下降。如果要评估在此环境下的可靠度，则需要在可靠度函数中增加环境温度参数。

可靠度 $R(t)$ 是时间 t 的函数且满足 $0 \leqslant R(t) \leqslant 1$ 。随着使用时间的增加，产品的可靠度越来越低，当 $t \to \infty$ 时，$R(t) \to 0$ ，可以解释为随着产品使用时间的增加，产品一定会失效。而产品寿命分布函数 $F(t)$ 则随着使用时间 t 的增加而逐渐上升，不同产品的差别在于可靠度函数下降或寿命分布函数上升的速度。从分布函数和可靠度函数的定义可以看出，两者存在如下的关系：

$$R(t) = P(T > t) = 1 - P(T \leqslant t) = 1 - F(t)$$

2. 失效率

失效率是可靠性工程中极其重要的概念，是描述产品可靠性最主要的数量指标之一。产品的失效率定义为：工作到 t 时刻尚未失效，在该时刻后单位时间内产品发生失效的概率，通常记为 $\lambda(t)$ 。在数学上，失效率定义为

$$\lambda(t) = \lim_{\Delta t \to 0} \frac{P(t < T \leqslant t + \Delta t | T > t)}{\Delta t} \tag{2.1}$$

其中，T 为产品寿命的随机变量，根据概率密度函数 $f(t)$ 和可靠度函数之间的关系可知：

$$\lambda(t) = \frac{f(t)}{R(t)} \tag{2.2}$$

在已知失效率函数 $\lambda(t)$ 的条件下，也可以得出 $f(t)$ 和 $R(t)$ 如下：

$$R(t) = \mathrm{e}^{\int_0^t \lambda(x)\mathrm{d}x}$$

$$f(t) = \lambda(t)\mathrm{e}^{-\int_0^t \lambda(x)\mathrm{d}x}$$

失效率函数 $\lambda(t)$ 有时也称为风险函数，用 $h(t)$ 表示，$H(t)=\int_0^t h(x)\mathrm{d}x$ 称为累积风险函数。

3. 平均寿命

产品的平均寿命是另一个最常用的可靠性指标，其优点是简单易懂。如果寿命的概率密度函数为 $f(t)$，则平均寿命就是该随机变量的期望值：

$$E(T)=\int_0^t xf(x)\mathrm{d}x$$

需要指出的是，一般来说产品的寿命分布具有长尾特性，即寿命分布是不对称的。在这种情况下，平均寿命存在一定的局限性。

对于灯泡、电子元器件等不可修产品，其平均寿命称为平均故障时间。对于家用电器、汽车等可修复产品，其平均寿命又称为平均故障间隔时间。

4. 可靠寿命

累积分布函数 $F(t)$ 表示产品在 t 时刻的累积失效概率，有时需要知道为保证产品的累积失效概率不高于某一水平 p 时产品可以工作的时间 t，即 $t_p=F^{-1}(p)$。t_p 称为可靠寿命。累积失效概率 $p=0.5$ 时的可靠寿命 $t_{0.5}$ 称为中位寿命，表示有一半产品失效时的工作时间。可靠寿命 t_p 与累积分布函数 $F(t)$ 的关系如图2.1所示。相比于平均寿命，可靠寿命是可靠性领域更常用的表征产品寿命特征的指标。

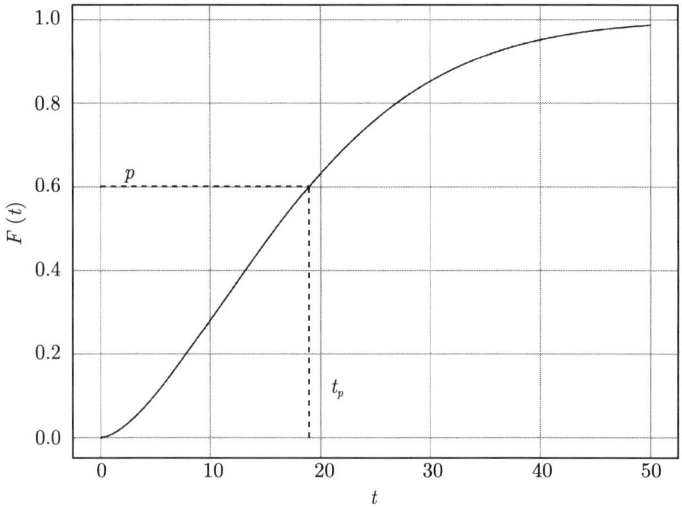

图 2.1　给定 p 时的产品可靠寿命与累积分布函数 $F(t)$ 的关系

2.1.4 寿命数据的截尾特性

截尾是寿命数据最重要的特点，在分析寿命数据和建模时需要进行特殊的处理。按照截尾位置的不同，可以分为左截尾、区间截尾和右截尾。此处仅介绍与质保数据分析密切相关的右截尾。

右截尾是指人们仅知道产品的失效时间超过某值，但却并不知道确切的失效时间。右截尾是质保数据分析中最常见的截尾形式，产生的主要原因是在产品失效前已不能继续观测或者在质保期结束时产品仍未失效，如图2.2所示。

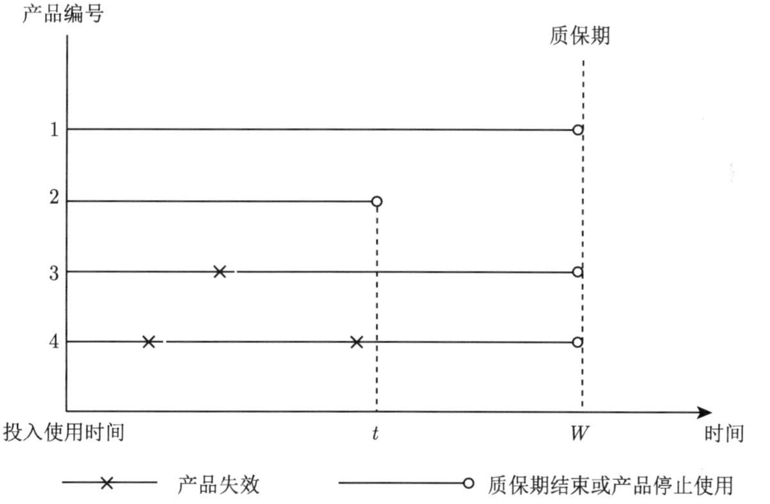

图 2.2 质保数据的右截尾示意图

在质保期为 W 的编号为 1~4 的产品中，编号为 3 和 4 的产品在质保期内均发生了失效，经维修后继续使用直到质保期结束，编号为 2 的产品在时刻 t 停止了使用或者不能再被跟踪到，编号为 1 的产品则在整个质保期内未发生任何失效。

针对如图2.2所示的数据，从可靠性分析的角度可以得到如下信息。

（1）编号为 1 的产品的确切失效时间未知，但知道该产品在 W 时间内未发生失效。

（2）编号为 2 的产品的确切失效时间同样未知，则仅知道该产品的失效时间超过 t。

（3）对于编号为 3 和 4 的产品，则知道确切的失效时间。

对于绝大多数产品，当产品出保后往往都很难对其进行跟踪。因此，大多数质保数据都存在右截尾的情况。有关右截尾数据的分析和建模问题，将在后续章节进行进一步讨论。

2.2 质保数据分析中常用的概率分布

寿命分布 $F(t)$ 反映总体的失效规律，是质保数据分析的基础。在可靠性数据分析中，常用离散分布描述失效次数，而用连续分布描述产品的寿命分布。常用的离散分布包括二项分布和泊松分布，而常用的连续分布包括指数分布、对数正态分布、韦布尔分布以及 Log-Logistic 分布等。本节将简要介绍这些分布的特点。

2.2.1 常用离散分布

1. 二项分布

对于成败型试验，如果一次试验失败的概率为 p，进行 n 次独立重复试验，其中失败 r 次（$s=n-r$ 是成功次数），用随机变量 X 表示 n 次试验的失败次数，其发生概率用参数为 (n,p) 的二项分布表示：

$$P(X=x)=C_n^x p^x(1-p)^{n-x},\quad x=0,1,\cdots,n$$

那么二项分布的累积分布函数及失败次数小于等于 r 的概率可表示为

$$F(r)=P(X\leqslant r)=\sum_{i=0}^{r}C_n^i p^i(1-p)^{n-i}$$

二项分布的均值 $E(X)=np$，方差 $\mathrm{Var}(X)=np(1-p)$。二项分布广泛应用于可靠性和质量控制领域，如产品的抽样检验等。参数 $n=100$ 及 $p=0.1,0.05,0.01$ 的二项分布的 pmf 如图2.3所示。

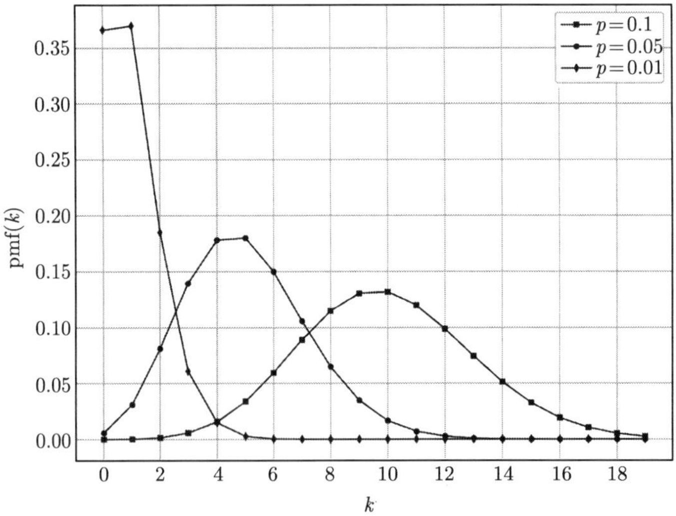

图 2.3 二项分布的 pmf

2. 泊松分布

对于取值为 $0,1,2,\cdots,n$ 且服从泊松分布的随机变量 X，其 pmf 为

$$P(X=k)=\frac{\lambda^k}{k!}\mathrm{e}^{-\lambda},\quad k=1,2,\cdots$$

其中，λ 为泊松分布的参数。泊松分布常用来描述产品在某个时间区间内的失效次数。泊松分布的均值和方差均为 λ，即 $E(X)=\lambda$ 和 $\mathrm{Var}(X)=\lambda$。

泊松分布的 pmf 如图2.4所示，当泊松分布的参数 λ 变大时，分布的图形趋近于对称。如果参数 λ 为常数，则称为齐次泊松过程（homogeneous Poisson process, HPP）；如果参数不为常数，则称为非齐次泊松过程（non-homogeneous Poisson process, NHPP）。在质保数据分析中，对失效次数、维修次数等建模时，经常会用到非齐次泊松过程。

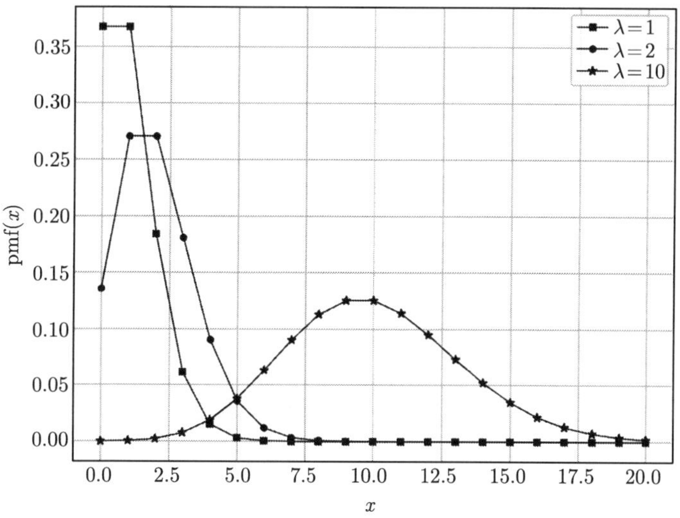

图 2.4　泊松分布的 pmf

2.2.2　常用连续分布

1. 指数分布

指数分布的密度函数、累积分布函数、可靠度函数以及失效率函数分别为

$$f(t)=\frac{1}{\theta}\mathrm{e}^{-t/\theta},\quad t\geqslant 0,\theta>0$$

$$F(t)=1-\mathrm{e}^{-t/\theta}$$

$$R(t) = \mathrm{e}^{-t/\theta}$$

$$\lambda(t) = \frac{1}{\theta}$$

指数分布随机变量的均值 $E(T) = \theta$，方差为 $\mathrm{Var}(T) = \theta^2$。指数分布的另一个重要特征是其失效率函数为常数 $1/\theta$。指数分布的 pdf 如图2.5所示。

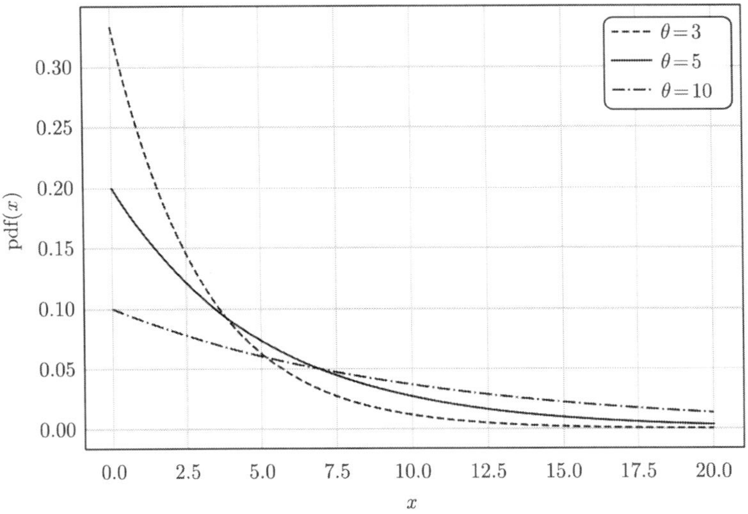

图 2.5　指数分布的 pdf

2. 对数正态分布

寿命 T 的对数 $\ln(T)$ 服从正态分布，则 T 服从对数正态分布，即 $X = \ln(T) \sim N(\mu, \sigma^2)$。因此，对数正态分布的密度函数为

$$f(t) = \frac{1}{\sigma t\sqrt{2\pi}}\mathrm{e}^{-\frac{(\ln(t)-\mu)^2}{2\sigma^2}}$$

其累积分布函数为

$$F(t) = \int_0^t \frac{1}{\sigma x\sqrt{2\pi}}\mathrm{e}^{-\frac{(\ln(x)-\mu)^2}{2\sigma^2}}\mathrm{d}x = \varPhi\left(\frac{\ln(t)-\mu}{\sigma}\right)$$

其中，μ 为对数均值，σ^2 为对数方差，$\varPhi(\cdot)$ 为标准正态分布（均值为 0，方差为 1）的累积分布函数。对数正态分布的可靠度函数和失效率函数分别为

$$R(t) = 1 - F(t) = 1 - \varPhi\left(\frac{\ln(t)-\mu}{\sigma}\right)$$

$$\lambda(t)=\frac{f(t)}{R(t)}=\frac{\dfrac{1}{\sigma t}\phi\left(\dfrac{\ln(t)-\mu}{\sigma}\right)}{1-\Phi\left(\dfrac{\ln(t)-\mu}{\sigma}\right)}$$

其中，$\phi(\cdot)$ 为标准正态分布的概率密度函数。

对数正态分布的概率密度函数和失效率函数如图2.6 所示。

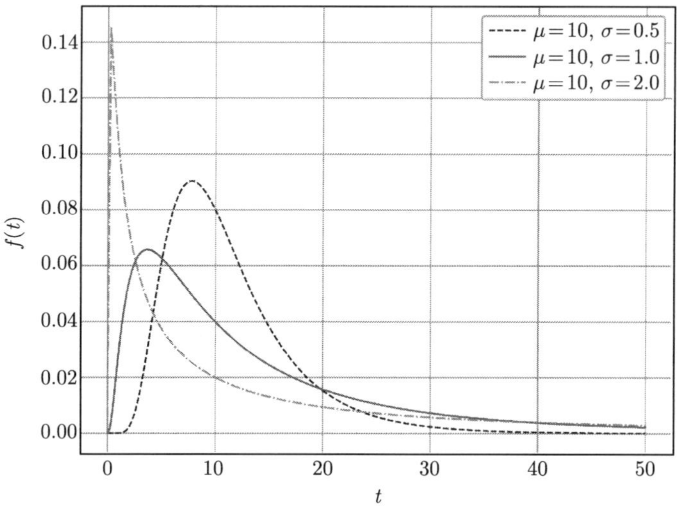

(a) 概率密度函数

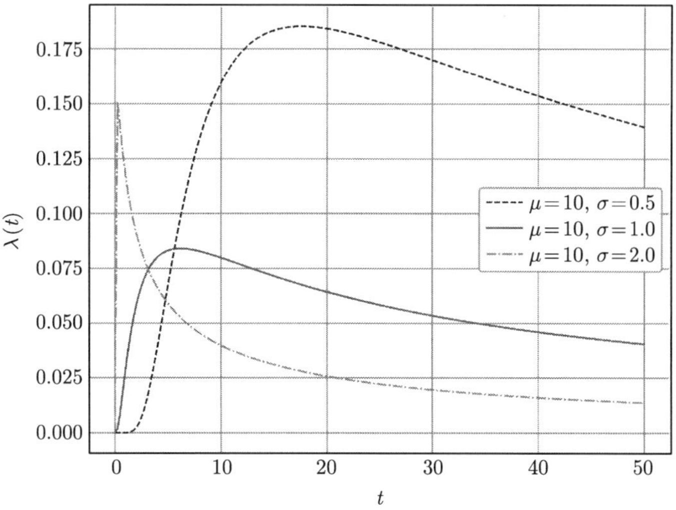

(b) 失效率函数

图 2.6　对数正态分布的概率密度函数和失效率函数

令 $t' = \dfrac{\ln(t) - \mu}{\sigma}$，则对数正态分布的概率密度函数和累积分布函数可以表示为

$$f(t|\mu, \sigma) = \frac{1}{\sigma t} \phi_{\text{nor}}(t')$$

$$F(t|\mu, \sigma) = 1 - \varPhi_{\text{nor}}(t')$$

其中，$\phi_{\text{nor}}(t')$ 和 $\varPhi_{\text{nor}}(t')$ 分别是标准正态分布的概率密度函数和累积分布函数。

3. 韦布尔分布

韦布尔分布是可靠性数据分析中最常用的概率分布，其概率密度函数形式为

$$f(t) = \frac{\beta}{\alpha} \left(\frac{t}{\alpha} \right)^{\beta - 1} \mathrm{e}^{-\left(\frac{t}{\alpha}\right)^{\beta}}$$

其中，$\alpha > 0$ 称为尺度参数，$\beta > 0$ 称为形状参数。对应的累积分布函数和失效率函数分别为

$$F(t) = 1 - \mathrm{e}^{-\left(\frac{t}{\alpha}\right)^{\beta}}$$

$$\lambda(t) = \frac{\beta}{\alpha} \left(\frac{t}{\alpha} \right)^{\beta - 1}$$

韦布尔分布的概率密度函数和失效率函数如图 2.7所示。韦布尔分布的形状参数决定着分布的特征。β 取不同的值，韦布尔分布的失效率函数曲线存在显著差异。在实践中，韦布尔分布的形状参数取不同的值，可以描述不同的产品失效类型。当 $\beta < 1.0$ 时，失效率随时间递减 (decreasing failure rate, DFR)，常用于描述产品的早期失效阶段。当 $\beta = 1.0$ 时，失效率为恒定值 (constant failure rate, CFR)，常用于描述产品的随机失效阶段。当 $\beta > 1.0$ 时，失效率为递增型 (increasing failure rate, IFR)，常用于描述产品的磨损失效阶段。

令 $\mu = \ln(\alpha)$、$\sigma = 1/\beta$ 以及 $t' = \frac{\ln(t) - \mu}{\sigma}$，则韦布尔分布的概率密度和累积分布可以用极小值 (smallest extreme value, SEV) 分布的概率密度函数和累积分布函数表示，存在如下关系：

$$f_{\text{wbl}}(t|\alpha, \beta) = \frac{1}{\sigma t} \phi_{\text{SEV}}(t')$$

$$F_{\text{wbl}}(t|\alpha, \beta) = \varPhi_{\text{SEV}}(t')$$

其中，$\phi_{\text{SEV}}(t') = \mathrm{e}^{t' - \mathrm{e}^{t'}}$ 和 $\varPhi_{\text{SEV}}(t') = 1 - \mathrm{e}^{-\mathrm{e}^{t'}}$ 分别是标准 SEV 分布的概率密度函数和累积分布函数。在本书后续有关韦布尔分布的讨论中，总是将韦布尔分布表示为 SEV 分布的形式，以与其他分布保持形式上的统一。

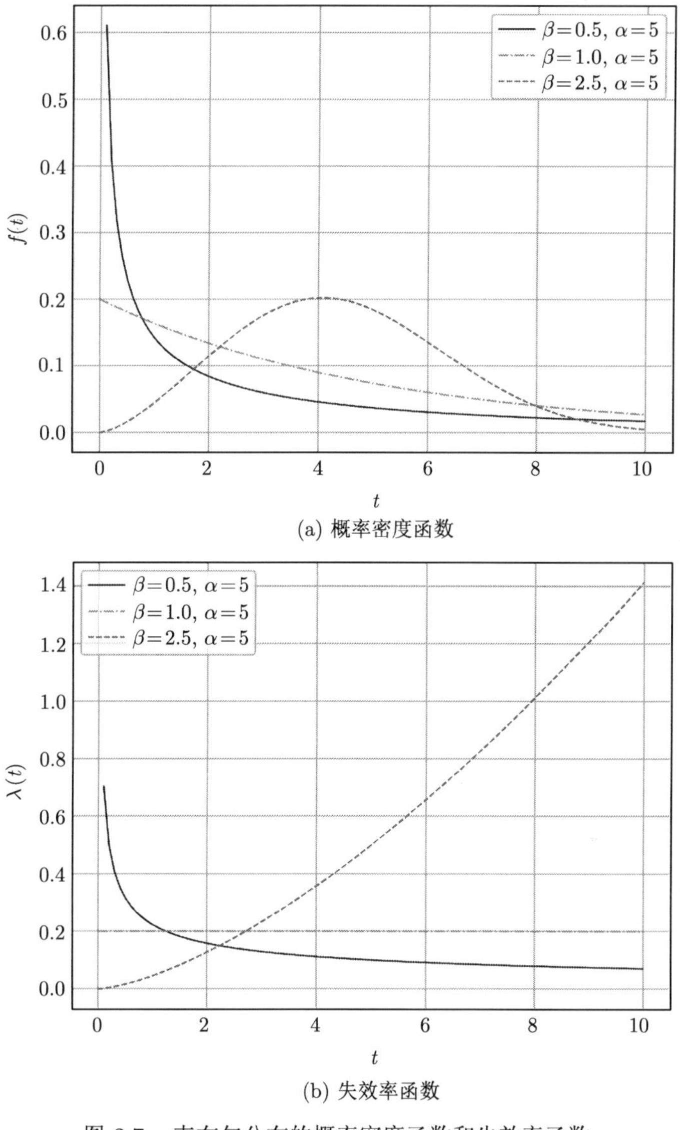

(a) 概率密度函数

(b) 失效率函数

图 2.7　韦布尔分布的概率密度函数和失效率函数

4. Log-Logistic 分布

Log-Logistic 分布也是一类重要的寿命模型，对于尺度参数 $\mu > 0$ 和形状参数 $\sigma > 0$，Log-Logistic 分布的概率密度函数、累积分布函数和失效率函数分别为

$$f(t) = \frac{(\sigma/\mu)(t/\mu)^{\sigma-1}}{\left(1 + (t/\mu)^{\sigma}\right)^2}$$

$$F(t) = \frac{1}{1 + (t/\mu)^{-\sigma}}$$

$$\lambda(t) = \frac{(\sigma/\mu)(t/\mu)^{\sigma-1}}{1 + (t/\mu)^{\sigma}}$$

Log-Logistic 分布的概率密度函数和失效率函数如图2.8所示。

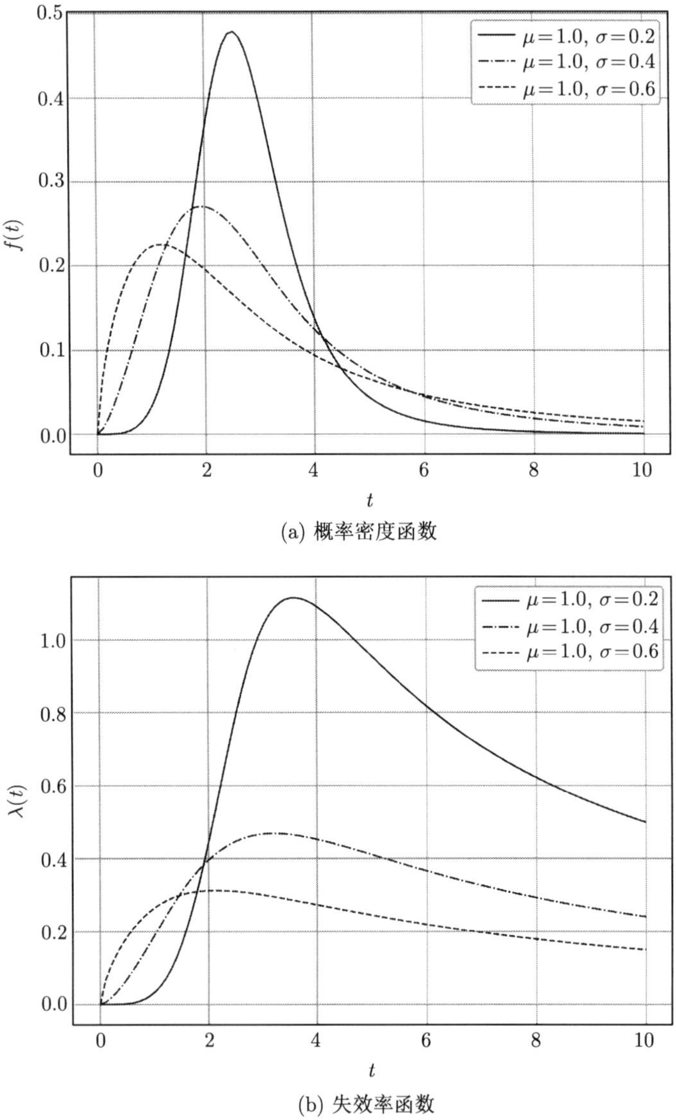

(a) 概率密度函数

(b) 失效率函数

图 2.8　Log-Logistic 分布的概率密度函数和失效率函数

令 $t' = \dfrac{\ln(t) - \mu}{\sigma}$，则 Log-Logistic 分布的概率密度函数和累积分布函数可以分别表示为

$$f(t;\mu,\sigma) = \frac{1}{\sigma t}\phi_{\text{logis}}(t')$$
$$F(t;\mu,\sigma) = \Phi_{\text{logis}}(t')$$

其中，$\phi_{\text{logis}}(t') = \dfrac{\mathrm{e}^{-t'}}{(1+\mathrm{e}^{-t'})^2}$ 和 $\Phi_{\text{logis}}(t') = (1+\mathrm{e}^{-t'})^{-1}$ 分别是标准 Logistic 分布的概率密度函数和累积分布函数。

2.3　参数估计与极大似然估计

2.3.1　参数估计

参数估计也称为统计推断，其目的是用样本数据推断总体信息，即在假设总体分布已知或假设总体服从某一分布的条件下，通过样本对总体分布的参数进行估计。假设我们收集到独立同分布 (independent and identically distributed, i.i.d) 的各样本点数据。对于参数估计问题，由于抽样是随机进行的，因此通过样本估计的分布参数是随机变量。一般将待估计参数表示为一个随机变量，用大写字母 Θ 表示，并用对应的小写字母如 θ 表示具体的估计值。在参数估计过程中，待估计参数 θ 可以表示为样本的函数，$\hat{\theta}$ 表示参数 θ 的估计值，即 $\hat{\theta} = \theta(X_1, X_2, \cdots, X_n)$。对于特定样本，估计量的值表示为 $\hat{\theta} = \theta(x_1, x_2, \cdots, x_n)$ 。对于只有一个参数的情况，待估计参数是一个标量，而对于有多个参数的情况，则待估计参数是一个向量。

参数估计有点估计和区间估计两种。点估计是依据样本估计总体分布所包含的未知参数，构造一个只依赖样本的量，作为未知参数的估计值，构造点估计的常用方法包括矩估计法、极大似然估计法、最小二乘法以及贝叶斯估计法。区间估计则依据抽取的样本，根据一定的精度要求，构造出适当的置信区间，作为总体分布的未知参数所在范围的估计，区间估计主要是根据抽样分布的特点进行的。

2.3.2　极大似然估计

在统计学中，极大似然估计 (maximum-likelihood estimation, MLE) 是最基本的模型参数估计方法 [1-4]。其基本原理是：对于来自总体的样本，样本在一定程度上反映了总体的特征。将一次抽样得到的样本观测值看作一个事件，则该事件发生的概率应该很大。对于待估计参数 θ，在所有可能的选择中，选取一个估计值 $\hat{\theta}$ ，使得上述样本观测值概率最大。此时，将 $\hat{\theta}$ 作为总体模型参数 θ 是合理的，就是总体参数 θ 的极大似然估计。本质上，极大似然估计就是寻找模型参数使得出现特定观测样本的可能性最大，从而将参数估计问题转化为一个优化问题。

给定一个概率分布，假定其概率密度函数（连续分布）或概率质量函数（离散分布）已知，表示为 $f(X;\theta)$ ，其中 θ 为分布参数。设从该总体中得到的样本容量为 n 的样本为 $(X_1, X_2, \cdots, X_n)$ ，则观测到一个独立同分布样本 $(x_1, x_2, \cdots, x_n)$ 的概率为

$$f(x_1, x_2, \cdots, x_n|\theta) = f(x_1|\theta)f(x_2|\theta)\cdots f(x_n|\theta) \tag{2.3}$$

其中，$f(x_1, x_2, \cdots, x_n|\theta)$ 为该样本出现的概率，由于样本是独立同分布的，因此观测到样本的概率就是每个观测值出现的概率的乘积。在极大似然估计中样本的独立性是一个重要的前提条件。

对于参数估计的情况，样本是已知的而模型参数 θ 是未知的。因此，可以将样本视为条件，则式（2.3）可以改写为

$$L(\theta|x_1, x_2, \cdots, x_n) = \prod_{i=1}^{n} f(x_i|\theta) \tag{2.4}$$

为计算方便，一般对式（2.4）两边取对数（称为对数似然函数）并使对数似然函数取极大值，即

$$\hat{\theta} = \arg\max_{\theta\in\Theta} L(\theta)$$

其中，Θ 表示 θ 的所有可能的取值范围。

当样本数据存在右截尾情形时，许多观测值并不是实际值，而是截尾值。设有一个容量为 n 的样本 $X_1, X_2, \cdots, X_n$，其中前 r 个观测值是实际值，后 $n-r$ 个是右截尾值，其似然函数表示为

$$L(\theta|x_1, x_2, \cdots, x_n) = \left\{\prod_{i=1}^{r} f(x_i|\theta)\right\}\left\{\prod_{j=r+1}^{n} [1 - F(x_j|\theta)]\right\} \tag{2.5}$$

其中，$f(\cdot)$ 和 $F(\cdot)$ 分别为给定分布的概率密度函数和累积分布函数。对于右截尾数据，如果是寿命数据，可以理解为我们虽然不知道该产品的真实寿命，但右截尾信息表明其实际寿命值至少大于截尾值，即该产品在截尾值前没有失效，用概率表示为 $1 - F(x_k|\theta)$。对于简单分布，可以令 $\partial L(\theta)/\partial\theta = 0$ 并求解得到 $\hat{\theta}$，对于复杂的分布则需要通过数值计算方法进行求解。

2.4　参数的置信区间估计

如前所述，待估计参数 θ 是一个随机变量，通过 MLE 方法，可以得到参数的点估计（参数的期望值），在点估计的基础上，可以进一步通过费希尔信息矩阵方法或相对似然函数方法得到参数的置信区间。

2.4.1　费希尔信息矩阵方法

令 $L(\theta)=\sum_{i=1}^{n}L_i(\theta)$ 为特定模型和观测数据条件下的对数似然函数，$L_i(\theta)$ 为第 i 个观测值的对数似然。令 $\hat{\theta}$ 为参数 θ 的极大似然估计。费希尔信息矩阵定义为

$$I(\theta)=\frac{\partial^2 L(\theta)}{\partial\theta\partial\theta'}=\sum_{i=1}^{n}\left[-\frac{\partial^2 L_i(\theta)}{\partial\theta\partial\theta'}\right]_{\theta=\hat{\theta}} \tag{2.6}$$

基于式（2.6），则极大似然估计 $\hat{\theta}$ 的协方差矩阵为

$$\Sigma_{\hat{\theta}}=I(\theta)^{-1}$$

当得到极大似然估计 $\hat{\theta}=(\hat{\theta}_1,\hat{\theta}_2,\cdots,\hat{\theta}_r)$ 的协方差矩阵 $\Sigma_{\hat{\theta}}$ 时，$\hat{\theta}$ 的函数 $g(\hat{\theta})$ 的均值和方差可以用如下的近似公式进行计算：

$$E(g(\hat{\theta}))\approx g(\hat{\theta})$$

$$\mathrm{Var}[g(\hat{\theta})]\approx\sum_{i=1}^{r}\left[\frac{\partial g(\theta)}{\theta_i}\right]^2\mathrm{Cov}(\hat{\theta}_i,\hat{\theta}_i)+\sum_{i=1}^{r}\sum_{\substack{j=1\\ j\neq i}}^{r}\left[\frac{\partial g(\theta)}{\theta_i}\right]\left[\frac{\partial g(\theta)}{\theta_j}\right]\mathrm{Cov}(\hat{\theta}_i,\hat{\theta}_j)$$

以韦布尔分布为例，附录 A.1 给出了韦布尔分布的极大似然估计、极大似然估计的协方差矩阵估计以及累积分布函数 $F(t)$、失效率函数 $h(t)$ 以及 p 分位数寿命 t_p 的置信区间计算的 Python 代码。有关费希尔信息矩阵以及置信区间估计的相关内容可以参见参考文献 [1]。

2.4.2　相对似然函数方法

对于对数正态分布、韦布尔分布和 Log-Logistic 分布，其似然函数可以统一表示为

$$L(\mu,\sigma)=\prod_{i=1}^{n}\left\{\frac{1}{\sigma t_i}\phi\left[\frac{\log(t_i)-\mu}{\sigma}\right]\right\}^{\delta_i}\times\left\{1-\Phi\left[\frac{\log(t_i)-\mu}{\sigma}\right]\right\}^{1-\delta_i} \tag{2.7}$$

其中，$\delta_i=1$ 表示对应的 t_i 是实际的失效时间，$\delta_i=0$ 表示对应的 t_i 是右截尾时间。式（2.7）的 $\phi(\cdot)$ 和 $\Phi(\cdot)$ 表示概率密度函数和累积分布函数，在韦布尔分布、对数正态分布和 Log-Logistic 分布中分别对应标准 SEV 分布的 $\phi_{\mathrm{SEV}}(\cdot)$ 和 $\Phi_{\mathrm{SEV}}(\cdot)$、标准正态分布的 $\phi_{\mathrm{nor}}(\cdot)$ 和 $\Phi_{\mathrm{nor}}(\cdot)$、标准 Logistic 分布的 $\phi_{\mathrm{logis}}(\cdot)$ 和 $\Phi_{\mathrm{logis}}(\cdot)$。

令 $L(\mu,\sigma)$ 为似然函数，$\hat{\mu}$ 和 $\hat{\sigma}$ 是极大似然估计，则称

$$R(\mu,\sigma)=\frac{L(\mu,\sigma)}{L(\hat{\mu},\hat{\sigma})} \tag{2.8}$$

为相对似然函数（relative likelihood function）。

具有两个参数的相对似然函数形成了一个二维平面上的等值线，$R(\mu,\theta) > e^{-\chi^2_{(1-\alpha;2)}/2} = \alpha$ 给出了 μ 和 σ 的 $100(1-\alpha)\%$ 的联合置信区间。

对于参数 μ，当 σ 变化时我们总是希望其相对似然函数尽可能大，定义 μ 和 σ 的轮廓似然（profile likelihood）分别为

$$R(\mu) = \max_{\sigma}\left[\frac{L(\mu,\hat{\sigma})}{L(\hat{\mu},\hat{\sigma})}\right] \tag{2.9}$$

$$R(\sigma) = \max_{\mu}\left[\frac{L(\hat{\mu},\sigma)}{L(\hat{\mu},\hat{\sigma})}\right] \tag{2.10}$$

则 μ 的 $100(1-\alpha)\%$ 置信区间由 $R(\mu) > e^{-\chi^2_{(1-\alpha;1)}/2}$ 确定。同样地，σ 的 $100(1-\alpha)\%$ 的置信区间由 $R(\sigma) > e^{-\chi^2_{(1-\alpha;1)}/2}$ 确定。

在实际应用中，可以以极大似然估计 $\hat{\mu}$ 和 $\hat{\sigma}$ 为中心，在一个可行区域内将 μ 和 σ 进行离散化并求得 $\hat{\mu}$ 和 $\hat{\sigma}$ 的置信区间。以韦布尔分布为例，附录 A.2 给出了基于相对似然的韦布尔分布极大似然置信区间估计的 Python 代码。

对于给定 p 的 t_p 和给定时间 t_e 的 $F(t_e)$ 可以利用类似的方法求得其置信区间。根据前面的论述，对于给定的 p，有如下的关系：

$$F(t_p;\mu,\sigma) = \varPhi\left(\frac{\log(t_p)-\mu}{\sigma}\right) = p$$

于是有 $\mu = \log(t_p) - \varPhi^{-1}(p)\sigma$，用 $\log(t_p) - \varPhi^{-1}(p)\sigma$ 替代式（2.9）中的 μ 可得

$$R(t_p) = \frac{L(\log(t_p) - \varPhi^{-1}(p)\sigma, \sigma)}{L(\hat{\mu},\hat{\sigma})}$$

利用前述同样的方法，可以得到 t_p 基于相对似然的置信区间。

同样，当给定 t_e 时，有

$$F(t_e;\mu,\sigma) = \varPhi\left(\frac{\log(t_e)-\mu}{\sigma}\right)$$

可得 $\mu = \log(t_e) - \varPhi^{-1}(F(t_e))\sigma$，代入式 (2.9) 并替换其中的 μ 可得

$$R(F(t_e)) = \frac{L(\log(t_e) - \varPhi^{-1}(F(t_e))\sigma, \sigma)}{L(\hat{\mu},\hat{\sigma})}$$

同样，可以根据 $R(F(t_e))$ 得到 $F(t_e)$ 的置信区间。

例 2.1 韦布尔分布的参数估计与置信区间估计。一批产品共 565 个，其质保期为 1 年（365 天），在质保期结束时共有 75 个产品发生了索赔（在特定的失效模式下），失效发生的时间（天）分别是：4, 14, 27, 34, 36, 38, 38, 42, 43, 48,

49, 50, 51, 54, 56, 61, 62, 68, 69, 72, 75, 75, 79, 83, 83, 89, 90, 91, 100, 116, 118, 122, 131,131, 136, 136, 142, 149, 164, 175, 182, 186, 195, 196,196, 201, 206, 210, 217, 218, 222, 224, 229, 236, 239, 241, 251, 251, 254, 257, 275, 277, 279, 297, 303, 312,332, 335, 339, 341, 357, 358, 362, 365, 365。其余 490 个产品的失效时间为右截尾，截尾时间是 365 天。在假设数据服从韦布尔分布的条件下，进行参数估计。

(1) 数据预处理。将数据重新整理为如表2.1所示的格式，其中 t_i 为失效时间或截尾时间；$c_i = 1.0$ 表示对应的 t_i 为失效时间，$c_i = 0.0$ 表示对应的 t_i 为右截尾时间；n_i 为对应时间 t_i 的失效数或截尾数。

表 2.1　重新整理后的数据

t_i	c_i	n_i	t_i	c_i	n_i	t_i	c_i	n_i
4.0	1.0	1.0	90.0	1.0	1.0	229.0	1.0	1.0
14.0	1.0	1.0	91.0	1.0	1.0	236.0	1.0	1.0
27.0	1.0	1.0	100.0	1.0	1.0	239.0	1.0	1.0
34.0	1.0	1.0	116.0	1.0	1.0	241.0	1.0	1.0
36.0	1.0	1.0	118.0	1.0	1.0	251.0	1.0	2.0
38.0	1.0	2.0	122.0	1.0	1.0	254.0	1.0	1.0
42.0	1.0	1.0	131.0	1.0	2.0	257.0	1.0	1.0
43.0	1.0	1.0	136.0	1.0	2.0	275.0	1.0	1.0
48.0	1.0	1.0	142.0	1.0	1.0	277.0	1.0	1.0
49.0	1.0	1.0	149.0	1.0	1.0	279.0	1.0	1.0
50.0	1.0	1.0	164.0	1.0	1.0	297.0	1.0	1.0
51.0	1.0	1.0	175.0	1.0	1.0	303.0	1.0	1.0
54.0	1.0	1.0	182.0	1.0	1.0	312.0	1.0	1.0
56.0	1.0	1.0	186.0	1.0	1.0	332.0	1.0	1.0
61.0	1.0	1.0	195.0	1.0	1.0	335.0	1.0	1.0
62.0	1.0	1.0	196.0	1.0	2.0	339.0	1.0	1.0
68.0	1.0	1.0	201.0	1.0	1.0	341.0	1.0	1.0
69.0	1.0	1.0	206.0	1.0	1.0	357.0	1.0	1.0
72.0	1.0	1.0	210.0	1.0	1.0	358.0	1.0	1.0
75.0	1.0	2.0	217.0	1.0	1.0	362.0	1.0	1.0
79.0	1.0	1.0	218.0	1.0	1.0	365.0	1.0	2.0
83.0	1.0	2.0	222.0	1.0	1.0	365.0	0.0	490.0
89.0	1.0	1.0	224.0	1.0	1.0			

(2) 参数估计。调用附录 A.1 中的函数 WblModelExact 得到参数的极大似然估计：$\Theta = (\mu, \sigma) = (7.9021, 1.0291)$。需要注意的是，在该函数中采用了 SEV 分布进行参数估计。对应韦布尔分布的尺度参数和形状参数分别为：$\alpha = e^{\mu} = 2702.87$

以及 $\beta = 1/\sigma = 0.9718$。

(3) 分布检验。根据估计的韦布尔分布参数绘制韦布尔分布概率图，如图2.9所示。有关概率图的相关内容见 2.5 节。由图2.9（图中虚线为 95%置信区间）可知，韦布尔分布可以较好地拟合观测数据。

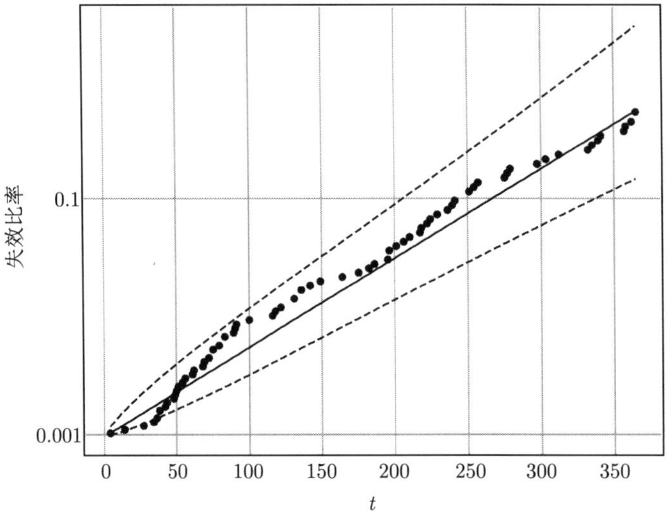

图 2.9　韦布尔分布概率图

(4) 计算参数的协方差矩阵。使用附录 A.1 中的函数 IMWblExact，可以得到参数的协方差矩阵为

$$\hat{\Sigma}_{\Theta} = \begin{bmatrix} 0.067\,500 & 0.026\,919 \\ 0.026\,919 & 0.013\,575 \end{bmatrix}$$

(5) 置信区间估计。使用附录 A.1 中的函数 FteCICalculate、hteCICalculate 及 tpCICalculate 分别计算给定时间 t 的累积分布函数和风险函数的置信区间以及给定分位数 p 寿命的 95% 置信区间。例如，给定 $t = 500$，相应的累积分布和 95% 置信区间分别为 $F(500) = 0.1764$ 和 [0.1414,0.2178]，风险函数和 95% 置信区间分别为 $h(500) = 0.000\,377$ 和 [0.000 259,0.000 548]。同样假设给定 $p = 0.2$，则对应的分位数寿命及 95% 置信区间分别为 $t_p = 577.41$ 和 [446.24,747.14]。

(6) 采用似然比方法确定参数及其函数的置信区间。利用附录 A.2 中的函数 LEWbl，可以得到韦布尔分布下基于似然比的参数置信区间，如图2.10所示，分别给出相对似然函数 $R(\mu, \sigma)$ 的等值线图以及 $\hat{\mu}$ 和 $\hat{\sigma}$ 的 95% 置信区间。对于给定的参数如 $t = 500$ 及 $p = 0.2$，同样可以通过似然比函数的方法得到 $F(t)$ 以及 t_p 的置信区间，如图2.11所示。

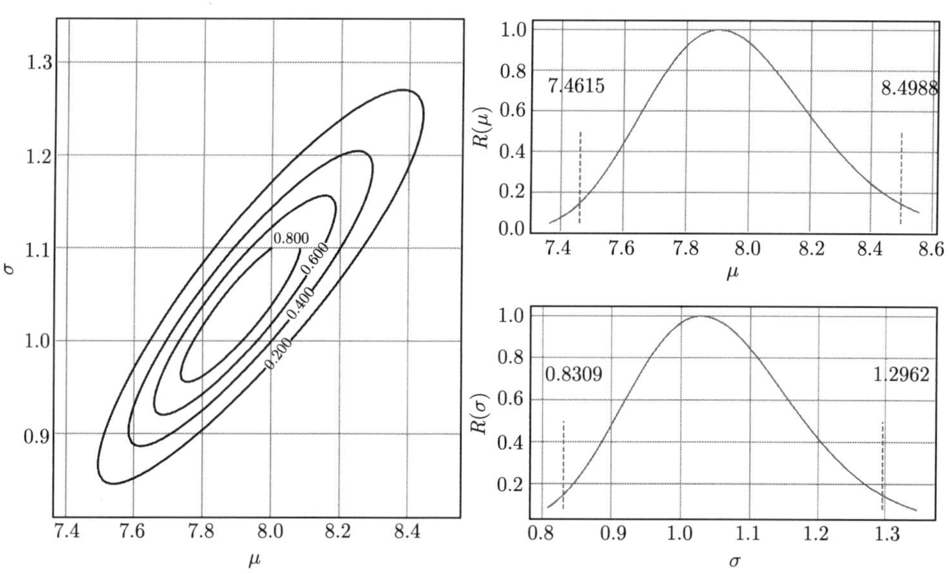

图 2.10　基于似然比的参数置信区间估计

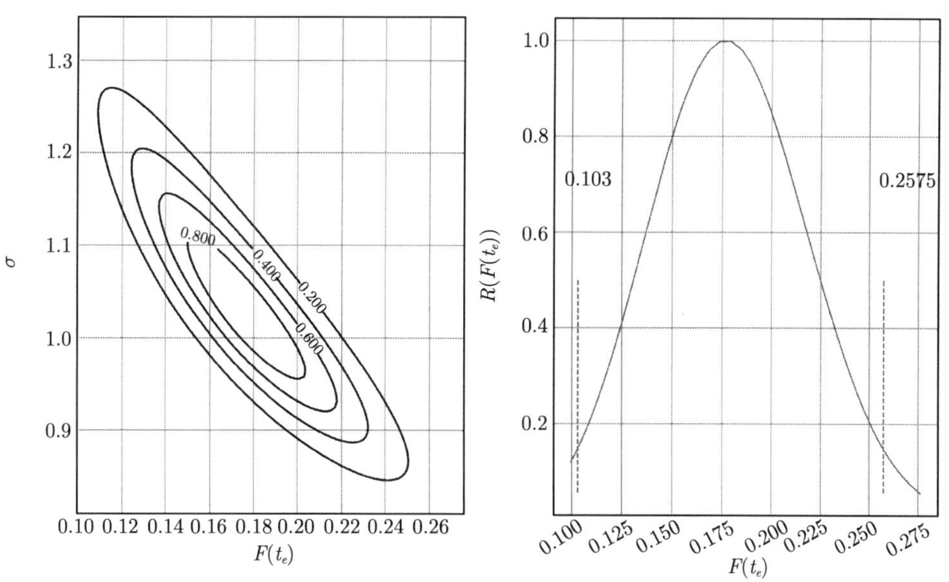

(a) 累积分布函数置信区间估计

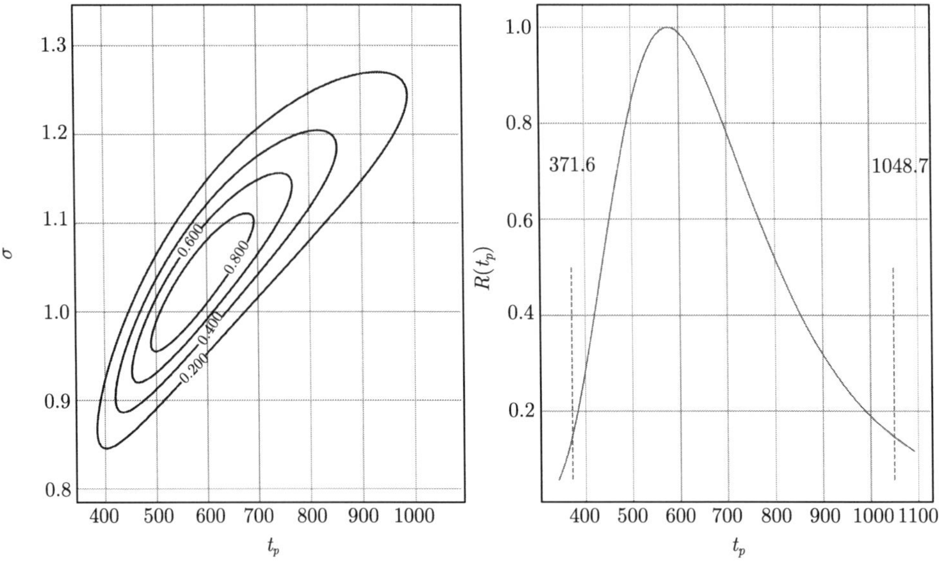

(b) 分位数寿命置信区间估计

图 2.11 基于似然比函数的累积分布函数和分位数寿命置信区间估计

2.5 分布检验

对于给定的样本数据，如何判断其是否源于一个特定的分布的过程称为分布检验。进行分布检验的方法一般有两种：第一种是通过概率图的方法判断样本数据与特定分布的拟合程度；第二种是基于样本数据构造统计量对样本数据是否源于特定分布进行检验。第一种比较简单直观，但无法进行量化的判断，第二种能够在给定的置信水平下对样本的分布进行量化的检验和评判。

2.5.1 基于概率图的分布检验

概率图是数据分析中非常重要的一类图形方法，其本质是通过坐标变换，将累积概率分布函数的 S 形曲线转化为直线。下面以韦布尔分布为例，对概率图的绘制过程进行说明。

尺度参数为 α、形状参数为 β 的韦布尔分布的累积分布函数为

$$F(t;\alpha,\beta) = 1 - \mathrm{e}^{-(t/\alpha)^{\beta}}$$

对上式进行简单变换，可以得到：

$$\log\left(\log\left(\frac{1}{1-F(t)}\right)\right) = \beta\log(t) - \beta\log(\alpha) \tag{2.11}$$

令 $y=\log\left(\log\left(\frac{1}{1-F(t)}\right)\right)$、$x=\log(t)$、$a=\beta$ 以及 $b=-\beta\log(\alpha)$，则韦布尔分布的累积分布函数可以转化为如下的线性关系：

$$y = ax + b$$

将样本数据点的经验累积分布函数值以及基于估计的韦布尔分布参数计算的 $F(t)$ 经过同样的变换并绘图，如果样本点与理论直线比较吻合，则认为样本数据来源于韦布尔分布。

对于存在截尾的质保数据 $(t_i,\delta_i,d_i), i=1,2,\cdots,N$，其中，$t_i$ 为时间点；$\delta_i=0$ 表示 t_i 为实际的失效时间，$\delta_i=1$ 表示 t_i 为右截尾时间；d_i 表示在 t_i 时间点失效或截尾的产品数量。

以韦布尔分布为例，其概率图绘制过程如下。

（1）将数据按照 t_i 从小到大的顺序排列。

（2）利用韦布尔分布的似然函数，参数的极大似然估计 $\hat{\Theta}$；计算累积分布 $F(t_i|\delta_i=0;\hat{\Theta})$。

（3）构造数据的经验累积分布函数，记为 $\hat{F}(t_i|\delta_i=0)$。

（4）针对 $\delta_i=0$ 对应的样本 t_i、$F(t_i)$ 和 $\hat{F}(t_i)$，做如式（2.11）所示的变换，并将数据点绘制到二维坐标中。

简单起见，在附录 A.3 中直接给出经验累积分布函数估计的 Python 代码，对于其计算过程不再赘述。

图2.12（图中虚线为 95%置信区间）给出了同一个样本数据在韦布尔分布和指数分布下的概率图，从图中可以看出，样本点在韦布尔分布中与理论分布的直线更接近，因此可以得出结论：韦布尔分布对样本数据的拟合比指数分布更好。

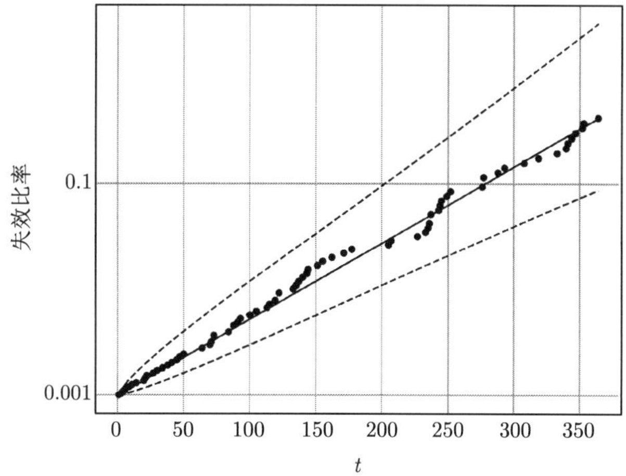

(a) 韦布尔分布

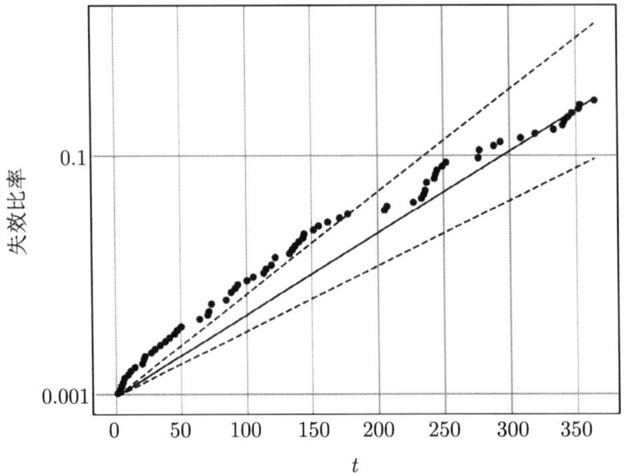

(b) 指数分布

图 2.12　概率图示例

2.5.2　拟合优度检验

拟合优度检验是进行分布检验的依据，其目的是判断产品寿命数据是否服从特定的分布，拟合优度是判断样本数据与理论分布之间符合程度的度量。

拟合优度检验的一般步骤如下。

(1) 建立原假设 H_0：总体分布函数 $F(x;\theta) = F_0(x;\theta)$，其中 $F_0(x;\theta)$ 是待检验的分布函数。

(2) 在原假设成立的条件下，构造一个反映样本数据分布与给定分布之间偏差的统计量 S。

(3) 根据收集到的样本观测值，计算出原假设成立时的统计量 S 的观测值 s。

(4) 规定检验水平 α，根据检验统计量的分布求得临界值 s_0，使得 $P(S \geqslant s_0) = \alpha$，一般 α 取 0.05、0.01 等。

(5) 比较统计量观测值 s 与临界值 s_0 的大小，当 $s > s_0$ 时拒绝原假设；反之则不能拒绝原假设。

实际应用中，一般用 p 值代替临界值，当 $p < \alpha$ 时不能拒绝原假设，反之则拒绝原假设。

进行拟合优度检验的方法有很多,其中比较常用的有卡方检验和 Kolmogorov-Smirnov（K-S）检验。

1）卡方检验

卡方检验主要用于离散分布的检验。假设收集到容量为 n 的样本，每一观测值对应 k 类别中的一个。令 $O_i(i = 1, 2, \cdots, k)$ 表示属于第 i 个类别的样本数，E_i

是当原假设成立时属于类别的期望样本数，$E_i = np_i$，其中 p_i 是原假设成立时一个观测值落到第 i 个类别的概率。卡方检验统计量定义为

$$\chi^2 = \sum_{i=1}^{k} \frac{(O_i - E_i)^2}{E_i}$$

在原假设 H_0 成立的条件下，如果分布 $F_0(x;\theta)$ 参数已知，则统计量 χ^2 服从自由度为 $k-1$ 的卡方分布。如果分布参数 θ 需要通过样本数据进行估计，并设 $\theta = (\theta_1, \theta_2, \cdots, \theta_m)$ 中有 m 个参数，则上述 χ^2 统计量的自由度为 $k-m-1$。卡方检验的临界值为 $\chi^2_{k-m-1,1-\alpha}$，可由卡方分布的累积分布函数求得，其中 α 为置信度，当参数 θ 已知时，令 $m=0$ 。

当采用卡方检验方法检验连续分布时，首先将样本数据归入 k 个区间，表示为 $L_0 = -\infty < L_1 < \cdots < L_k$，令 p_i 为观测值落入第 i 个区间 (L_{i-1}, L_i) 的概率，则 p_i 可由下式计算：

$$p_i = \int_{L_{i-1}}^{L_i} \mathrm{d}F_0(x;\theta) \tag{2.12}$$

其中，$F_0(x;\theta)$ 为原假设累积分布函数。与离散分布的卡方检验类似，卡方分布的自由度为 $k-m-1$，m 为指定分布中待估计参数 θ 中的参数个数，如果参数 θ 已知，则令 $m=0$。

例 2.2　设产品寿命服从尺度参数 $\alpha = 700$、形状参数 $\beta = 1.6$ 的韦布尔分布，有 100 件产品销售后的 6 个月内共有 12 个产品发生了失效，失效时间分别是 11, 73, 79, 112, 118, 123, 133, 147, 158, 162, 174, 178。可以用卡方检验方法检验样本数据是否来自给定分布。

将样本数据按照月度进行离散化（区间间隔为 30 天），并计算 O_i、p_i 和 E_i，如表2.2 所示。

表 2.2　χ^2 检验数据

月	1	2	3	4	5	6
O_i	1	0	2	2	3	4
p_i	0.0064	0.0129	0.0174	0.0209	0.0238	0.0261
E_i	0.64	1.29	1.74	2.09	2.38	2.61

根据式（2.12）计算 χ^2 统计量为 2.4431。因为参数已知，所以设 $m=0$ 共有 $k=6$ 个类别，则 $k-m-1=5$。令置信水平 $\alpha = 0.05$，则 $\chi^2_{5,0.95} = 11.07$。因为 χ^2 统计量小于临界值，所以没有充分的理由拒绝原假设，即在 95% 的置信水平下认为样本数据来自给定的韦布尔分布。

2）K-S 检验

K-S 检验适用于原假设分布为 $F_0(x;\theta)$ 且参数 θ 已知的情况，即原假设 $H_0: F(x;\theta)=F_0(x;\theta)$。从总体中抽取容量为 n 的样本 $X_1,X_2,\cdots,X_n$，其顺序统计量为 $X_{(1)},X_{(2)},\cdots,X_{(n)}$。K-S 检验的统计量 D_n 是经验分布 EDF 与 $F_0(X;\theta)$ 之间的最大差异，表示如下：

$$D^+=\max_{i=1,2,\cdots,n}\left|\hat{F}(x_{(i)})-F_0(x_{(i)};\theta)\right|$$

$$D^-=\max_{i=2,3,\cdots,n}\left|\hat{F}(x_{(i-1)})-F_0(x_{(i)};\theta)\right|$$

$$D=\max\left\{D^+,D^-\right\}$$

其中，$\hat{F}(x_{(i)})$ 为样本数据在点 $x_{(i)}$ 的经验似然，存在截尾数据的经验分布函数计算过程见附录 A.3。

当 $n>50$ 且在置信水平 α 下，对应于置信水平 α=0.05 和 α=0.01 的临界值分别为 $1.358/\sqrt{n}$ 以及 $1.628/\sqrt{n}$。

2.5.3 模型选择

分布检验的卡方检验或者 K-S 检验，能够从统计学的角度判定样本数据与特定的参数模型是否吻合。但是，如果样本数据可以同时通过多个模型检验，则需要比较哪个模型对数据的拟合程度更好。一个常用的模型是 AIC(Akaike information criterion) 指标，可以用于比较不同模型与样本数据拟合的程度。AIC 定义为

$$\text{AIC}=-2\ln(L(\theta|X))+2m \tag{2.13}$$

其中，$L(\theta|X)$ 表示分布函数对样本数据 X 的似然函数，m 为模型的参数个数。对于备选的多个分布模型，AIC 值最小的模型对数据的拟合程度最好，即选择 AIC 最小的模型作为选择的参数模型。

例 2.3 仍以例 2.2 中的数据为例，分别采用指数分布、韦布尔分布、对数正态分布和 Log-Logistic 分布对数据进行拟合并比较拟合效果。

利用极大似然估计方法，得到的参数估计结果如表2.3 所示。从 AIC 指标来看，韦布尔分布对数据的拟合性最好，且韦布尔分布与 Log-Logistic 分布对数据的拟合非常接近。图2.13（图中虚线为 95%置信区间）给出了各分布的概率图，从中同样可以发现指数分布对数据的拟合较差。

表 2.3　极大似然估计与模型选择

分布	参数	AIC
指数分布	λ=1442.47	200.58
韦布尔分布	μ=6.2934,σ=0.5332	198.60*
对数正态分布	μ=6.7463,σ=1.2988	200.69
Log-Logistic 分布	μ=6.2339,σ=0.5184	198.77

* 表示这个值是最小的

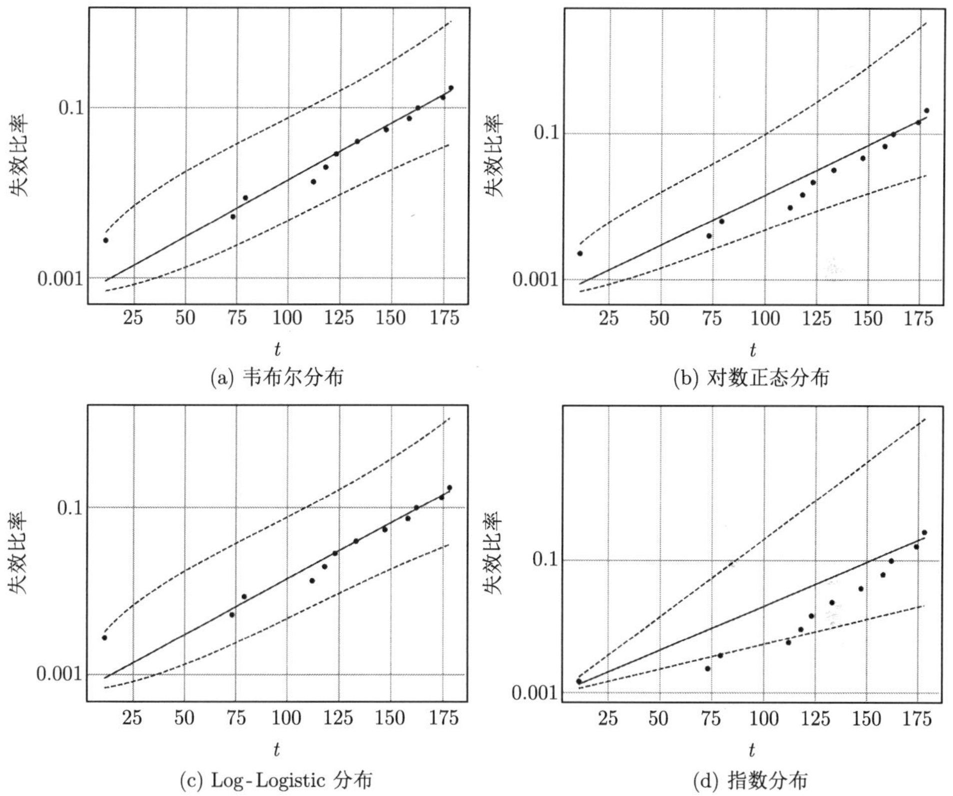

(a) 韦布尔分布　(b) 对数正态分布

(c) Log-Logistic 分布　(d) 指数分布

图 2.13　不同分布的概率图对比

2.6　含协变量的可靠性数据建模

在实际应用中，通常存在一些可观测的、与产品寿命相关的因素，如汽车的使用率，即单位时间内的行驶里程（公里/天）会影响汽车的寿命和失效率。

在进行寿命数据分析时，需要考虑的因素称为协变量。在寿命数据分析过程中，有两种常用的处理协变量的方法：一种是基于加速失效时间的模型，另一种是基于回归的模型。

2.6.1　加速失效时间模型

设产品使用过程存在因子 x 会对产品寿命产生影响，在产品的实际使用过程中可以观测到产品的失效时间或截尾时间 t_i 及对应的 x_i，x_0 是产品的正常工作条件，即因子 x 的正常水平。这里的因子 x 称为加速因子。设产品在因子 x 水平下的寿命为 $T(x)$，在 x_0 水平下的寿命为 $T(x_0)$。有很多模型用于定义 $T(x)$ 和 $T(x_0)$ 之间的关系，其中加速失效时间（accelerated failure time，AFT）是最常用的一种，定义如下：

$$T(x) = T(x_0)\left(\frac{x}{x_0}\right)^{\gamma} \tag{2.14}$$

其中，$\gamma > 0$ 称为 AFT 系数。

设容量为 N 的样本为 $(t_i, x_i, \delta_i)(i = 1, 2, \cdots, N)$，当 $\delta_i = 1$ 时表示对应的 t_i 为实际的失效时间，当 $\delta_i = 0$ 时表示对应的 t_i 为右截尾时间。假设数据服从参数为 μ 和 σ 的韦布尔分布，则其似然函数为

$$L(\theta) = \prod_{i=1}^{N} \phi_{\text{SEV}}\left(\frac{\log(t_i) - \gamma\log(x/x_0)}{\sigma}\right)^{\delta_i}\left(1 - \varPhi_{\text{SEV}}\frac{\ln(t_i) - \gamma\ln(x/x_0)}{\sigma}\right)^{1-\delta_i} \tag{2.15}$$

其中，$\theta = (\mu, \sigma, \gamma)$ 为待估计参数，$\phi_{\text{SEV}}(\cdot)$ 和 $\varPhi_{\text{SEV}}(\cdot)$ 分别为 SEV 分布的概率密度函数和累积分布函数。当假设数据服从对数正态分布或 Log-Logistic 分布时，用相应的标准正态分布和 Logistic 分布替换上述两个函数即可。

式（2.15）对 θ 求极大值，就可以得到 θ 的极大似然估计：

$$\hat{\theta} = \arg\max_{\theta} L(\theta)$$

上述计算过程实际上是将加速因子水平 x_i 下的寿命或截尾时间 t_i 通过 ALT 模型转化为 x_0 水平下的时间并进行参数估计。当 $\hat{\gamma}$ 接近于 0 时，表示该加速因子不显著。

2.6.2　回归模型

设 x 为协变量，对寿命模型的影响体现在模型参数上，以韦布尔分布为例，将分布参数 μ 和 σ 看作协变量 x 的函数，形如 $\mu(x) = f_1(x)$ 和 $\sigma(x) = f_2(x)$。为简化分析过程，上述函数 $f_1(x)$ 和 $f_2(x)$ 一般采用线性函数，常见的形式如下：

$$\mu(x) = \beta_0 + \beta_1 x$$

$$\sigma(x) = \beta_2 + \beta_3 x$$

其中，β_0、β_1、β_2 以及 β_3 为待估参数。

设 T 为产品寿命的随机变量且服从参数为 μ 和 σ 的韦布尔分布，$T(x)$ 为因子水平 x 下的随机变量，根据上述假设可以得到：

$$P(T(x)<t)=P(T<t|x)=\Phi_{\text{SEV}}\left(\frac{\log(t)-\mu(x)}{\sigma(x)}\right) \tag{2.16}$$

设有容量为 N 的样本 $(t_i,x_i,\delta_i)(i=1,2,\cdots,N)$，则基于上述假设的似然函数为

$$\begin{aligned}L(\beta_0,\beta_1,\beta_2,\beta_3)=&\prod_{i=1}^{N}\left[\phi_{\text{SEV}}\left(\frac{\log(t_i)-\mu(x_i)}{\sigma(x)}\right)\right]^{\delta_i}\\&\cdot\left[1-\Phi_{\text{SEV}}\left(\frac{\log(t_i)-\mu(x_i)}{\sigma(x)}\right)\right]^{1-\delta_i}\end{aligned} \tag{2.17}$$

式（2.17）对参数求极大值，可得到参数的极大似然估计。在实际应用中，如果可以判定 σ 不随 x 的变化而变化，则上述模型可以令 $\sigma(x)=\sigma$，通过极大似然估计得到 β_0、β_1 以及 σ 三个参数。同样可以通过更换式（2.17）中的密度函数和累积分布函数对其他的分布假设模型进行参数估计。

有关协变量模型的具体应用将在后续章节进行进一步说明。

2.7　可修产品的失效次数建模

对于可修产品来说，在产品失效后能够通过维修将产品恢复到工作状态，本节将简要介绍可修产品数据分析和建模的基本内容。

2.7.1　维修方式及维修程度

产品的维修一般分为两类：一类称为更正性维修（corrective maintenance，CM），指产品发生故障后，通过维修使其恢复到工作状态；另一类称为预防性维修（preventive maintenance，PM），指产品在正常工作状态下，通过一定的维修活动延缓产品的退化过程以提高其可靠性。在日常生活中，有时也将更正性维修称为维修而将预防性维修称为维护或保养。有关预防性维修及其对产品可靠性和成本的影响将在后面进行讨论，在这里仅讨论更正性维修的相关内容。

维修是为了使产品由故障状态恢复到工作状态，按照维修的程度，可以将更正性维修划分为如下几类。

（1）最小维修。最小维修是指通过维修将产品恢复到失效前的状态，即经过维修，产品的状态与维修前的状态完全相同，有时也称为“修复如旧”（as-good-as-old）。最小维修是维修理论中最基本的假设，可以极大地简化模型构建的难度。

（2）完美维修。完美维修是通过维修，故障产品恢复到全新产品的状态，即产品经过维修，消除了所有的磨损和退化，可以将修复后的产品视为一个全新的产品，有时也称为“修复如新”（as-good-as-new）。事实上，完美维修等同于用一个全新的产品替换失效产品，因此对于产品整体而言完美维修与替换是等价的。

（3）不完美维修。最小维修和完美维修是维修后产品的两个极限状态（不考虑产品维修后变得更差），在实际应用中，很多时候并不能完整体现维修对产品的影响。不完美维修是指经过维修，将失效产品恢复到介于最小维修和完美维修之间的中间状态，其应用程度用维修度表示。不完美维修是近年来质保管理理论中的一个重要的前沿研究方向。

图2.14给出了最小维修、不完美维修和完美维修假设下维修对产品风险函数 $\lambda(t)$ 的影响。对于最小维修，其风险函数在维修前后是连续的，而不完美维修下，产品由失效前的状态经由维修恢复到使用时间更短的状态，即通过维修对产品退化进行了补偿。而完美维修则将产品恢复为全新的状态。

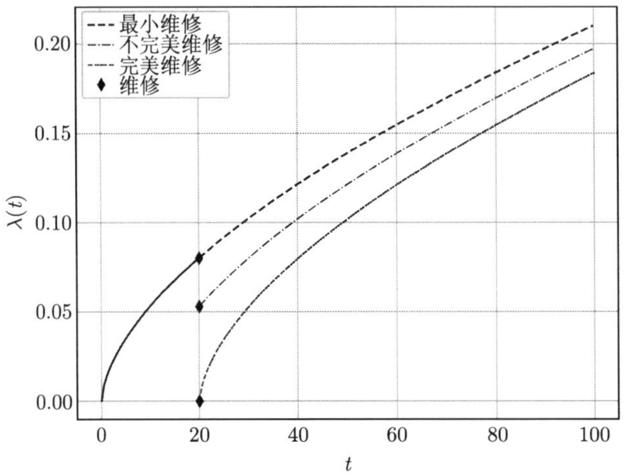

图 2.14　最小维修、不完美维修和完美维修示例

2.7.2　可修系统的随机过程模型

在假设不考虑修理时间的条件下（系统维修时间相比于失效间隔时间非常小，可以忽略），系统故障发生的时刻可以看作时间轴上的一些随机点，因而能够用随机点过程来描述。例如，一个产品在使用若干时间后失效，就是一个典型的点过程。本节简单介绍齐次泊松过程、非齐次泊松过程和更新过程，其中前两者对应于最小维修，后者对应于完美维修。

1）计数过程简介

计数过程是与质保数据分析紧密相关的一个概念，表示为 $\{N(t);t\geqslant 0\}$，表示在时间 t 内发生的某特定随机时间数，令 $N(0)=0$，则计数过程需要满足如下条件：

（1）$N(t)\geqslant 0$；

（2）$N(t)$ 取整数值；

（3）如果 $s<t$，则 $N(s)\leqslant N(t)$，即 $N(t)$ 是递减的；

（4）对于 $s<t$，则 $N(t)-N(s)$ 表示在区间 $(s,t]$ 内发生的特定事件数。

在质保数据分析中，常用的计算过程包括非齐次泊松过程和更新过程两类。为简单起见，仅从质保数据分析的角度进行介绍，忽略相应的证明过程。

2）非齐次泊松过程

令 $N(t)$ 表示时间区间 $(0,t]$ 中系统发生的故障次数，满足如下三个条件的一个随机过程 $\{N(t);t>0\}$ 是齐次泊松过程：

(a) $N(0)=0$;

(b) $N(t)$ 具有独立增量，即对任意 n 及不相交的区间 $(s_i,t_i](i=1,2,\cdots,n)$，$N(t_i)-N(s_i)$ 互相独立；

(c) 对任意的 $0\leqslant t<s$，$N(s)-N(t)$ 为参数为 $\lambda(s-t)$ 的泊松分布，即

$$P\{N(s)-N(t)=k\}=\frac{[\lambda(s-t)]^k}{k!}\mathrm{e}^{-\lambda(s-t)},\quad k=1,2,\cdots$$

当可修系统的相邻故障间隔时间呈现某种趋势时，可用非齐次泊松过程来描述，它是泊松过程的推广。若在满足齐次泊松过程中的条件 (a) 和 (b) 的前提下，将条件 (c) 表示如下。

对任意的 $0\leqslant t<s$，在 $(t,s]$ 中系统发生的故障次数 $N(s)-N(t)$ 服从参数 $\Lambda(t,s)=\int_s^t\lambda(u)\mathrm{d}u$ 的泊松分布，则随机过程 $\{N(t);t\geqslant 0\}$ 称作一个非齐次泊松过程，即

$$P\{N(s)-N(t)=k\}=\frac{[\Lambda(t,s)]^k}{k!}\mathrm{e}^{-\Lambda(t,s)},\quad k=0,1,\cdots$$

其中，$\lambda(u)$ 为一个非负函数，称作强度函数或失效率（rate of occurrence of failures, ROCOF）；$\Lambda(t,s)$ 称为累积强度函数或平均累积函数。

对于非齐次泊松过程，$N(t)=k(k\geqslant 0)$ 的概率由下式给出：

$$P_k(t)=P\{N(t)=k\}=\frac{\mathrm{e}^{-\Lambda(t)[\Lambda(t)]^k}}{k!}$$

随机变量 $N(t)$ 的均值和方差分别为

$$E[N(t)]=\Lambda(t)$$

$$V[N(t)] = E[(N(t) - \Lambda(t))^2] = \Lambda(t)$$

显然，令 $\lambda(t) = \lambda$，则非齐次泊松过程就变成了一个齐次泊松过程。

在假设产品采用最小维修和维修时间可以忽略的条件下，可修产品的失效过程为非齐次泊松过程。强度函数表示为 $\lambda(t) = \lambda(t;\theta)$，其中 θ 为未知参数向量。对应的累积强度函数或 $(0,t]$ 的平均失效率表示为 $\Lambda(t) = \Lambda(t;\theta)$。

如果产品的首次失效时间服从尺度参数 $\alpha > 0$ 和形状参数 $\beta > 0$ 的韦布尔分布，则非齐次泊松过程的强度函数为

$$\lambda(t) = \lambda(t;\alpha,\beta) = \frac{\beta}{\alpha}\left(\frac{t}{\alpha}\right)^{\beta-1} \tag{2.18}$$

对应的累积强度函数 $\Lambda(t;\alpha,\beta) = (t/\alpha)^{\beta}$。

对于可修产品，在其使用过程中往往会发生 0 次或多次失效。设所研究的样本中共有 N 个产品，其中 N_1 个产品经历了最少 1 次的最小维修，其余的 $N_2 = N - N_1$ 个产品没有发生失效。令第 i 个产品投入使用的时间为 $t_{i0} = 0$，t_{ij} 表示第 i 个产品的第 j 次维修的时间，第 i 个产品在质保期内总的维修次数用 J_i 表示。质保期为 W，所有的维修均发生在 $(0,W]$ 内，即 W 为右截尾时间。则对于发生了至少 1 次失效的产品 i，其观测数据的似然函数可以表示为

$$L_i(\theta) = \prod_{j=1}^{J_i} \lambda(t_{ij};\theta)\mathrm{e}^{-\Lambda(W;\theta)} \tag{2.19}$$

对于所有的 N_1 个发生过失效的产品，其非齐次泊松过程似然函数为

$$L(\theta) = \prod_{i=1}^{N_1} L_i(\theta) = \prod_{i=1}^{N_1}\left\{\left[\prod_{j=1}^{J_i}\lambda(t_{ij};\theta)\right]\mathrm{e}^{-\Lambda(W;\theta)}\right\} \tag{2.20}$$

考虑到 N_2 个未发生任何失效的产品，则所有 N 个产品的失效时间以及截尾时间的似然函数为

$$L(\theta) = \left[\prod_{i=1}^{N_1}\prod_{j=1}^{J_i}\lambda(t_{ij};\theta)\right]\cdot\left[\prod_{i=1}^{N}\mathrm{e}^{-\Lambda(W;\theta)}\right] \tag{2.21}$$

式（2.21）对参数 θ 求极大值，就可以得到非齐次泊松过程参数的极大似然估计 $\hat{\theta}$。

需要注意的是，当用非齐次泊松过程进行质保数据建模时，需要验证最小维修假设是否成立。从理论上说，只有在最小维修假设成立的条件下，才能用非齐次泊松过程描述质保索赔数据。

3）更新过程

更新过程是齐次泊松过程的一个直接推广。更新过程常用于描述采用更新质保政策的产品质保索赔数据建模。例如，如果产品的寿命是独立同分布的，且产品失效后立即用新的产品进行更换，则在整个质保期内产品的更新次数就是一个一般更新过程。

设随机变量 $X_1, X_2, \cdots$ 独立同分布于 $G(t)$ 且满足 $G(0^-) = 0$。记：

$$T_n = \sum_{i=1}^{n} X_i$$

并令 $T_0 = 0$。则

$$N(t) = \sup\{n : T_n \leqslant t\}, \quad t \geqslant 0$$

称作一个更新过程，其中 sup 表示集合的上确界。

显然，如果把 T_n 看成是系统发生第 n 次失效的时刻，失效后瞬时完成对系统的更新，则对固定的 t，$N(t)$ 是 $(0, t]$ 中系统失效的总次数，显然 $N(t)$ 是取非负整数的随机变量。$G(t)$ 是时间发生间隔的分布函数。由更新过程的定义可知，若把 X_i 看成是相继故障的间隔，则更新过程模型可用来描述完美维修（更新）的可修系统的运行特征。事实上，对于更新过程来说，每一次更新就意味着旧系统的寿命终结，则相应的更新时间的间隔就是系统寿命的一个观测值。由失效间隔的独立同分布特性，很容易根据采集的更新时间对寿命分布进行估计。

此外，当 $G(t)$ 是参数为 λ 的指数分布时，$N(t)$ 即齐次泊松过程，可以很容易计算在给定时间区间内发生更新次数的期望值。

对于一般更新过程，其主要目的是求时间 t 内发生的更新次数的期望值即 $E[N(t)]$。对于质保过程，如果失效产品采用的维修方式是更新，则 $E[N(t)]$ 表示在时间 t 内发生的索赔数据的期望值。

一般更新过程 $N(t) = k(k \geqslant 0)$ 的概率由下式给出：

$$p_k(t) = P\{N(t) = k\} = F^{(n)}(t) - F^{(n-1)}(t)$$

其中，$F^{(n)}(t)$ 是 $F(t)$ 的 n 重卷积，可通过如下过程计算：

$$F_0(t; \Theta) = 1$$

$$F_1(t; \Theta) = \int_0^f F_0(t - x, \Theta) f(x; \Theta) \mathrm{d}x$$

$$F_2(t; \Theta) = \int_0^f F_1(t - x, \Theta) f(x; \Theta) \mathrm{d}x$$

$$\cdots$$

$$F_n(t;\Theta) = \int_0^f F_{n-1}(t-x,\Theta)f(x;\Theta)\mathrm{d}x$$

则在 $[0,t)$ 内发生事件的平均次数，即更新函数表示为

$$M(t) = \sum_{n=1}^{\infty} F_n(t)$$

上述过程的计算非常复杂，一般可以通过数值积分的方法进行。

2.8 本 章 小 结

本章首先介绍了质保数据分析的概率统计基础。简要介绍了随机变量、概率分布、总体、样本、样本统计量的基本概念，以及可靠性常用指标和寿命数据的截尾特性。

其次对质保数据分析中常用的离散分布（二项分布和泊松分布）以及连续分布（指数分布、对数正态分布、韦布尔分布、Log-Logistic 分布）及其特征进行了介绍。

然后介绍了模型参数估计的极大似然方法以及参数置信区间估计的两种方法：费希尔信息矩阵方法和相对似然函数方法。进而介绍了分布检验和模型选择的相关问题。为使用方便，在附录中以韦布尔分布为例，给出了参数估计及参数置信区间估计的 Python 代码。

最后介绍了含协变量的质保数据建模以及可修产品的质保数据建模问题。

参 考 文 献

[1] Meeker W Q, Escobar L S. Statistical Methods for Reliability Data[M]. New York: John Wiley & Sons, 1998.

[2] Rai B K, Singh N. Reliability Analysis and Prediction with Warranty Data-Issues, Strategies, and Methods[M]. New York: Taylor & Francies Group, 2009.

[3] Blischke W R , Karim M R , Murthy D N P . Warranty Data Collection and Analysis[M]. New York: Springer Series in Reliability Engineering, 2011.

[4] 赵宇. 可靠性数据分析 [M]. 北京: 国防工业出版社, 2011.

第 3 章 质保数据分析

3.1 质保数据的基本结构

质保数据包含了三个主要的数据源：生产数据、销售数据和质保索赔数据。

在实际的数据分析中，生产数据的功能主要体现在两个方面：一是对研究数据集提供筛选依据，如根据研究的目的按照生产日期、按照核心零部件的批次、按照产品型号等对生产数据进行过滤，以确定研究对象；二是为质量和可靠性改进提供依据，如基于质保数据分析，可以发现不同的产品在售后服务中索赔率的变化，如果变化足够显著，则可以通过对生产数据的追溯发现生产过程中的波动或异常，为质量和可靠性改进提供依据。销售数据则包含产品的销售时间、销售地区等信息，其中销售时间一般作为投入使用的时间，而对于一些受环境影响（如温度、湿度等）比较大的产品，可以通过对不同销售地区的产品的可靠性分析，识别这些影响因素，为产品改进提供依据。质保索赔数据则包含了与产品相关的更换、维修、维护信息，是可靠性分析的主要数据源。质保索赔数据可以根据分析的目的进行筛选，如对产品整体、子系统或具体的零部件的失效数据进行归集和分析。

质保数据按照归集的方法，可以分为两类：一类是具体数据（类型 I），即记录产品的具体失效时间、失效原因等；另一类是汇总数据（类型 II），即对产品按照不同使用时间区间进行索赔数据的统计。两类数据的结构如表3.1 和表3.2 所示。

以采用二维质保的汽车为例，表3.1给出了包含具体维修时间的质保数据，说明如下。

（1）产品数量——根据分析的目的，对数据进行筛选后的产品数，如可以按照生产日期、生产条件、零部件批次等进行筛选。如果分析产品中的某零部件的可靠性，则也可以按照零件的批次等进行数据筛选。

（2）产品编码——产品的唯一识别号。目前绝大多数的产品都有唯一的识别码，用以对产品进行跟踪和追溯，如汽车的车架号或发动机号、电子产品的唯一识别码等，该编号用于将生产、销售和索赔数据进行索引。

（3）生产日期——产品的具体生产日期。根据分析的目的，可以是某一个具体的日期生产的产品，也可以是一个时间段内生产的产品，该时间同样用于对生产过程的追溯。

表 3.1 质保数据类型 I——具体数据

产品数量	产品编码	生产日期	销售日期	维修记录			
150	*001	2012/03/01	2012/04/28	2012/08/09 (P:**1) (C: 200) (D:5000)	2012/12/28 (P:**3) (C:852) (D:12000)		
	*002	2012/03/01	2012/03/20	2012/10/23 (P:**1) (C: 140) (D:3500)			
	*003	2012/03/01	2012/03/31				
	……						
	*058	2012/03/01	2012/04/03	2014/04/20 (P:**1) (C:920) (D:32800)			
	*059	2012/03/01	2012/03/05	2012/11/05 (P:**2) (C:500) (D:12000)	2013/03/08 (P:**7) (C:1328) (D:25000)	2013/12/20 (P:**2) (C:820) (D:50000)	2014/03/31 (P:**3) (C:153) (D:58000)
	……						
	*150	2012/03/01	2012/04/10	2013/10/15 (P:**3) (C:852) (D:18000)	2014/03/14 (P:**8) (C:932) (D:25000)		

P 表示维修所涉及的子系统或零部件编码；C 表示索赔金额；D 表示维修时的已行驶里程（km）

（4）销售日期——指特定产品投入使用的时间，一般作为产品开始使用的起点时间。在实践中，有的产品的使用日期是按照销售日期计算的，对于预购买的产品其使用日期以交付日期计算，而对于需要安装调试的产品，则使用日期以安装调试验收完成为起始日期。有的产品从生产日期到使用日期之间的库存时间会导致产品退化，因此库存时间（开始使用日期 − 生产日期）有时在数据分析中也作为协变量处理，用以分析库存对产品可靠性的影响。

（5）维修记录——质保索赔数据的主要内容，包括维修日期、维修相关的信息等。其中维修日期与使用日期时间的天数就是产品发生失效的时间间隔。除维修日期外，维修记录还包括大量的其他相关信息，表3.1列出了与维修相关的部分信息，包括涉及的零部件编码、索赔金额以及汽车维修时的已行驶里程等。除此之外，一般还包括服务点或代理商、维修人员等信息。如果产品在质保期内没有发生任何索赔，则其维修记录为空（如产品编码为 *003 的数据）。

如表3.2所示，可以通过设置日期对索赔记录进行过滤，例如，要分析产品投入使用开始的 180 天内的可靠性状况，则可以把索赔记录中使用时间超过 180 天的记录过滤掉，相应地将 180 天或实际使用的天数作为右截尾时间。还有一种情况，当进行数据分析时，部分或全部产品已经出保，则对于出保的产品，其右截尾时间就是质保期的天数，对于未出保的产品，则截止到当前时间的使用天数就是其右截尾时间。

对于汽车等采用二维质保的产品，仅通过时间并不能判断产品是仍然在保还是已经出保，这时的数据就存在不完整的情况，需要通过特殊的方法进行处理。而对于有的产品，制造商并不能准确跟踪到每一个产品的具体使用日期，特别是通过多级渠道进行分销的产品。这时，只有发生了索赔的产品的使用日期能够精确获得，而对于没有发生索赔的产品的使用日期则并不能精确获得，当然也不能判断某一产品是否在保。对于此类产品，在进行质保数据分析时也需要特殊处理。

表 3.2　简化后用于分析的数据

产品数量	产品编码	库存天数	维修记录				截尾
150	*001	58	103	244			704
	*002	19	207				730^c
	*003	30					730^c
	……						
	*058	33	728				729
	*059	4	245	368	655	726	730^c
	……						
	*150	40	2013/10/15	2014/03/14			722

c 表示数据为右截尾数据

假设产品的质保期为 2 年（730 天），以 2014 年 4 月 2 日对数据进行检索为例，对表3.1的数据进行进一步处理和简化，得到表3.2所示的数据。其中标 c 的数据表示在检索日期前对应产品已经出保，该数据为右截尾数据，其含义是在该日期之后，不再对产品的数据进行跟踪。根据分析的需要，也可以进一步通过涉及的零部件对索赔数据进行筛选。此外，如果仅考虑首次失效时间，则可以将索赔时间视为产品的寿命，构建产品的寿命模型。如果考虑质保期内的所有索赔，则可以视为可修产品的失效估计问题。

这里忽略了维修信息中的成本、里程和零件，其中零件主要用于数据筛选和过滤。在后面的章节将行驶里程作为协变量进行处理，以对数据进行更深入的分析。

上面分析的数据指产品的具体索赔时间已知，另一类经过汇总的质保数据如表3.3所示，说明如下。

（1）产品批——根据分析的目的，对产品进行筛选。根据分析要求，可以按照生产的时间段进行数据归集，也可以将生产批的产品进一步按照销售地区、代理商等进行归集。

（2）数量——对应产品批的产品数量。

（3）使用月（month in service，MIS）——按照月度归集索赔数据是一种实践中常用的方法，即将一批产品投入使用后在不同使用月发生的索赔量进行汇总。这种数据常用于对不同批次的产品的索赔量进行横向比较，以发现批次之间的现场可靠性差异。

表 3.3 质保数据类型 II——计数数据

产品批	数量	使用月											
		1	2	3	4	5	6	7	8	9	10	11	12
1	252	0	3	2	0	5	1	0	0	4	8	9	1
3	380	0	5	8	0	0	0	4	3	2	7	0	0
……	……												
N	180	1	5	3	0	0	0	2	8	0	9	0	10

3.2 寿命数据分析

在质保数据分析中，当只考虑产品或零部件的首次失效时间时，可以将此类失效时间看作寿命数据。本节将介绍如何基于质保数据进行产品寿命分析。

3.2.1 数据预处理和经验似然估计

以某产品的售后质保数据为例对相关的内容进行介绍，在数据预处理部分主要完成如下几方面的工作。

1. 数据清洗

质保数据是在产品生命周期的不同阶段，包括制造、装配、运输、存储、分销和销售、售后服务等，由于不同参与方的信息系统的接口差异、数据格式问题以及管理水平等，在不同阶段采集的数据往往存在不同程度的质量问题。数据清洗是数据分析过程中的一个重要步骤，主要目的是剔除数据集中的遗漏数据、错误数据等以提高数据质量，为后续的数据分析奠定基础。在质保数据中，比较常见的数据问题包括：① 数据的缺失——一些字段的内容缺失或遗漏；② 数据错误——数据之间的逻辑关系存在错误，如销售日期早于生产日期、维修日期早于销售日期等；③ 不同数据不匹配，如索赔数据中的产品编码在销售数据或生产数据中不存在等。

将存在问题的记录直接剔除是最简单的处理方法，特别是当数据量非常大而发生错误的数据占比很小时，剔除错误数据对结果产生的影响往往可以忽略。此外，还可以采用特定的方法对缺失值进行填补，如均值插补、同类均值插补等。在汽车质保数据中，常见的情况是汽车行驶里程数据记录错误或缺失，如后一次维修时的行驶里程小于前一次维修时的行驶里程、里程数异常大或者异常小等，对于这类数据，往往可以通过平均日行驶里程或前后数据之间的关系进行补全。此外对于销售时间的缺失或错误，可以根据数据库中销售时间和生产时间之间相差的天数的分布进行随机补全等。

2. 数据筛选和预处理

在进行数据分析前，往往需要根据分析的目的，对质保数据进行筛选，即选择要分析的产品和索赔数据的范围。例如，要分析一段时间制造的产品的首次失效时间，则需要提取该时间段制造的特定产品的生产时间、销售时间和首次失效时间。需要注意的是，在进行统计分析的过程中，往往需要假设产品的失效时间是独立同分布的，这就要求在分析过程中对时间段进行详细甄别，需要确认该时间段的制造条件、原材料、零部件等没有发生显著变化，否则同分布的假设就很难保证。

此外，根据分析目的的不同，还需要对质保索赔数据进行筛选。如果以整个产品为分析对象，则不管什么原因导致的产品失效，都视为产品整体失效。如果以某零部件为分析对象，则需要筛选由特定零部件导致的产品失效数据。例如，某产品在销售后发生了三次失效，时间分别是 58 天、95 天和 170 天，假设与这些失效相关的部件分别是 A、B 和 C。如果以整个产品或 A 部件为分析对象，则首次失效时间是 58 天。而如果分析的是 B 部件，则首次失效时间是 95 天，如果分析的是 C 部件，则首次失效时间是 170 天。

以某产品为例，在对质保数据进行了筛选和预处理后，得到如表 3.4所示的数据。在设定的分析条件下，共销售了 521 个产品，这些产品在使用 1 年后，共有 91 个产品发生了失效（在这里仅考虑首次失效，不考虑重复失效）。在表3.4中，首次失效时间单位为天，截尾标志为“1”表示该时间是产品的失效时间，而截尾标志为“0”则表示该时间为右截尾时间，即在该时间前没有发生失效。如在表3.4中，430 个产品在一年（365 天）内没有发生所研究的失效问题。数量表示在某时间点发生的失效的产品数。

3. 数据初步分析

在完成数据的初步整理后，进而可以对数据进行简单的分析。将产品失效按照使用月进行汇总并绘图，结果如图3.1所示，从图中可以看出产品在不同使用月的失效数波动情况。对于有些产品，在产品投入使用的早期发生的失效往往认为与产品的制造质量有关，因此对这些失效数波动的分析，可以在一定程度上反映出制造过程的稳定性。

表 3.4　质保数据中的首次失效时间

首次失效	截尾标志	数量	首次失效	截尾标志	数量	首次失效	截尾标志	数量
1	1	1	67	1	1	211	1	1
3	1	1	78	1	1	212	1	2
4	1	1	89	1	1	225	1	1
6	1	1	94	1	1	234	1	1
7	1	2	103	1	1	240	1	1
9	1	1	110	1	1	245	1	1
10	1	1	111	1	1	247	1	2
12	1	1	120	1	1	252	1	2
14	1	1	123	1	1	257	1	2
16	1	1	130	1	2	278	1	1
17	1	1	133	1	1	280	1	1
19	1	1	141	1	1	281	1	1
20	1	1	151	1	1	283	1	1
24	1	1	155	1	1	284	1	1
28	1	1	159	1	1	287	1	1
30	1	1	160	1	1	292	1	1
32	1	1	162	1	1	302	1	1
34	1	1	165	1	1	304	1	1
37	1	1	169	1	1	310	1	1
41	1	1	171	1	1	324	1	2
42	1	1	172	1	1	326	1	1
46	1	1	176	1	1	341	1	1
50	1	1	177	1	1	342	1	1
56	1	1	180	1	1	355	1	2
58	1	2	185	1	1	361	1	1
61	1	2	186	1	1	365	0	430
64	1	1	190	1	1			
65	1	1	210	1	1			

对于寿命数据来说，另一个常见的简单分析过程是检验累积分布函数及其置信区间的估计。附录 A.3 给出了含截尾数据的经验累积分布估计的 Python 代码。针对表3.4的数据，其经验累积分布函数及置信区间（图中虚线）如图3.2所示。

图3.2反映了产品失效数随时间的累积情况，通过经验累积分布函数可以观察产品失效随时间的变化情况，为后续的进一步分析提供方向。此外，经验累积分布函数还可用于对不同批次的产品的累积失效率进行比较，以发现不同批次之间

的产品可靠性的差异。

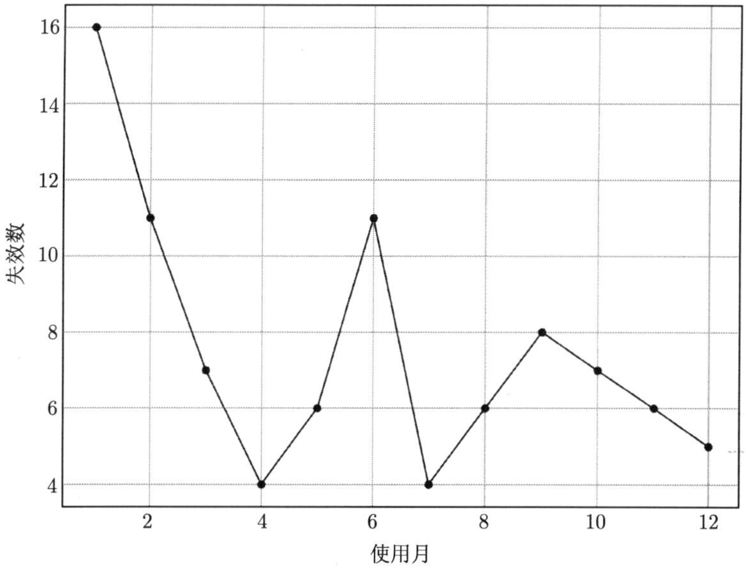

图 3.1　按使用月汇总的产品失效数

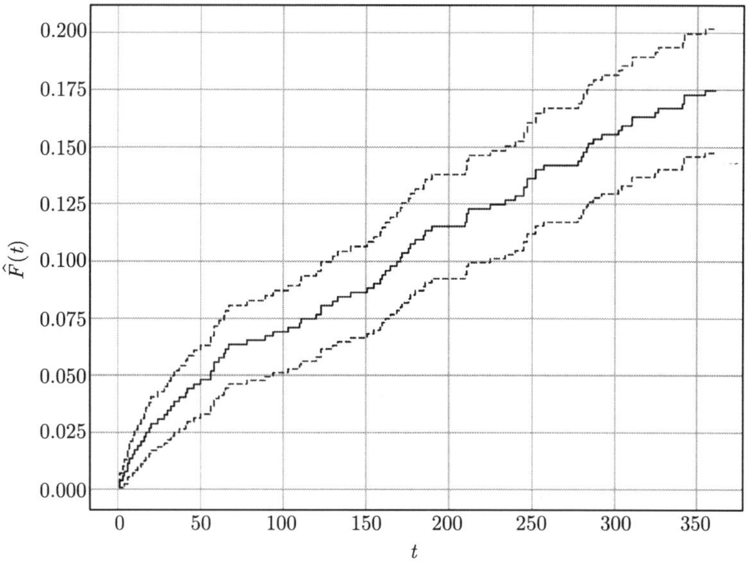

图 3.2　经验累积分布函数

3.2.2　寿命分布拟合与参数估计

在使用质保索赔数据进行产品寿命分布拟合时，对数据做出两个基本假设。

（1）当产品失效时，用户会立即进行维修，不存在时间滞后，即索赔数据中的产品使用时间是真实的产品失效时间。这一假设对于影响产品使用的失效模式可以得到保证，但对于一些不影响产品使用的失效模式，需要特别关注。

（2）所有的索赔是由真实失效引起的，在数据分析的过程中，需要剔除那些虽然有索赔记录但并没有检测到失效的情况。此外，对于汽车的复杂产品，有的企业在索赔记录中还包含了产品保养记录和免费检查记录等，在分析的过程中需要予以剔除。

在上述假设成立的条件下，以表3.4数据为基础，可以进一步对产品的寿命分布进行统计建模和参数估计。与简单的统计分析相比，寿命数据的建模和参数估计可以让我们更详细地了解产品寿命分布状况并对产品的失效率、分位数寿命等作出预测。

将表3.4的数据表示为 $(t_i,\delta_i,n_i)(i=1,2,\cdots,103)$，其中 t_i 表示失效时间，δ_i 表示对应的失效时间是否截尾，$\delta_i=0$ 表示时间 t_i 为右截尾时间，否则时间 t_i 为具体的失效时间。n_i 表示在 t_i 时刻，发生失效的产品数。根据第 2 章有关极大似然部分的内容，对于韦布尔分布、对数正态分布和 Log-Logistic 分布，令待估计参数 $\Theta=(\mu,\sigma)$ 并且令 $t_i'=\dfrac{\log(t_i)-\mu}{\sigma}$，则表3.4所示的数据集的极大似然函数和对数极大似然函数分别表示为

$$L(\Theta;T)=\prod_{i=1}^{103}\left[\frac{1}{\sigma t_i}\phi(t_i^{'};\Theta)\right]^{\delta_i}\cdot\left[\Phi(t_i^{'};\Theta)\right]^{1-\delta_i}$$

$$\log(L(\Theta;T))=\sum_{i=1}^{103}\delta_i\left[\log(\phi(t_i^{'};\Theta))-\log(\sigma t_i)\right]+\sum_{i=1}^{103}(1-\delta_i)\log(\Phi(t_i^{'};\Theta))$$

式中，对于韦布尔分布 $\phi(\cdot)$ 和 $\Phi(\cdot)$ 分别代表 SEV 分布的概率密度函数和累积分布函数；对于对数正态分布，分别代表标准正态分布的概率密度函数和累积分布函数；对于 Log-Logistic 分布，分别代表 Logistic 分布的概率密度函数和累积分布函数。

令对数似然函数对参数 Θ 求极大值，就可以得到参数的估计值 $\hat{\Theta}$。进一步采用费希尔信息矩阵方法或相对似然函数方法，可以估计参数的置信区间及可靠性函数的估计值和置信区间。以韦布尔分布为例，附录 A.1 给出了参数估计方法，对数正态分布、Log-Logistic 分布以及指数分布的参数估计与此类似。

以表3.4的数据为例，图3.3（图中虚线为置信区间）给出了上述四个分布的概率图，以观察这些概率分布模型对数据的拟合情况。从图中可以发现，韦布尔分布、对数正态分布对数据的拟合情况较好，样本观测点呈线性分布且与理论分布的直线较吻合，而指数分布和 Log-Logistic 分布的拟合效果较差。

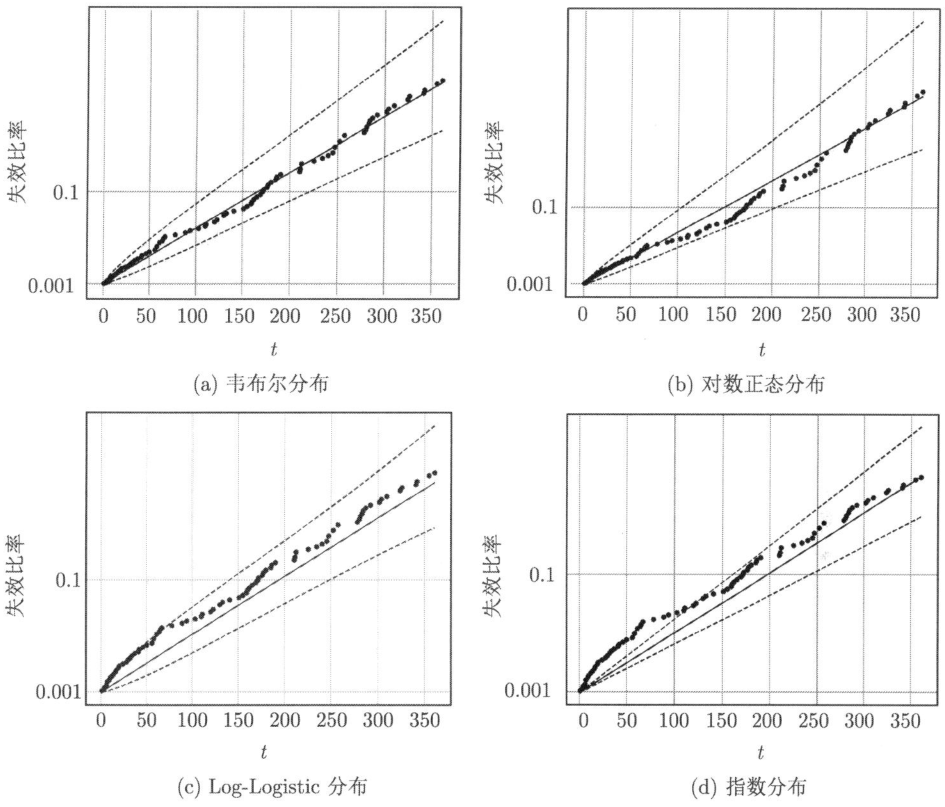

(a) 韦布尔分布　(b) 对数正态分布

(c) Log-Logistic 分布　(d) 指数分布

图 3.3　不同分布的概率图

仍以表3.4的数据为例，进一步将基于上述四个统计分布模型的参数估计结果、协方差矩阵以及 AIC 等在表3.5列出。

表 3.5　不同分布的参数估计

参数	韦布尔分布	对数正态分布	Log-Logistic 分布	指数分布
	(8.072 6, 1.316 4)	(7.983 6,2.171 5)	(7.552 9,1.040 5)	1 876.96
协方差矩阵/方差	0.071 5 0.030 9 0.030 9 0.018 2	0.054 3 0.028 8 0.028 8 0.023 2	0.038 3 0.013 4 0.013 4 0.007 7	38 715.95
AIC	1 549.87*	1 550.58	1 561.22	1 555.80
$F(365)$	0.174 7	0.168 6	0.169 6	0.176 7
95% 置信区间	(0.144 4,0.209 7)	(0.138 7,0.203 6)	(0.139 5,0.204 6)	(0.146 4,0.212 4)
$t_{0.1}$	166	181	194	198
95% 置信区间	(122,225)	(139,237)	(151,249)	(161,243)
$\lambda(365)$	0.000 400	0.000 382	0.000 446	0.000 533
95% 置信区间	(0.000 298,0.000 536)	(0.000 300,0.000 487)	(0.000 342,0.000 583)	(0.000 396,0.000 716)

如表3.5所示，韦布尔分布有最小的 AIC 指标，说明在这四个常用分布中，韦布尔分布对数据的拟合相对最好，而对数正态分布与韦布尔分布的 AIC 指标的差异非常小，说明这两个分布对数据的拟合效果很接近。AIC 指标同样反映出指数分布和 Log-Logistic 分布对数据的拟合效果最差。图3.4给出了观测数据的累积失效率和拟合分布的理论累积失效率，从图中同样可以发现在给定的数据范围内，韦布尔分布和对数正态分布的曲线非常接近，而指数分布和 Log-Logistic 分布则与观测值相距较远。

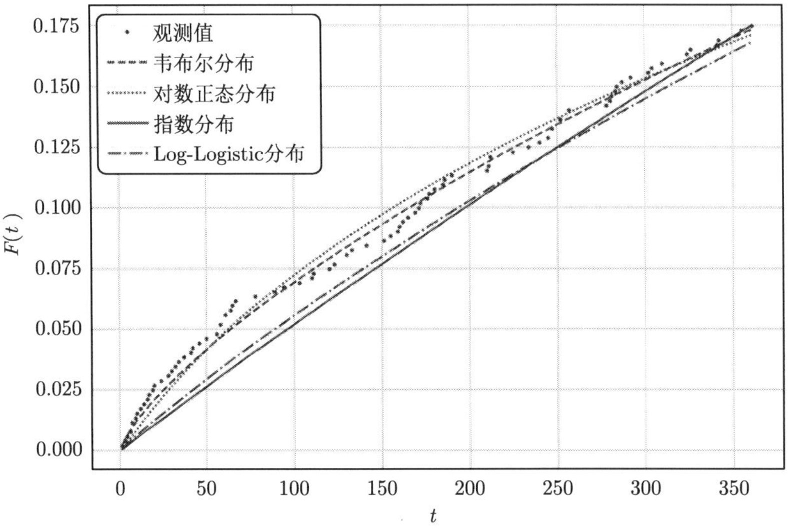

图 3.4　数据拟合情况对比

图3.5（图中虚线为置信区间）展示了利用表3.4的数据拟合的韦布尔分布的累积分布函数、分位数函数、风险函数以及概率密度函数，这些图形有助于我们了解数据的整体分布情况。

在建立产品寿命（首次失效时间）的统计模型后，可以据此进行推断，可以在给定时间的条件下计算累积失效率和风险函数，在给定概率的条件下计算产品的分位数寿命，表3.5给出部分计算结果及其置信区间。基于质保数据建立的产品现场可靠性模型，对于质保成本的预测、质保政策的制定等都具有重要作用。

此外，对不同时间段制造的产品的现场可靠性进行建模和分析，还可以用来对产品可靠性的波动情况进行分析和评估，特别是对比不同时间段制造的产品的质量和可靠性波动情况，为产品质量改进提供反馈。以某企业生产的产品的索赔数据为例进行分析，收集了连续 100 天制造的产品在销售后 1 年内的索赔数据，并以此为观测样本，分析产品现场可靠性的波动情况。以每一天制造的产品的索赔数据为寿命数据观测值，用韦布尔分布对每一个观测样本进行拟合和参数估计，并对 730 天（两年）的产品累积失效率进行预测，结果如图3.6所示。不同批次（这里把同一天生产的产品当作一个批次）的产品可靠性的波动较大，如在连续 100 天生产的产品中，累积失效率 $F(730)$ 的平均值为 0.2662，最小值为 0.1387，最大值则达到了 0.4054，最大值和最小值相差接近 3 倍。对于管理和工程人员来说，这些信息可以作为反馈，用于对产品制造过程的质量和可靠性进行改进。

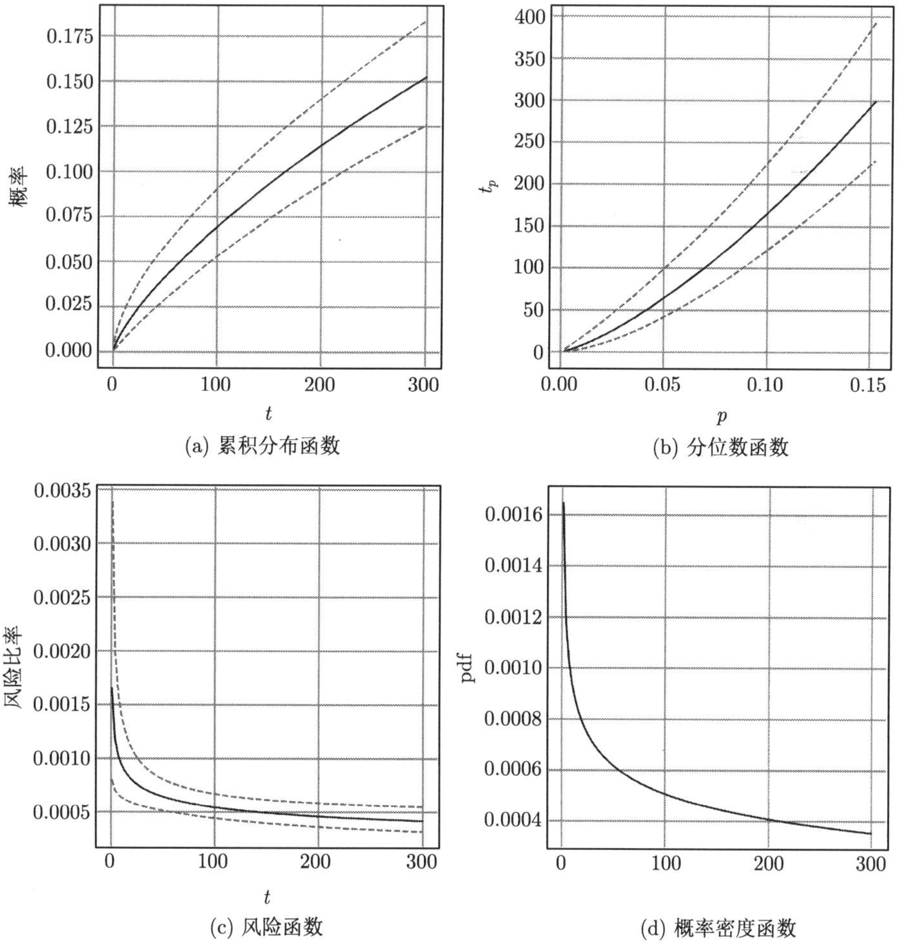

(a) 累积分布函数　　(b) 分位数函数
(c) 风险函数　　(d) 概率密度函数

图 3.5　韦布尔分布

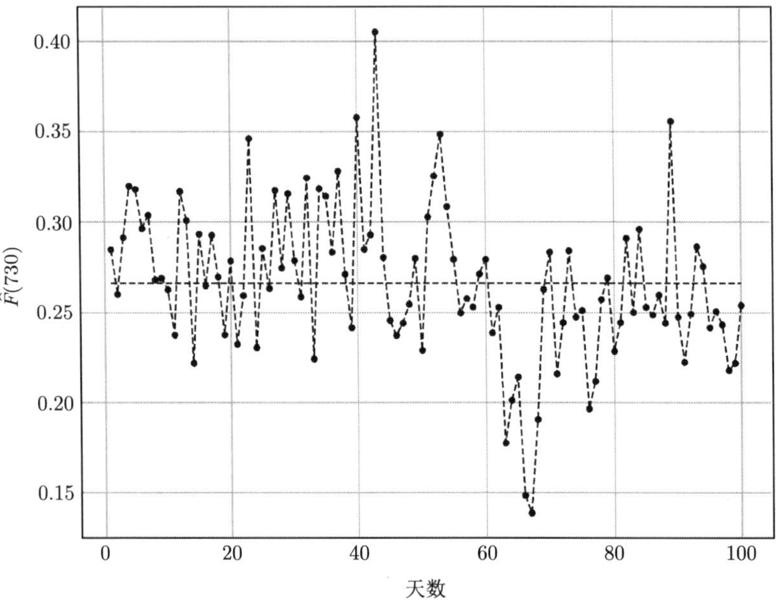

图 3.6　累积失效率预测与波动分析

3.2.3　含协变量的质保数据建模

协变量是影响产品寿命的可观测变量，在可靠性模型中引入协变量，不但可以提高模型的精度，而且有助于了解协变量对产品寿命的影响强度，为质保政策的制定和质保成本的分析提供依据。本节以汽车质保数据为例，介绍考虑协变量时的质保数据建模问题。

1. 数据概况

众所周知，汽车的性能随着使用时间和行驶里程而退化，因此在研究汽车的可靠性和寿命数据时，需要同时考虑上述两个退化因素。如果仅仅考虑时间这一因素，则会将行驶里程对寿命的影响当作随机因素予以处理，从而降低模型的精度和可用性。由于汽车的行驶里程与时间相关，在实践中一般用日行驶里程（公里/天）来表示汽车的使用强度。本节以某轿车制造企业的质保数据为例进行说明。该企业生产的车辆销售后主要有两个用途：家用和商用。企业为家用车提供的质保政策是 2 年或 3.6 万公里，而为商用车提供的质保政策是 1 年或 10 万公里，以先到者为准。

选取 2010 年某一时间段生产的车辆为研究对象，在假设该时间段生产系统相对平稳的前提下，研究车辆使用率对失效或寿命的影响。共收集到 2882 辆汽车的质保索赔数据，其中家用车 1741 辆，商用车 1141 辆。为保持数据的一致性，截取销售后 1 年内的数据并剔除重复失效，在这些车辆中，家用车中共有 447 辆发生了至少 1 次索赔，而商用车中共有 1109 辆发生了至少 1 次索赔。两种不同用途的车辆失效数据的经验累积分布函数如图3.7（图中实线为置信区间）所示。从图3.7可以发现，商用车的失效率远高于家用车，在使用 1 年后，高达 97.20% 的商用车发生了至少 1 次失效，而该比例在家用车中约为 25.6%。图3.8(a) 基于历史数据绘制了家用车和商用车的使用率的直方图，可以发现两种用途的汽车的使用率有显著的差异。图3.8(b) 给出了样本数据中的家用车和商用车使用率的箱型图，家用车使用率的均值和中位数分别是 61.1 公里/天和 56.7 公里/天，而商用车则分别是 258.2 公里/天和 262.9 公里/天，两种差别十分显著。基于车辆失效率和使用率之间的显著差异，将使用率作为协变量对数据进行建模和分析。

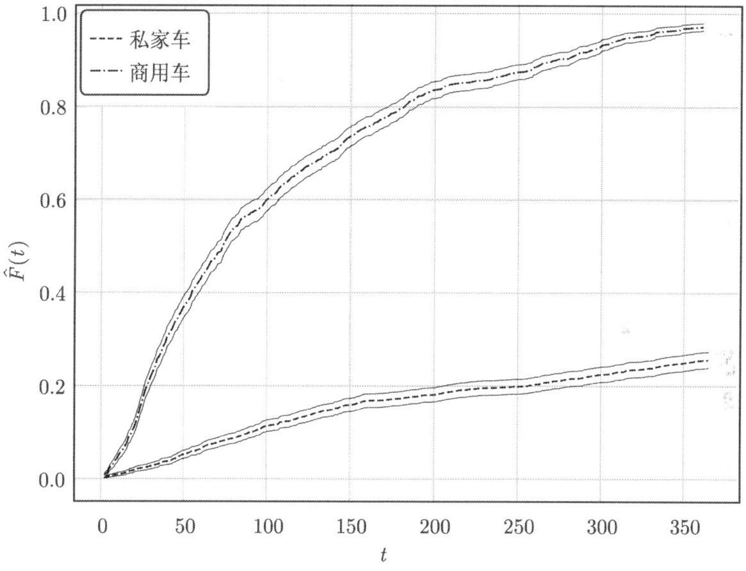

图 3.7　两种用途汽车的经验累积分布函数

对于汽车质保数据来说，有一个问题需要注意，在质保期或所研究的时间段内没有发生任何失效的车辆，其行驶里程一般是无法获取到的，即对于没有发生失效的车辆，其使用率是未知的。在实际的分析过程中，可以考虑将这些未知的使用率通过使用率的分布进行随机赋值，也可以简单赋予使用率的均值或中位数。

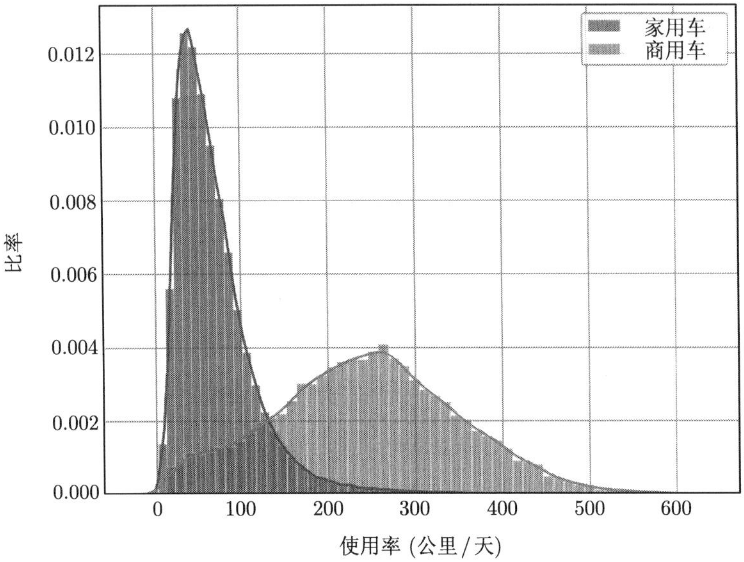

(a) 直方图

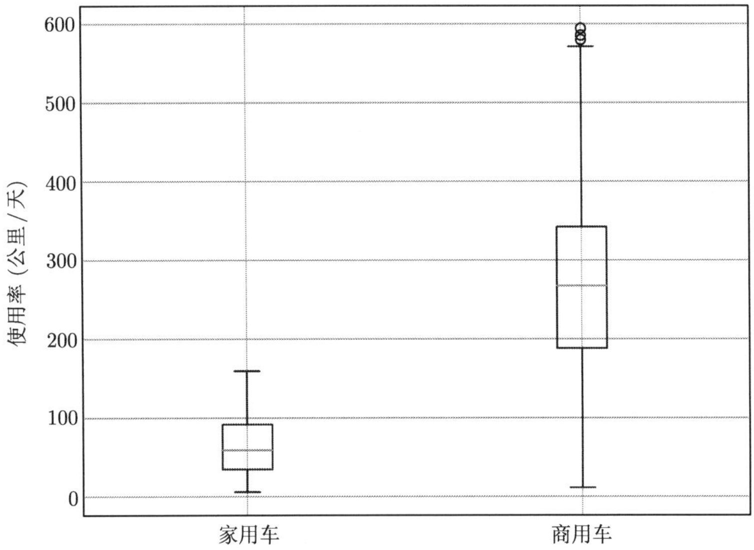

(b) 箱型图

图 3.8　两种用途汽车的使用率直方图和箱型图

2. 模型构建与参数估计

设剔除重复失效后的含使用率的 N 个质保数据为 $(t_i,\delta_i,r_i)(i=1,2,\cdots,N)$，其中 t_i 为失效时间或右截尾时间，δ_i=1 表示 t_i 为失效时间，δ_i=0 则表示 t_i 为右

截尾时间，r_i 为使用率。设 $\Theta=(\mu,\sigma,\gamma)$ 为待估计的模型参数，采用加速失效时间（accelerated failure time, AFT）模型，并令 $t_i^{'}=t_i\left(\dfrac{r_i}{r_0}\right)^{\gamma}$ 以及 $z=\dfrac{\log(t_i^{'})-\mu}{\sigma}$，则相应的似然函数和对数似然函数表示为

$$L(\Theta;T)=\prod_{i=1}^{N}\left[\frac{1}{\sigma t_i^{'}}\phi(z;\Theta)\right]^{\delta_i}\cdot[\Phi(z;\Theta)]^{1-\delta_i}$$

$$\log(L(\Theta;T))=\sum_{i=1}^{N}\delta_i\left[\log(\phi(z;\Theta))-\log(\sigma t_i^{'})\right]+\sum_{i=1}^{N}(1-\delta_i)\log(\Phi(z;\Theta))$$

其中，γ 为加速因子。当假设产品寿命服从韦布尔分布、对数正态分布或 Log-Logistic 分布时，用相应的 SEV 分布、正态分布和 Logistic 分布的概率密度函数和累积分布函数代替上式中的 $\phi(z)$ 和 $\Phi(z)$。

以前面的数据为例，经验证，韦布尔分布对数据的拟合较好。将时间为右截尾的产品的使用率分别设置为商用车和家用车使用率分布的中位数，令对数似然函数对参数 $\Theta=(\mu,\sigma,\gamma)$ 求极大值，就可以得到参数的估计值 $\hat{\Theta}$。在这里，分别对商用车数据、家用车数据和两个样本数据的混合数据进行建模，结果如表3.6 所示，从中可以发现在考虑使用率的情况下，似然函数值有所增大，AIC 值有所减小。从模型拟合系数看，车辆的使用率对车辆的寿命存在影响。

表 3.6　考虑使用率的参数估计

		商用车	家用车	混合样本
样本数		1 141	1 741	2 882
截尾数		32	1 294	1 326
使用率中位数		236.15	55.99	146.07
参数估计（考虑使用率）	$\hat{\mu}$	4.476 4	7.334 1	5.580 2
	$\hat{\sigma}$	0.910 0	1.190 6	0.970 9
	$\hat{\gamma}$	0.170 6	0.375 9	1.183 3
似然函数值	−6 329.46	−3 608.47	−10 249.50	
参数估计（不考虑使用率）	$\hat{\mu}$	4.750 3	7.328 7	6.171 1
	$\hat{\sigma}$	0.911 2	1.185 2	1.289 1
似然函数值		−6 334.36	−3 609.57	−10 905.50

3. 模型分析与应用

在分别考虑商用车和家用车的情况下，给定不同的使用率时的累积分布函数和经验累积分布函数如图3.9所示。在图中，使用率分别设为相应用途的车辆的使

用率分布的中位数（r_0）、10% 分位数以及 90% 分位数。可以发现，含协变量的模型能够很好地拟合观测数据，从而可以用于相应用途的车辆的失效率估计。

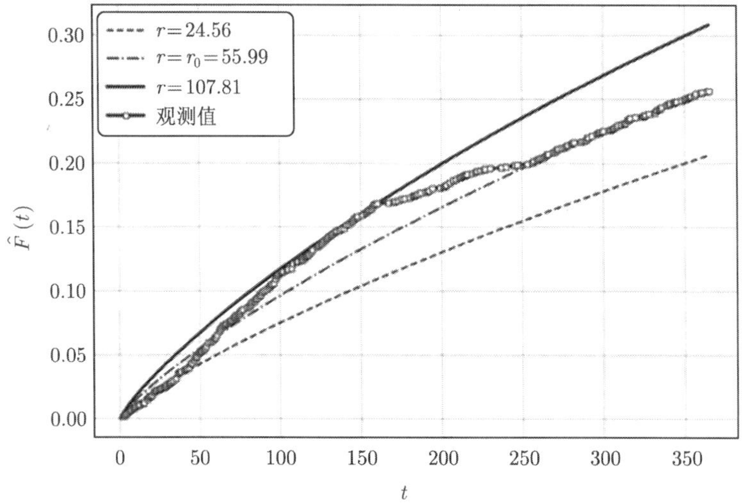

(a) 家用车

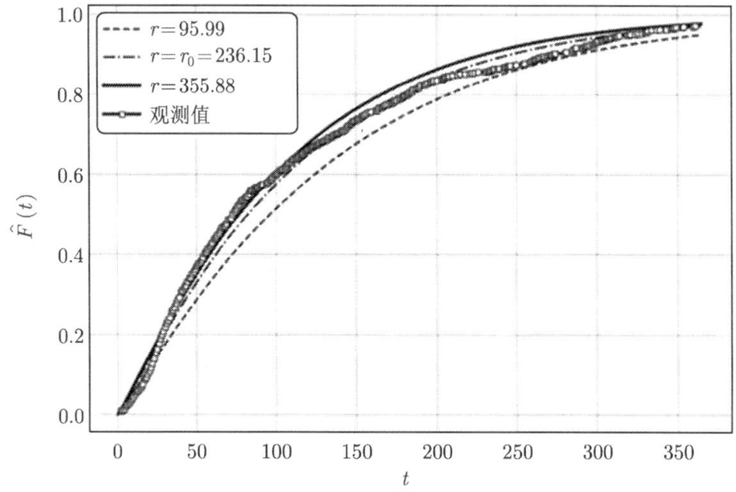

(b) 商用车

图 3.9　两种不同用途车辆的寿命分布拟合结果

当将两种用途的车辆质保数据进行混合建模时，未知行驶里程的车辆的使用率仍然按照各自使用率分布的中位数进行补充，进而通过极大似然估计进行参数估计，结果如表3.6的混合样本一列。将基于混合数据模型的使用率分别赋予商用车和家用车使用率分布的中位数并对失效率进行预测，结果如图3.10所示。从图中可以发现，尽管基于混合数据模型的失效率预测结果与实际观测值存在一定的误差，但总体上该模型可以反映出使用率这一因素对产品失效率的影响。混合模型存在较大误差的原因包括两个方面：① 本例中的商用车和家用车的使用率分布差异过大，当使用两类车辆使用率分布的中位数的均值作为 r_0 时，该值与两类车辆的使用率均有较大偏差；② 样本不均衡，如表3.6所示，选用的观测值的总样本数相差不大，但是截尾数据的差别却非常大，相对于实际的失效数据，截尾数据所包含的信息量要小得多。

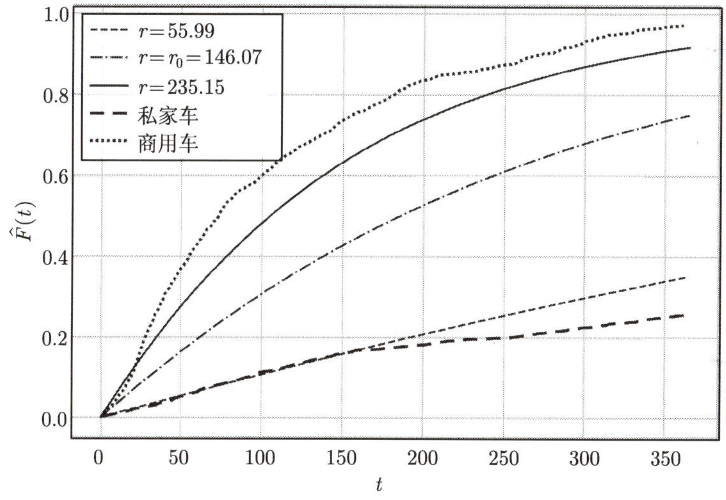

图 3.10　混合数据模型对不同用途车辆寿命的拟合结果

图3.9和图3.10的结果显示，使用率对于汽车的失效率具有显著影响，这一结果可用于汽车个性化质保政策的设计。根据第 2 章的讨论，在产品寿命分布已知且对失效产品进行最小维修的条件下，从产品投入使用到时间 t 时的累积失效数可以用非齐次泊松过程描述。当产品寿命服从韦布尔分布时，产品累积失效数的期望值可表示为

$$\Lambda(t;\alpha,\beta)=\left(\frac{t}{\alpha}\right)^{\beta}$$

其中，β 为形状参数，α 为尺度参数。当韦布尔分布用 SEV 分布描述时，参数之间的关系为 $\beta=1/\sigma$、$\alpha=e^{\mu}$。当考虑使用率时，同样可以采用加速失效时间模

型，即令 $t' = t(r/r_0)^\gamma$，其中 γ 为加速因子。以表3.6的家用车为例，设在质保期内的期望失效数为 1.8，则在不同使用率条件下的期望累积失效数如图3.11所示。从图3.11可以发现，对于使用率为 r=24.57 的车辆，当使用天数达到 701 天时，其期望累积失效数达到 0.4；而对于使用率为 r=107.81 的车辆，使用天数达到 402 天时，其期望累积失效数同样达到 0.4；对于使用率为 55.99 的车辆，期望累积失效数达到 0.4 时的使用天数则为 514 天。将期望累积失效数达到 0.4 时的天数乘以各自对应的使用率 r，可以构建相应的 L 型质保政策，如图3.12所示。在三个二维质保政策矩形的顶点处，即（701，17 224）、（402，43 355）以及（514，28 803）处，产品的期望累积失效数均为 0.4。这就意味着，在使得期望累积失效数不超过 0.4 的前提下，可以为具有不同使用率的客户提供不同的质保政策。如图3.12所示，对于使用率小于 33.48 公里/天的车辆，可为其提供 701 天或者 17 224 公里的质保政策；对于使用率大于 33.48 公里/天且小于 71.63 公里/天的车辆，提供 514 天或 28 803 公里的质保政策；而对于使用率大于 71.63 公里/天的车辆，其质保政策为 402 天或 43 355 公里。针对用户车辆使用率的不同提供不同的质保政策，对于用户具有一定的吸引力，同时也可以保证质保成本在预期范围内。

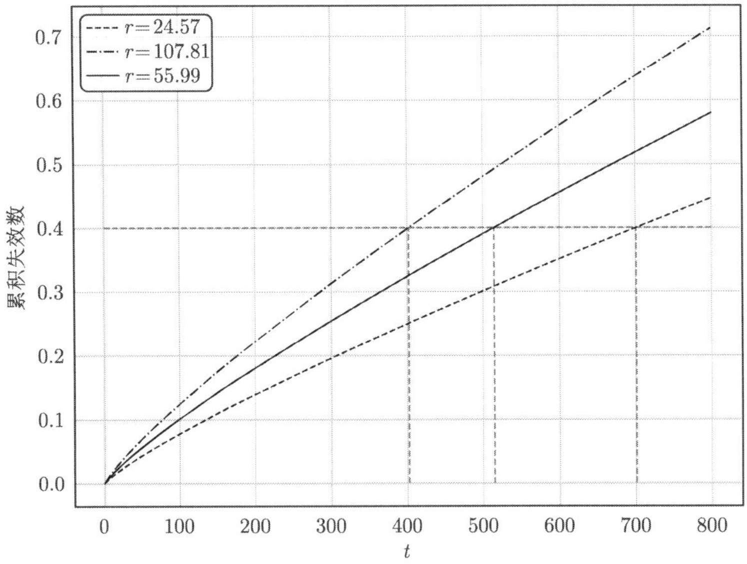

图 3.11　不同使用率条件下的期望累积失效数

这里主要考虑在将车辆使用率作为协变量进行寿命数据建模，该模型可用于产品失效率、累积失效数据的预测和二维质保政策的设计。有关质保政策设计的更多问题，将在后续章节做进一步介绍。

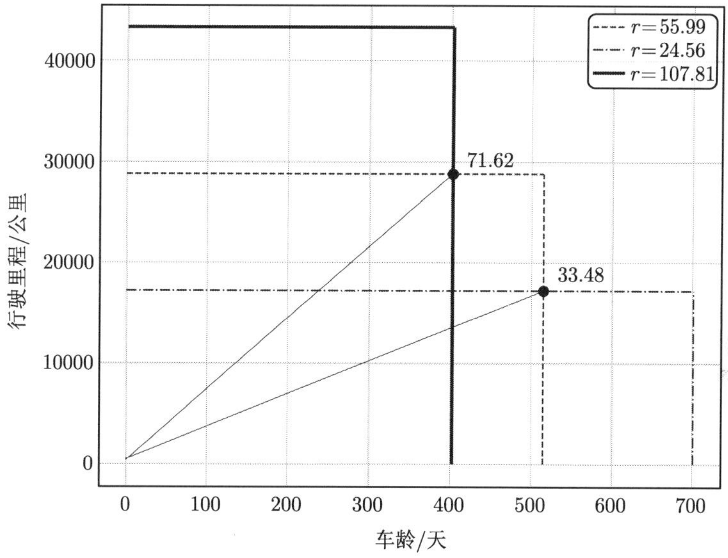

图 3.12 具有相同期望失效数的二维质保政策

3.2.4 具有重复失效的可修产品质保数据建模

可修产品在其质保期内可能会经历多于一次的失效和维修过程，质保数据中也会详细记录每次失效发生的时间、原因以及成本等信息。本节通过实例简要介绍在假设失效产品进行最小维修时的质保数据建模和参数估计方法，对于更复杂的不完美维修，将在第 4 章通过实例加以介绍。

本节共收集了 N=132 个产品的质保数据，该产品的质保期为 1 年，即 365 天为所有产品的右截尾时间。其中有 $N_1 = 81$ 个产品经历了 1 次到 6 次不等的质保索赔，该数据中记录了每一次质保索赔发生时产品的使用时间，另外的 $N_2 = 51$ 个产品在 1 年内没有发生任何索赔。同样，假设产品的质保索赔是由所研究的特定失效模式导致的，同时不存在失效的延迟报告和未检测到失效的索赔。

令 t_{ij} 表示第 $i(i=1,2,\cdots,N)$ 个产品的第 j 次维修的时间，n_i 表示第 i 个产品的索赔次数，如果在质保期内没有发生任何索赔，则 $n_i=1$。由于所收集数据中的所有产品的使用时间都超过了质保期，因此 $W=365$ 为所有产品的右截尾时间。可修产品质保数据如表 3.7 所示。

表 3.7　可修产品质保数据

序号	维修记录						序号	维修记录		序号	维修记录
	t_1	t_2	t_3	t_4	t_5	t_6		t_1	t_2		t_1
1	22	160	183	278	350	362	31	240	354	61	310
2	80	111	186	262			32	339	342	62	65
3	45	86	95	225	357		33	252	260	63	54
4	238	289	337				34	183	311	64	246
5	6	116	169	200	216		35	189	326	65	161
6	19	196	244	254			36	291	330	66	281
7	144	208	319				37	161	225	67	79
8	59	138	130				38	14	190	68	239
9	13	318					39	59	280	69	67
10	6						40	1	321	70	234
11	182	346	361				41	12	62	71	354
12	137	166	286				42	2	192	72	115
13	1	63	273				43	134	336	73	134
14	46	272	318				44	36	353	74	9
15	53	82	98				45	214		75	125
16	132	181					46	75		76	181
17	53	75	114				47	116		77	98
18	227	231					48	221		78	34
19	71	196	200				49	144		79	242
20	24	282					50	336		80	355
21	96	350	357				51	140		81	36
22	90	289	292				52	108			
23	299	302	322				53	302			
24	56	205	334				54	6			
25	121	142	144				55	130			
26	268	345					56	7			
27	42	288					57	324			
28	7	145					58	165			
29	49	138					59	130			
30	246						60	321			

首先通过概率图对产品寿命（首次索赔时间）的分布进行分析，如图3.13（图中虚线为置信区间）所示，该概率图显示韦布尔分布可以较好地拟合我们收集到的样本数据的首次失效时间，即在不考虑重复失效的情况下产品首次失效时间服

从韦布尔分布。根据第 2 章的讨论，在假设对失效产品进行最小维修的条件下，产品的累积失效率可以用非齐次泊松过程描述，相应的似然函数和对数似然函数分别如下所示：

$$L(\Theta;D)=\left[\prod_{i=1}^{81}\prod_{j=1}^{n_i}\lambda(t_{ij};\Theta)\right]\cdot\left[\prod_{i=1}^{132}\mathrm{e}^{-\Lambda(W;\Theta)}\right]$$

其中，$\Theta=(\alpha,\beta)$ 为待估参数，$\lambda(t_{ij};\Theta)=\dfrac{\beta}{\alpha}\left(\dfrac{t_{ij}}{\alpha}\right)^{\beta-1}$，$\Lambda(W;\Theta)=(W/\alpha)^{\beta}$。

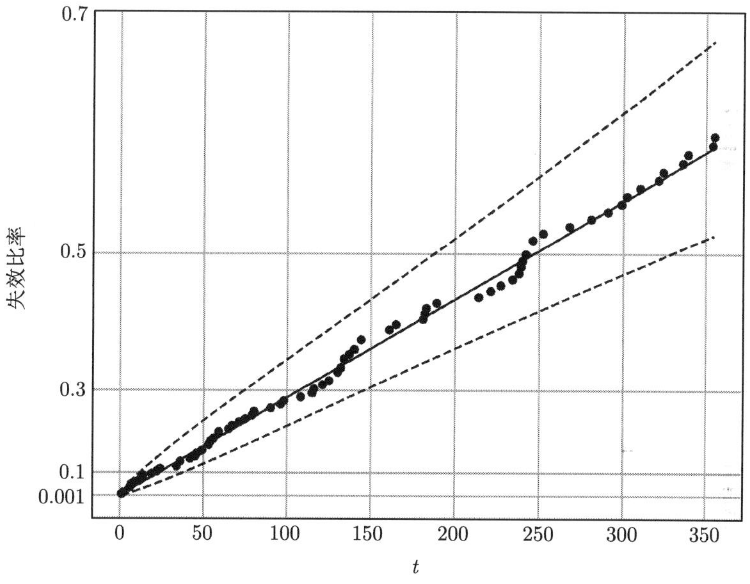

图 3.13　首次失效时间的韦布尔分布概率图

令上述似然函数对参数 Θ 求极大值，则可以得到非齐次泊松过程参数的极大似然估计值 $\hat{\Theta}=(\hat{\alpha},\hat{\beta})$。

将表3.7的数据代入上述似然函数并对参数 Θ 求极大值，可得 $\hat{\Theta}=(313.67, 0.9308)$，即尺度参数 $\alpha=313.67$，形状参数 $\beta=0.9308$。采用费希尔信息矩阵方法，可以得到参数 Θ 的协方差矩阵为 $S_{\Theta}=\begin{bmatrix}762.44 & 0.2906\\0.2906 & 0.005\,699\end{bmatrix}$。

在大样本情况下，假设参数 Θ 服从均值为 $\hat{\Theta}$，协方差矩阵为 S_{Θ} 的多元正态分布。进而通过仿真方法，得到非齐次泊松过程的置信区间。图3.14给出了非齐次泊松过程对观测样本数据的拟合情况及拟合值的 90% 置信区间（图中虚线）。基于图3.14可以发现所构建的非齐次泊松过程模型和估计的参数能够很好地拟合产品的质保数据，也进一步说明可以使用该非齐次泊松过程模型对产品的平均累积函数进行预测，为质保索赔数据和质保索赔成本的预计提供基础。

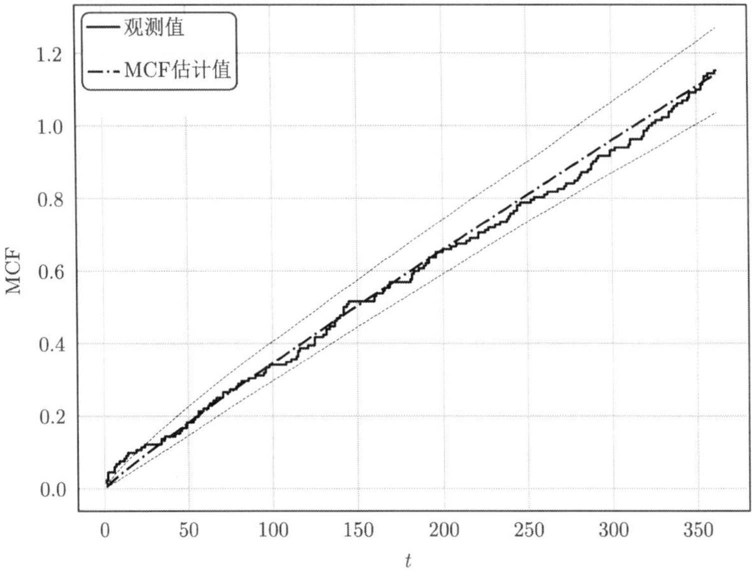

图 3.14 基于非齐次泊松过程的期望累积失效数拟合结果

3.3 质保数据汇总分析

质保数据的汇总分析主要用于包含多批产品的索赔数据在离散时间区间的汇总数的情况，主要目的在于了解不同批次产品的可靠性的变化情况以及质保索赔率分析等。

汇总数据的产品按照两个维度进行组织，一个是产品批次，用于对不同批次的产品进行汇总，用 i 表示。在实际应用中，批次可以按照不同的方式如生产批次、生产时间等进行组织，在汇总过程中，产品批次一般按照实际的生产和销售先后顺序组织。另一个是寿命维度，将产品的质保期 $[0,W]$ 划分为 K 个不重合的区间，第 j 个寿命区间为 $((j-1)\Delta_2, j\Delta_2]$，$\Delta_2$ 为寿命子区间的长度，显然有 $K\Delta_2 = W$。为简单起见，在实践中，一般设置的区间长度为月，即 $\Delta = 1$ 月，即使用月。基于汇总数据，可以估计分布函数 $\hat{F}(t)$、可靠度 $\hat{R}(t)$、累积风险函数 $\hat{H}(t)$ 等。

设 $N_i(i=1,2,\cdots)$ 表示第 i 个批次的产品数量，由于每一批产品一般都不是同时销售的，因此每一批产品处于不同寿命区间的产品数量是动态变化的。令

$n_{ij}(i=1,2,\cdots;j=1,2,\cdots,K)$ 表示第 i 批产品的使用时间处于第 j 个寿命区间 $((j-1)\Delta,j\Delta]$ 的产品数量，$c_{ij}(i=1,2,\cdots;j=1,2,\cdots,K)$ 表示第 i 批产品在第 j 个寿命区间发生的截尾产品数（产品退换或出保），d_{ij} 表示第 i 批产品在第 j 个寿命区间发生的索赔数，汇总数据的结构如表3.8所示。如果一批产品是同时销售出去的，显然 $n_{ij}=N_i$。

表 3.8　质保数据汇总结构

批次 (i)	生产数量 (N_i)	MIS(j)				
		1	2	3	……	K
1	N_1	(n_{11},c_{11},d_{11})	(n_{12},c_{12},d_{12})	(n_{13},c_{13},d_{13})		(n_{1K},c_{1K},d_{1K})
2	N_2	(n_{21},c_{21},d_{21})	(n_{22},c_{22},d_{22})	(n_{23},c_{23},d_{23})		(n_{2K},c_{2K},d_{2K})
	……					
n	N_n	(n_{n1},c_{n1},d_{n1})	(n_{n2},c_{n2},d_{n2})	(n_{n3},c_{n3},d_{n3})	……	(n_{nK},c_{nK},d_{nK})

当所有产品都处于质保期内时，随着时间的推移，数据呈三角形结构，当前面批次的产品全部或部分出保时，数据呈梯形结构，如图3.15所示。为叙述方便，将数据表示为 $n\times K$ 的矩阵，没有数据的部分统一用 0 填充。同时，仍然假设产品采用的是最小维修策略。

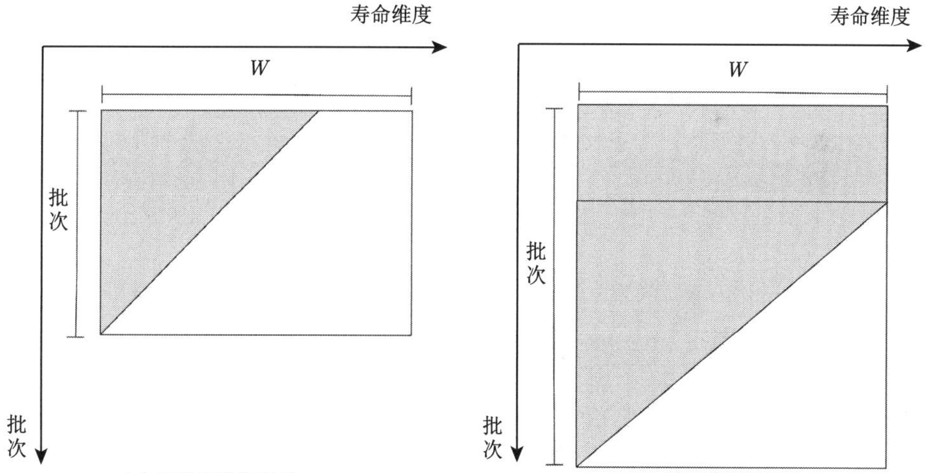

(a) 三角形数据结构　　(b) 梯形数据结构

图 3.15　汇总质保数据结构随时间的变化

令 M_j 表示在第 $j(j=1,2,\cdots,K)$ 个时间区间前所有仍然在使用的产品，则根据上述定义，有

$$M_j=\sum_{i=1}^{n}\sum_{j=1}^{K}n_{ij}$$

则在第 j 个区间前的风险产品数 S_j 表示为

$$S_j = M_j = \sum_{i=1}^{n}\sum_{j=1}^{K} c_{ij}$$

在第 j 个寿命区间的产品累积失效率 $\hat{F}_j(j=1,2,\cdots,K)$ 可以通过下式计算：

$$\begin{aligned}\hat{F}_j &= 1-\prod_{k=1}^{j}\left[1-\frac{d_{\cdot k}}{S_k}\right]\\ &= 1-\prod_{k=1}^{j}[1-\hat{p}_k]\\ &= 1-\hat{R}_j\end{aligned}\tag{3.1}$$

其中，$\hat{p}_k$ 为在第 k 个寿命区间的样本失效率，$d_{\cdot k}=\sum\limits_{i=1}^{n} d_{ik}$，$\hat{R}_j=\prod\limits_{k=1}^{j}[1-\hat{p}_k]$。

累积分布函数值 $\hat{F}_j$ 的 $100(1-\alpha)\%$ 置信区间为

$$\left[\frac{\hat{F}_j}{\hat{F}_j+(1-\hat{F}_j)\times w},\frac{\hat{F}_j}{\hat{F}_j+(1-\hat{F}_j)/w}\right]$$

其中

$$w = \mathrm{e}^{\left\{z_{1-\alpha/2}\hat{se}_{\hat{F}_j}/\left[\hat{F}_j(1-\hat{F}_j)\right]\right\}}$$

$$\hat{se}_{\hat{F}_j} = \hat{R}_j\sqrt{\sum_{k=1}^{j}\frac{\hat{p}_j}{S_j(1-\hat{p}_j)}}$$

表3.9给出了 30 批产品在质保期内的索赔汇总数据，质保期为 24 个月，表中 MIS 对应的数据为在不同产品寿命区间的索赔数。这里假设产品批代表的是每个月生产的产品，所有的产品同时投入使用（同时销售同时出保），在质保期内不存在截尾的情况，即产品全部出保（$c_{ij}=0$）。显然表中的数据为梯形结构，不同产品已使用时间不同，如第 30 批产品刚使用 1 个月，而第 1~7 批产品则已经全部出保，第 i 批产品已使用月份为 $I_i=\min(W,n-i+1)$，则第 $j(j=1,2,\cdots,K)$ 个时间区间前所有仍然在使用的产品 $S_j=M_j=\sum\limits_{i=1}^{n-j+1} N_i$。对该表中的空格用 0 填充，则可以很容易计算得到 $d_{\cdot j}=\sum\limits_{i=1}^{n} d_{ij}$。将 S_j 和 $d_{\cdot j}$ 代入式（3.1），就可以估计出累积分布函数 $\hat{F}_j$，计算结果如表3.10所示。该结果不但可以用于对产品累积分布的估计，还可以作为判断某一批产品可靠性波动的依据。如果某一批产品

表 3.9　汇总质保数据

批次	N_i	MIS(j)																							
		1	2	3	4	5	6	7	8	9	10	11	12	13	14	15	16	17	18	19	20	21	22	23	24
1	5975	0	1	5	2	6	5	4	11	6	4	6	3	4	8	9	6	10	9	10	11	6	9	11	10
2	5410	0	1	4	7	3	4	6	3	6	6	3	6	3	4	5	5	6	9	10	5	6	14	13	6
3	6789	1	1	3	2	1	5	6	12	1	7	4	7	11	11	6	14	9	15	11	7	11	12	15	5
4	8902	2	4	3	6	5	4	7	5	7	9	12	13	13	9	8	8	8	13	9	13	20	13	8	19
5	5291	2	0	4	2	2	2	4	6	3	6	4	4	7	6	5	12	5	12	7	11	12	10	6	8
6	5854	0	3	0	3	2	3	5	7	4	5	1	6	6	7	9	9	3	8	14	9	10	8	10	14
7	5640	2	5	6	3	4	3	2	2	4	8	11	7	4	8	8	7	9	2	11	4	11	5	5	12
8	5103	0	2	1	4	4	5	5	5	3	3	3	4	6	6	5	7	8	7	1	6	12	8	9	
9	7644	0	4	1	3	3	5	5	5	7	7	7	7	6	5	7	8	10	19	13	12	13	9		
10	7236	1	4	0	7	5	4	4	7	8	5	6	16	14	7	8	5	10	7	7	10	8			
11	7240	3	6	5	6	3	4	4	9	12	15	10	13	11	8	15	7	16	12	8	15				
12	8640	1	4	5	6	8	7	9	4	14	14	7	12	14	13	6	11	13	19	14					
13	5996	1	1	5	6	2	2	3	10	10	5	2	4	11	11	5	11	9	11						
14	8699	1	4	3	6	5	3	3	9	4	8	14	14	11	10	17	10	12							
15	5372	0	1	1	9	3	2	6	6	2	4	9	10	6	10	17	10								
16	6948	2	3	2	4	4	1	8	6	2	9	7	6	9	16	9									
17	5507	0	1	3	7	7	1	7	10	3	6	10	11	8	11										
18	7296	2	2	5	4	7	6	13	11	4	7	7	9	11											
19	9835	1	5	3	9	12	10	13	17	13	7	15	11												
20	9432	1	3	5	6	5	8	10	10	9	13	7													
21	5039	1	2	4	1	4	4	5	9	8	4														
22	8529	1	3	4	6	7	9	9	3	11															
23	9404	2	5	4	9	5	7	9	13																
24	7727	3	2	5	8	7	10	7																	
25	5472	0	2	3	4	3	6																		
26	6598	4	4	4	7	3																			
27	6923	0	2	10	4																				
28	7994	0	2	4																					
29	7034	2	2																						
30	6054	2																							

的累积分布值超过了置信限，则可以作为可靠性发生波动的依据。需要说明的是，置信限与样本量有关，在使用的时候需要注意。

表 3.10 汇总质保数据累积分布计算结果

S_j	$d_{\cdot j}$	$\hat{p}_j$	$\hat{F}_j$	置信区间 ($\alpha = 0.05$)	
209 583	35	0.000 167	0.000 167	0.000 167	0.000 167
203 529	79	0.000 388	0.000 555	0.000 553	0.000 557
196 495	102	0.000 519	0.001 074	0.001 068	0.001 080
188 501	141	0.000 748	0.001 821	0.001 808	0.001 834
181 578	120	0.000 661	0.002 481	0.002 460	0.002 502
174 980	120	0.000 686	0.003 165	0.003 134	0.003 196
169 508	154	0.000 909	0.004 070	0.004 025	0.004 116
161 781	180	0.001 113	0.005 179	0.005 113	0.005 245
152 377	141	0.000 925	0.006 099	0.006 015	0.006 185
143 848	152	0.001 057	0.007 149	0.007 041	0.007 259
138 809	145	0.001 045	0.008 186	0.008 052	0.008 323
129 377	163	0.001 260	0.009 436	0.009 267	0.009 608
119 542	155	0.001 297	0.010 720	0.010 513	0.010 932
112 246	150	0.001 336	0.012 042	0.011 791	0.012 299
106 739	139	0.001 302	0.013 329	0.013 032	0.013 633
99 791	130	0.001 303	0.014 614	0.014 268	0.014 969
94 419	128	0.001 356	0.015 950	0.015 549	0.016 361
85 720	143	0.001 668	0.017 592	0.017 118	0.018 079
79 724	115	0.001 442	0.019 009	0.018 467	0.019 566
71 084	103	0.001 449	0.020 430	0.019 814	0.021 065
63 844	109	0.001 707	0.022 103	0.021 391	0.022 837
56 608	88	0.001 555	0.023 623	0.022 817	0.024 457
48 964	77	0.001 573	0.025 158	0.024 247	0.026 103
43 861	74	0.001 687	0.026 803	0.025 769	0.027 877

3.4 本章小结

本章首先介绍了质保数据的基本结构、所包含的主要数据及不同产品的质保数据示例。

其次介绍了质保数据的清洗和预处理过程及基于质保数据的寿命分布拟合问题，具体包括分布检验、经验累积分布函数及其置信区间计算、模型选择等。

然后通过实例数据介绍了含协变量的质保数据建模方法以及具有重复失效的可修产品质保数据建模问题。

最后，介绍了质保数据的汇总分析方法。

第 4 章　质保数据分析案例

本章通过三个案例对质保数据分析进行讨论和介绍。

4.1　案例 I：考虑可靠性学习效应的汽车质保数据分析

学习效应广泛存在于制造系统中，统计发现，在产品投入生产的早期阶段，随着生产时间或产量的增加，产品质量提高，产品成本降低。那么在耐用产品的生产早期，产品可靠性是否同样存在学习效应？本案例以汽车制造企业质保数据为例，揭示了产品可靠性随生产时间的变动规律，解析了产品可靠性的学习效应。

4.1.1　案例背景

通过收集和分析某汽车制造企业一个特定车型（简称 A 车型）的质保数据，研究新产品制造早期的可靠性波动规律。A 车型为新设计车型，于 2010 年上市。我们收集了该车型从投产第一天开始到第 500 天制造的车辆的质保数据。总共收集到前 500 天内制造的 307 969 辆汽车的在使用 365 天后的质保数据，其中 35 727 辆汽车发生了至少一次由于所研究的失效模式所引起的质保索赔。

该数据集包括每天生产的车辆数以及在质保期内发生索赔的车辆的使用时间和行驶里程。对于没有发生失效的车辆，则行驶里程未知。制造商为其销售的车辆提供的二维质保政策为 2 年或者 6 万公里，以先到者为准。

表 4.1 给出了某一制造天生产的车辆的质保数据。表 4.1 显示，这一天一共生产了 743 辆汽车，其中 139 辆在使用一年后发生了至少一次质保索赔。首次失效时间 (time to first failure, TFF) 是车辆发生失效的确切时间或者右截尾时间。对于未发生失效的车辆，仅仅知道该车在 365 天之内未发生失效，同时该车辆的行驶里程未知。在表 4.1 中的“截尾标志”列中，“1”表示对应的 TFF 为确切的失效时间，“0”表示对应的 TFF 为右截尾时间。列名为“频数”的列表示在对应的 TFF 下的失效数或者右截尾数。例如，表 4.1 的最后一行表示有 604 辆汽车在 365 天内没有发生失效。为评估产品的可靠性，对于重复发生的失效仅保留第一次失效的数据，这样做是为了避免将制造质量和维修质量混淆。

表 4.1　质保数据示例

制造天	产量	失效数	失效率	TFF (天)	使用率 (公里)	截尾标志	频数
*	743	139	0.187 1	2	147	1	1
				4	653	1	1
				5	73	1	1
				……	……	……	……
				360	9 612	1	1
				362	11 764	1	1
				365	11 763	1	1
				365	未知	0	604

图 4.1(a) 给出了前 500 天制造的车辆在使用了 365 天后的失效率，图 4.1(b) 则给出了对应的每一天生产的车辆的使用率（公里/天）中位数。从图 4.1 可以发现，随着制造时间的持续，每天生产的车辆在使用 365 天后的失效率呈现持续下降的趋势。这显示了在产品制造的早期阶段，产品的可靠性随制造时间的持续而有所提升，即可靠性学习效应。同时，从图 4.1(b) 也可以看出车辆的使用率中位数也存在一定的波动。基于此，提出了两个研究问题：① 使用率的波动是否是造成可靠性波动的唯一因素？② 在产品制造的早期阶段是否确实存在可靠性的学习效应？如果存在，如何评估这一个效应。

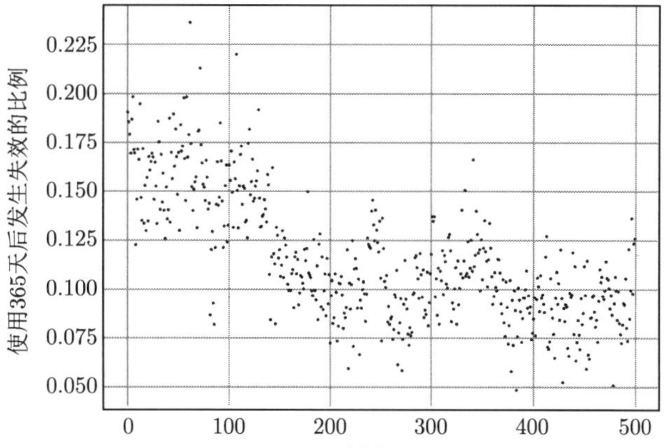

(a) 失效率

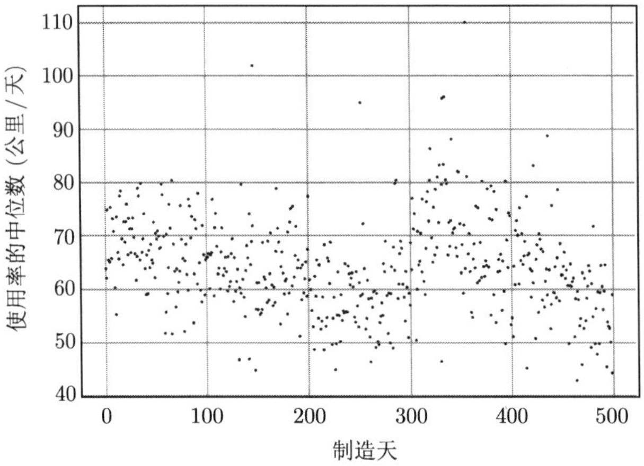

(b) 使用率

图 4.1 产品失效率与使用率随制造天的波动

4.1.2 质保数据分析与建模方法

本节首先讨论传统的学习曲线模型并作为模型对比的基础。之后提出考虑使用率和可靠性学习效应的质保数据建模方法，并与学习曲线模型进行比较。

1. 学习曲线模型

令 x 表示一批产品的制造天数，则有 $x = 1, 2, \cdots, d$, 其中 d 为所研究的制造时间区间的最后一天。如图 4.1 所示，不同制造天制造的产品在 365 天后的失效率随着制造时间的增加而持续而下降。基于传统学习曲线模型，将可靠性的学习曲线模型定义为

$$F(M|x) = F_0 x^{-\delta} \tag{4.1}$$

其中，M 为产品已经使用的天数，$F(M|x)$ 为第 x 天制造的产品在使用了 M 天之后的累积失效率。$F_0 = F(M|x = 1)$ 为第 1 天制造的产品在使用了 M 天之后的失效率，x 为产品的制造天，δ 为学习因子。

对式（4.1）两边取自然对数，则有

$$\log(F(M|x)) = \log(F(M|x = 1)) - \delta\log(x) \tag{4.2}$$

显然，经过对数变换，式（4.1）转换成了一个简单的线性模型，将相关质保数据代入，可以通过简单的最小二乘法进行参数估计。

显然，式（4.1）所示的学习曲线模型仅仅利用了产品的失效率信息。如果使用上述的学习曲线模型分析二维质保数据，则会忽略产品的使用率信息。对于二维质保产品而言，往往随着产品的使用时间和使用量而产生退化。在二维质保产

品中，使用量对于产品的寿命具有显著影响。在下一节将构建考虑可靠性学习效应和使用率的二维质保产品可靠性建模方法。

2. 对数线性回归模型

令 t_{ij} 表示第 x_i 天生产的产品中的第 j 个失效时间，简单起见令 $x_i = i(i = 1, 2, \cdots, d)$。同时，令 r_{ij} 表示与失效时间 t_{ij} 对应的产品的使用率。δ_{ij} 为指示变量，$\delta_{ij} = 1$ 表示 t_{ij} 是实际的失效时间。$\delta_{ij} = 0$ 表示 t_{ij} 为右截尾时间，q_{ij} 表示与时间 t_{ij} 相关的失效数或者右截尾产品数。

在分析产品质保数据时，基于如下的基本假设。

（1）假设第 x_i 天生产的产品的失效时间是独立同分布的。

（2）假设所有的质保索赔都是有效的，即假设所有的质保索赔都是由于真实的失效引起的。

（3）假设产品的首次失效时间服从特定的分布，如常用的韦布尔分布或对数正态分布。

以产品首次失效时间服从韦布尔分布为例，可以使用对数线性回归模型拟合第 x_i 天制造的产品的 TFF 数据。令 T_i 表示第 x_i 天制造的产品的首次失效时间，显然 T_i 是一个随机变量。如果 T_i 服从韦布尔分布，则 $\log(T_i)$ 服从极小值分布。那么，产品在时间 t 前失效的概率可以根据下式计算：

$$\Pr\{\log(T_i) \leqslant t\} = \varPhi_{\text{SEV}}\left(\frac{\log(t) - \mu_i}{\sigma}\right) \tag{4.3}$$

其中，$\varPhi_{\text{SEV}}(\cdot)$ 表示参数为 μ_i 和 σ 的 SEV 分布的累积分布函数。将产品的制造天 x_i 作为协变量，考虑如下的线性回归模型：

$$\mu_i = \beta_0 + \beta_1 \log(x_i) \tag{4.4}$$

其中，β_0 和 β_1 为待估计的参数，x_i 为产品的制造天。

当考虑产品的使用率时，观察到的 TFF 值应该与在名义使用率 r_0 下的 TFF 值不同。本节仍然使用加速失效时间 ALT 方法，定义如下：

$$t_{ij}^{\text{adj}} = t_{ij}\left(\frac{r_{ij}}{r_0}\right)^{\gamma} \tag{4.5}$$

其中，t_{ij} 为实际的失效时间或右截尾时间，r_{ij} 为对应的使用率，γ 为加速因子。

通过式（4.5）可以将在使用率 r_{ij} 下观察到的失效时间 t_{ij} 转化为名义使用率 r_0 下的失效时间 t_{ij}^{adj}。将式（4.4）和式（4.5）结合起来，可以得到第 $x_i = i$ 天制造的产品的 TFF 值 t_{ij} 的似然函数如下：

$$L_i = \prod_{k=1}^{N_i}\left[\frac{1}{\sigma t_{ik}^{\text{adj}}}\phi_{\text{SEV}}(z_{ik})\right]^{\delta_{ik}q_{ik}}[1 - \varPhi_{\text{SEV}}(z_{ik})]^{1-\delta_{ik}q_{ik}} \tag{4.6}$$

其中

$$z_{ik}=\frac{\left(\log(t_{ik}^{\mathrm{adj}})-\beta_0-\beta_1\log(x_i)\right)}{\sigma}$$
$$=\frac{\left(\log(t_{ik})+\gamma\log\left(\frac{r_{ik}}{r_0}\right)-\beta_0-\beta_1\log(x_i)\right)}{\sigma}$$

$\delta_{ik}=1$ 表示 t_{ik} 是实际的失效时间，$\delta_{ik}=0$ 表示 t_{ik} 是右截尾时间。N_i 表示第 x_i 天生产的产品的数量。函数 ϕ_{SEV} 和 Φ_{SEV} 分别表示参数为 0 和 1 的 SEV 分布的概率密度函数和累积分布函数。

对于所有 d 天生产的产品，其似然函数可以定义为

$$L=\prod_{i=1}^{d}L_i=\prod_{i=1}^{d}\prod_{k=1}^{N_i}\left[\frac{1}{\sigma t_{ik}^{\mathrm{adj}}}\phi_{\mathrm{SEV}}(z_{ik})\right]^{\delta_{ik}q_{ik}}[1-\Phi_{\mathrm{SEV}}(z_{ik})]^{(1-\delta_{ik})q_{ik}} \tag{4.7}$$

式（4.7）对参数 $\Theta=(\beta_0,\beta_1,\sigma,\gamma)$ 求极大值，由于表达式的复杂性，一般通过数值计算方法对上式求极大值。

基于估计的参数 $\Theta=(\beta_0,\beta_1,\sigma,\gamma)$，对于给定的使用率 r_s 和制造天 x，可得到第 x 天制造的产品在使用了 M 天后的条件失效率如下所示：

$$\hat{F}(M|(x,r_s))=\Phi_{\mathrm{SEV}}\left(\frac{1}{\hat{\sigma}}\left((\log(M(\ )^{\hat{\gamma}})-\hat{\beta}_0-\hat{\beta}_1\log(x)\right)\right) \tag{4.8}$$

进而还可通过下式计算 p 分位数寿命：

$$\hat{t}_p(x,r_s)=\mathrm{e}^{\left(\hat{\beta}_0+\hat{\beta}_1\log(x)+\Phi_{\mathrm{SEV}}^{-1}(p)\hat{\sigma}\right)}\left(\frac{r_s}{r_0}\right)^{-\hat{\gamma}} \tag{4.9}$$

需注意的是，在上述模型中通常假设 σ 是常数，不随 x 的变化而变化。

4.1.3 实例研究

本节将线性回归模型和学习曲线模型应用于收集的二维质保数据，并对这两种模型的性能进行评估。

1. 学习曲线模型

首先，将如公式（4.1）所示的传统学习曲线模型应用于拟合观察到的失效数据。令公式（4.1）中的失效率为连续生产的 500 天的汽车在使用 365 天后的失效率，即 $M=365$。应用对数变换和最小二乘法对参数进行估计，结果如表 4.2 所示。

表 4.2　学习曲线模型参数估计

	系数	标准差	t 值	$P>\|t\|$	95% 置信区间
$\log(F(M\|x=1))$	−1.1932	0.049	−24.405	0.00	[−1.289, −1.097]
δ	0.1914	0.009	20.797	0.00	[0.173,0.209]

学习曲线模型的拟合残差如图 4.2 所示。由图 4.2 可知，模型拟合残差近似服从正态分布，这意味着学习曲线模型能够较好地拟合质保数据。

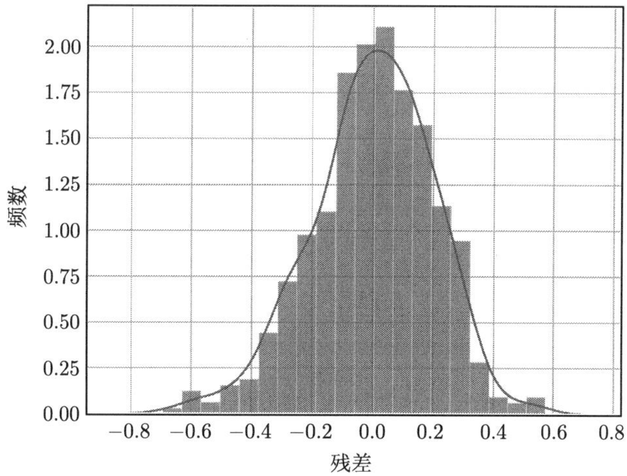

(a) 残差分布

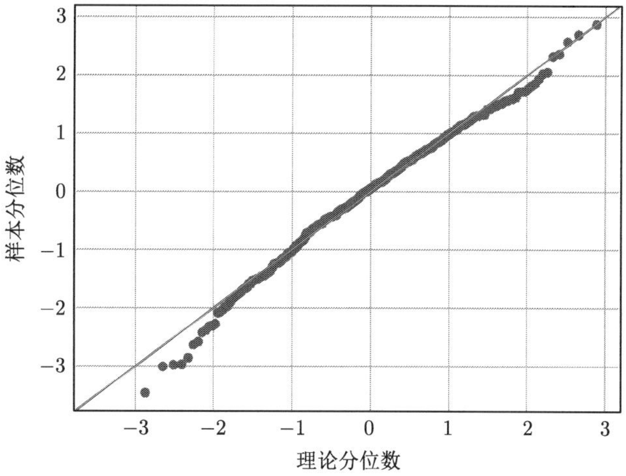

(b) 残差 QQ 图

图 4.2　残差分布与止态性检验

2. 对数线性回归模型

如前所述，对数线性回归模型是以 TFF 服从特定分布为基本假设的。在此，首先对某一天生产的汽车的寿命分布进行检验，并随机地选取了第 20 天和第 350 天制造的产品进行分析。图 4.3 (图中虚线为置信区间) 给出了这两天制造的汽车在 365 天内的 TFF 的韦布尔分布概率图，其中图 4.3(a) 表示第 20 天制造的产品，图 4.3(b) 表示第 350 天制造的产品。

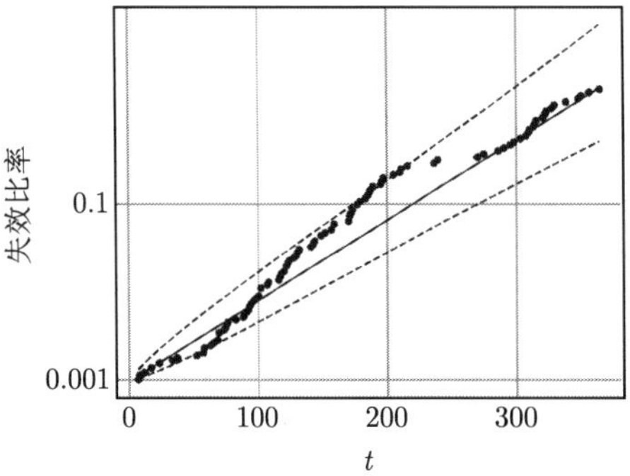

(a) $x=20$

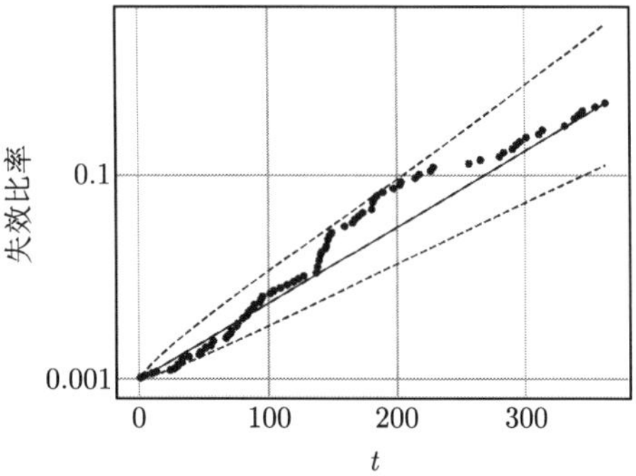

(b) $x=350$

图 4.3 韦布尔分布概率图

由图 4.3 可知，韦布尔分布可以很好地拟合观察到的 TFF 数据。我们也检测了其他天制造的产品，发现韦布尔分布都能很好地拟合数据，因此，在后续研究中将韦布尔分布作为基础分布。

在 TFF 服从韦布尔分布的条件下，可以根据公式（4.7）拟合对数线性回归模型并对参数进行估计。需要指出的是，在我们收集到的二维质保数据中，没有发生质保索赔的汽车的行驶里程是未知的。将每一天制造的汽车中发生质保索赔的汽车的使用率中位数作为没有发生失效的汽车的使用率的估计。对于名义使用率，将 r_0 设为 62.68 公里/天，这是所有发生失效的汽车使用率的中位数。应用极大似然估计和数值计算方法，可得到对数线性回归模型的参数估计，如表 4.3 所示。

表 4.3 对数线性回归模型参数估计

参数	极大似然估计	标准差	95% 置信区间
β_0	7.6445	0.0366	[7.5728,7.7162]
β_1	0.2271	0.0061	[0.2152,0.2390]
σ	1.3651	0.0134	[1.3389,1.3913]
γ	1.5687	0.0417	[1.4869,1.6503]

依据表 4.3 所示的参数估计值和公式（4.8)，可得到产品在使用 365 天后的失效率，其中 $M = 365$。

第 1 天到第 500 天制造的汽车在使用 365 天后的实际失效率和预测失效率如图 4.4 所示。由图 4.4 可观察到，该模型能够很好地拟合数据。进一步，给出了模型残差的直方图和 QQ 图，如图 4.5 所示。由图 4.5 可以看出，模型残差大致服从正态分布。

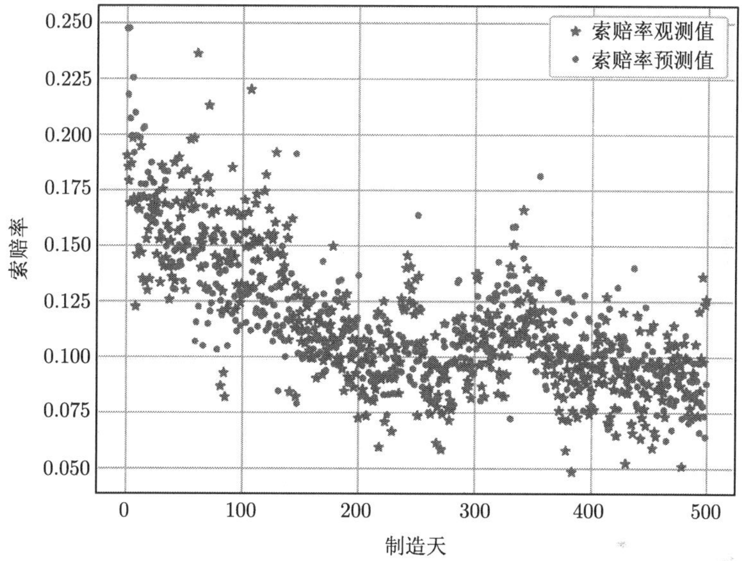

图 4.4　不同制造天生产的汽车一年内索赔率的观测值和预测值

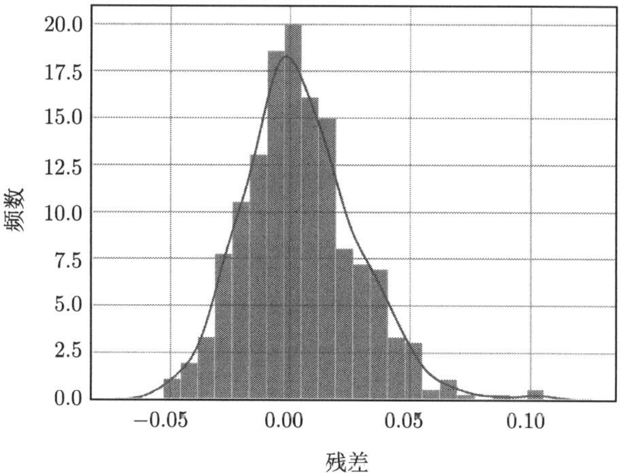

(a) 残差直方图

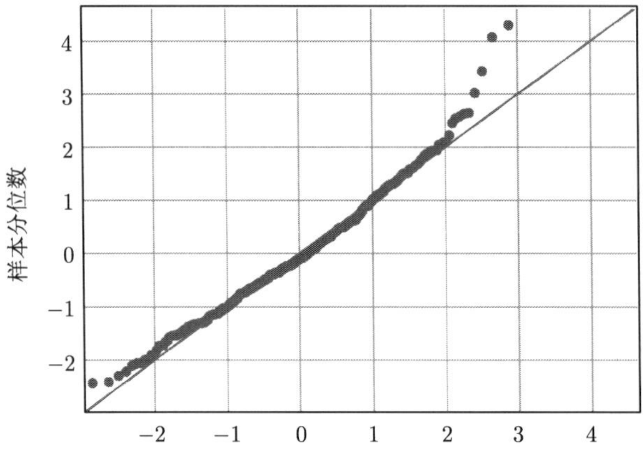

(b) 残差 QQ 图

图 4.5　残差分布与正态性检验

为进一步比较学习曲线模型和我们提出的对数线性回归模型之间的差异，将这两个模型估计的产品失效率进行比较，如图 4.6 所示。图 4.6同时给出了基于公式（4.8）的失效率预测值，其中 $r_0 = 62.68$，r_s 分别为 40 公里/天和 90 公里/天。图 4.5 显示，学习曲线模型和对数线性回归模型都能很好地拟合数据。与学习曲线模型相比，由图 4.5 可以看出，当 $r_s = r_0$ 时，对数线性回归模型和学习曲线模型非常接近。

为了进一步比较学习曲线模型和对数线性回归模型之间的差异，使用标准均方根误差 (normalized root of mean square error, NRMSE) 进行模型比较，其中 $\text{NRMSE} = \sqrt{\frac{\sum_{i=1}^{d}(\hat{F}(M|x=i)-R_i)^2}{\sum_{i=1}^{d}R_i^2}}$，$R_i$ 为观测到的失效率，d 为所研究的总制造天数，在这里 $d = 500$。

对于两个模型的 NRMSE 值，所提出的对数线性回归模型在 $r_s = r_0$ 时的 NRMSE 值为 0.2862，学习曲线模型的 NRMSE 值为 0.2938，显示所提出的对数线性回归模型略好于学习曲线模型。实际上，若将 $\Phi_{\text{SEV}}(z;0,1) = 1 - \mathrm{e}^{-\mathrm{e}^z}$ 代入公式（4.8）中，可得

$$\log(-\log(1 - \hat{F}(M|x, r_0))) = \log\left(M\left(\frac{r_s}{r_0}\right)^{\hat{\gamma}}\right) - \beta_0 - \beta_1\log(x) \tag{4.10}$$

比较公式（4.8）和公式（4.2）可以发现，这两个式子在形式上是相同的，只是公式的左边有所不同。事实上，当 $F(M|x)$ 的值比较小的时候，$\log(F(M|x))$

和 $\log(-\log(1-F(M|x)))$ 的值非常接近，这两个值分别是公式（4.8）和公式（4.2）的左半部分，图 4.7 给出了两者的差异。由图 4.7 可以发现，$\log(F(M|x))$ 和 $\log(-\log(1-F(M|x)))$ 的值非常接近，特别是当 $F(M|x)$ 小于 0.2 时。这显示当失效率比较低的时候，所提出的模型与传统的学习模型是一致的。与学习曲线模型比较，所提出的基于对数线性回归的模型有两个优势：① 该模型利用了质保数据中的使用率信息，并且可以用于预测不同使用率下的产品失效率；② 该模型可以用于预测产品寿命的分位点，寿命分位点在可靠性工程中具有重要用途。

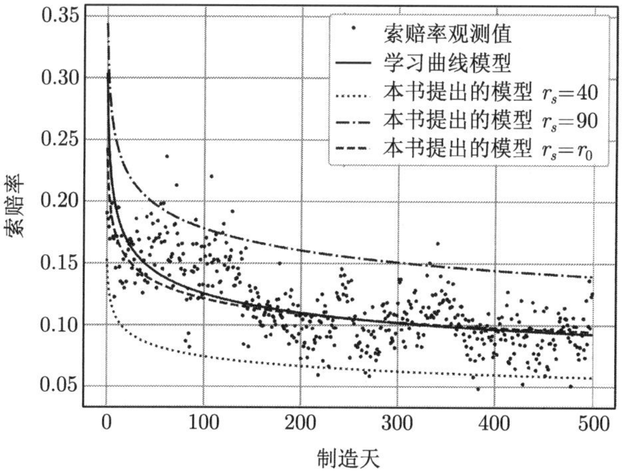

图 4.6　不同使用率下的失效率预测与学习曲线的对比

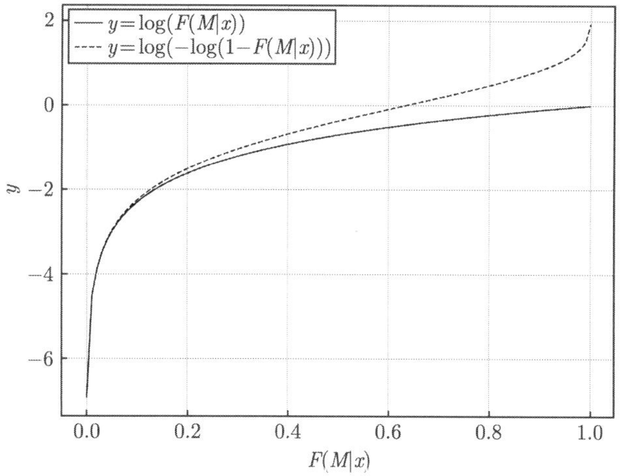

图 4.7　学习曲线和对数线性回归函数的差异

4.1.4 结论与启示

由上面的讨论可知，在新产品制造的早期阶段确实存在着可靠性的学习效应。基于对收集数据的汽车制造企业的工程师和管理人员的简单调研发现，可能导致产品制造早期可靠性学习效应的原因如下。

（1）在新产品制造的早期阶段，往往会不断地发现并消除产品设计缺陷。

（2）在现代制造企业中，往往会采用如六西格玛等方法持续改进产品质量，从而使得产品的可靠性在新产品投入的早期阶段得到改进。此外，在产品投入的早期阶段，无论工程师还是质量管理人员往往都会投入更多的精力。因此新投入的产品的可靠性得到持续改进。

（3）在新产品的早期制造阶段，供应链也在不断优化。因此，零部件的可靠性也在不断改进中，产品的可靠性不断提升。

（4）在新产品导入早期，制造系统中的员工培训也会不断深入，操作人员对产品的熟悉程度不断增加。因此，产品的质量和可靠性随着经验的积累而不断增加。

（5）在新产品制造的早期阶段，制造系统中使用的设备和设施也在不断调整与改进中，从而更好地适应新产品。

考虑到产品制造早期阶段的可靠性学习效应，所拟合的模型可以用于将来制造的产品的失效率，评估产品的可靠性状况以及用于管理决策等。从管理者的角度，基于本节的结论可以得到如下的管理启示。

（1）可靠性学习效应的存在给了制造系统中的工程师一定的线索，用以对制造过程进行分析并发现可靠性学习效应存在的原因。无论对于当前制造的产品还是将来制造的新产品都具有重要意义。例如，工程师可能发现加快可靠性学习速度的方法。此外，这一检查过程也有助于发现在产品制造早期影响新产品可靠性的主要原因，对于新产品设计以及制造工艺设计均具有重要价值。

（2）本节结论有助于制造商制定新产品市场相关的决策以提高产品在市场中的竞争能力。众所周知，在制造过程中存在的学习效应往往会导致产品的制造成本在制造早期持续下降。在新产品制造的早期阶段同样存在可靠性学习效应。显然，随着产品可靠性的改进，后期的质保成本会下降。据此，制造商可以指定一系列决策以提高产品的市场竞争能力。例如，由于质保成本下降，制造商可以在不减少利润的条件下降低销售价格，从而提高产品的竞争能力。此外，由于质保成本的下降，制造商也可以在不降低边际利润的条件下，改变质保条款提高产品竞争能力，如制造商可以延长基础质保期或者赠送延保给客户。

4.2　案例 Ⅱ：基于不完整二维质保数据的产品现场可靠性建模研究

4.2.1　案例综述

可靠性数据分析伴随着产品生命周期的各个阶段。在产品研发期，通常需要收集和分析同类产品的可靠性数据，以便对新产品的可靠性进行评估，这种评估有助于不同方案的比较与选择。在设计阶段收集到的可靠性数据可用于分析产品的初始可靠性和失效模式，并为产品的质量改进和可靠性提升提供数据支持。在生产过程中，为了控制产品质量，必须对产品的可靠性进行监控，及时发现缺陷产品，从而进一步指导生产、保证产品质量。随着生产阶段产品数量和试验数量的大幅增加，这一阶段所进行的可靠性数据分析与评估可以反映出产品的设计和制造水平；而在使用阶段收集的可靠性数据，最能说明产品的可靠性水平，因为它是在真实的操作环境下获取的，且样本量较大，其评估结果可视为产品趋向成熟期的可靠性水平，是对该产品可靠性工作的最终检验，可为今后开展新产品的可靠性设计和原产品设计改进提供参考依据。综上所述，可靠性数据分析在可靠性工程各项活动中是一项基础性的工作，始终发挥着重要作用。

可靠性试验按试验场所可分为实验室试验和现场试验。实验室试验是在规定时间内和条件下进行的可靠性试验，它将现场重要的应力条件搬到实验室，并加以人工控制。现场试验是产品在真实使用环境下观测到的寿命数据，对产品的设计和制造最具说服力，是最终的客观标准。质保数据是评估产品现场可靠性的重要数据来源。质保数据主要由索赔数据和补充数据两部分组成。索赔数据主要包含产品的索赔时间、故障模式、使用时间、累积使用度、处理方式、维修成本、产品型号和顾客信息等内容。补充数据主要包含产品的生产时间、销售时间和保养信息等。随着信息技术的不断发展，获取质保数据也越来越便捷，大大促进了产品现场可靠性建模研究的发展。

对于二维质保产品而言，产品的失效是使用时间和累积使用度共同作用的结果。受消费者使用情况的影响，不同产品使用率人群在质保期内的索赔数差异明显，高使用率下的产品失效率显著高于低使用率下的产品失效率 [1]。科学技术的不断发展普遍提高了产品的可靠性水平，较多产品在质保期内未发生失效，此类数据称为删失数据。删失数据在质保数据中所占比重较高，这也给二维质保产品现场可靠性建模增加了难度。

本案例以整批产品为研究对象，充分考虑了不同使用率对产品可靠度的影响，结合二维质保数据提出了一种新的产品可靠性建模的方法。该方法不仅可以准确地估计产品可靠性，也为制造商制定面向不同产品使用率人群的质保政策提供了方法支持和理论依据。

4.2.2 使用率分布

本案例假设产品是可修的，基础质保范围的最长使用时间和最高累积使用度分别为 W_0 和 U_0，若产品的使用时间或累积使用度有任一维度超过规定界限，则质保服务终止，并假设质保范围内发生的失效均会引起索赔。不同产品的“累积使用度”定义各异，如挖掘机的“累积使用度”是累积工作小时，汽车产品的“累积使用度”则是累积行驶里程。

对于二维质保产品，使用率是累积使用度与使用时间的比值，它与产品的使用情况直接相关。通过引入“使用率”这一概念，复杂的二维问题被转换成较为简单的一维问题 [2−4]。索赔数据库是制造商了解消费者使用情况的主要途径，然而仅根据索赔数据分析消费者的产品使用情况是片面的，因为索赔数据库只包含了失效产品的使用信息，无法从中获取未失效产品的使用率情况。针对这一问题，部分学者采用问卷调查、定期检视等方法获取更加全面的使用率信息 [5,6]。问卷调查的成本较高，耗时较长，但可以全面掌握消费者的使用情况。定期检视主要通过消费者到指定地点进行保养时记录产品的相关信息，现如今市场上诸多制造商为了吸引消费者，主动提供首次免费保养服务，因此定期检视基本上可以涵盖所有产品的使用率信息。

由于产品使用信息的收集渠道多样，故存在较多的异常值。在建立使用率分布之前，须先剔除潜在的和明显的异常数据。例如，对于挖掘机数据而言，若每天累积工作时间超过 24 小时，则是明显的错误数据，须剔除；对于汽车产品，在研究家用车产品的使用率情况时须剔除试驾车的使用数据，因为试驾车的使用情况与家用车存在明显的差异。

在剔除异常值之后，即可计算出数据库中每个产品的使用率。设销售时间为时间零点，且仅研究产品的首次失效（或首次保养），则

$$r_i = \frac{u_i}{t_i}, \quad i = 1, 2, \cdots, n \tag{4.11}$$

其中，r_i 为第 i 个产品的使用率，t_i 为第 i 个产品在首次失效时（或保养时）的使用时间，u_i 为在 t_i 时刻的累积使用度。尽管使用率受季节性以及使用行为突变等影响呈现波动，但为了简化计算，通常假设每个消费者的使用率是定值，即累积使用度以线性方式增长且每个消费者的使用率不尽相同。

使用率的分布函数可以通过对实际数据进行拟合得到，常见的使用率分布有伽马分布、对数正态分布、指数分布、Logistic 分布、对数逻辑分布和韦布尔分布。

4.2.3　加速失效时间模型

二维质保产品的故障主要受产品的使用时间、使用强度、使用程度、名义可靠性及使用环境等因素的影响。产品的使用率可视为作用于产品的一种应力，当使用率高于名义使用率时，将加速产品部件的退化、增加产品的故障强度。反之，将延缓产品的老化过程。本案例利用加速失效时间模型模拟使用率对产品失效过程的影响。加速失效时间模型是一种常见的边际方法，建立起了使用率与产品可靠性之间的联系。令 T_0 为名义使用率 r_0（$=U_0/W_0$）下首次失效时间，T_r 为给定使用率 r 下首次失效时间，根据加速失效时间模型则有

$$\frac{T_r}{T_0}=\left(\frac{r_0}{r}\right)^{\gamma} \tag{4.12}$$

其中，γ 为加速因子，且 $\gamma \geqslant 1$ 。

在可靠性研究领域中通常假设产品的首次失效服从韦布尔分布。若 T_0 服从尺度参数为 α_0、形状参数为 β_0 的韦布尔分布，则 T_r 服从尺度参数为 $\alpha_0(r_0/r)^{\gamma}$、形状参数为 β_0 的韦布尔分布。T_r 的分布函数记为 $F_r(t,\alpha_r,\beta_r)$，则有

$$F_r(t,\alpha_r,\beta_r)=F_{r_0}((r/r_0)^{\gamma},\alpha_0,\beta_0) \tag{4.13}$$

相应的概率密度函数和可靠度函数为

$$f_r(t)=\frac{\beta_0}{\alpha_0(r_0/r)^{\gamma}}\left(\frac{t}{\alpha_0(r_0/r)^{\gamma}}\right)^{\beta_0-1}\exp\left(-\left(\frac{t}{\alpha_0(r_0/r)^{\gamma}}\right)^{\beta_0}\right) \tag{4.14}$$

$$R_r(t)=1-F_r(t)=\exp\left(-\left(\frac{t}{\alpha_0(r_0/r)^{\gamma}}\right)^{\beta_0}\right) \tag{4.15}$$

4.2.4　参数估计

图 4.8 显示了二维质保政策下四种典型的产品故障形态，产品 I 和产品 III 的失效发生在基础质保范围内，制造商可以得到具体的失效时间和相应的累积使用度。但产品 I 代表高使用率的产品，在累积使用度上先出质保，产品 III 代表低使用率的产品，在寿命维度上终止质保服务。产品 II 的失效发生在基础质保范围之外，产品 IV 在整个生命周期内并未发生失效，此类数据称为右删失数据，即具体的失效时间和失效时的累积使用度是未知的。

本案例假设同一生产批次产品共有 N 个，且销售延迟并不影响产品可靠性。在 N 个产品中，总计共有 C 个产品的首次失效发生在基础质保范围内，定义 (t_i,u_i) 为第 i 个产品发生首次失效时的使用时间和累积使用度，其中 i $1,2,\cdots,n$。$N-C$ 个产品的首次失效时间和累积使用度是未知的。

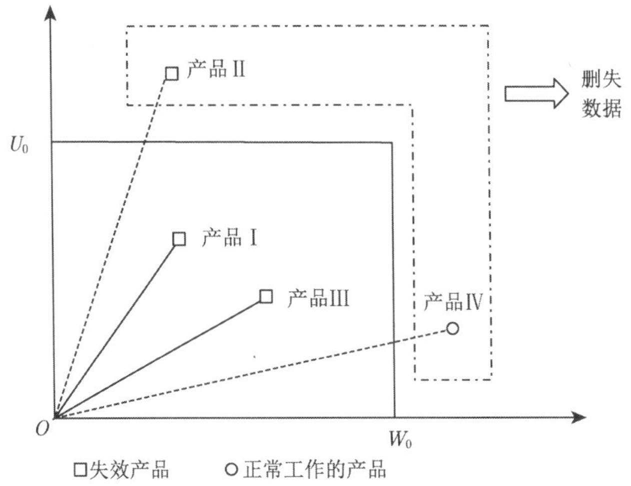

图 4.8　二维质保政策下四种典型的产品故障形态

在产品的可靠性分析中，极大似然估计得到了广泛的应用。极大似然估计是一种具有理论性的点估计法，此方法的基本思想是：当模型总体随机抽取 n 组样本观测值后，最合理的参数估计量应该使得从模型中抽取 n 组样本观测值的概率最大。

设首次失效时间和相应的累积使用度 (T,U) 的概率密度函数为 $f(t,u)$，分布函数为 $F(t,u)$，且 $t,u>0$，Θ 为可靠性模型的参数。基于失效数据和删失数据的极大似然信息，可得似然函数：

$$L(\theta)=\prod_{i}^{N}L_i(t_i,u_i;\Theta)=\prod_{i}^{N}[f(t_i,u_i;\Theta)]^{\delta_i}[1-F(W_0,U_0;\Theta)]^{1-\delta_i} \tag{4.16}$$

其中，当 (t_i,u_i) 是完全数据时，δ_i 为 1；当观测到的是删失数据时，δ_i 为 0。对该等式两边同时取对数，则有

$$\log L(\Theta)=\sum_{i=1}^{C}\log f(t_i,u_i;\Theta)+\sum_{i=1}^{N-C}\log(1-F(W_0,U_0;\Theta)) \tag{4.17}$$

假设产品的首次失效服从韦布尔分布，则式（4.17）可改写为

$$\log L(\alpha_0,\beta_0,\gamma)=\sum_{i=1}^{C}\left(\log\beta_0+\beta_0\log\alpha_0+(\beta_0-1)\log t_i\right.$$
$$\left.+\beta_0\gamma(\log r_i-\log r_0)+\left(\frac{t_i}{\alpha_0}\right)^{\beta_0}\left(\frac{r_i}{r_0}\right)^{\beta_0\gamma}\right)$$

$$-\sum_{i=1}^{N-C}\left(\frac{W_0}{\alpha_0}\right)^{\beta_0}\left(\frac{r_i}{r_0}\right)^{\beta_0\gamma} \tag{4.18}$$

通常情况下，对式（4.18）的各参数求一阶偏导数，并令其为零，便可得一个方程组。最后，用解方程的方法即可求出参数的最大似然估计。然而，上述方程较为复杂，直接求解较为困难。Wang 和 Yang 提出不直接最大化似然函数，而是将参数估计问题转化成为一个优化问题 [7]。约束条件下求极小值的非线性规划问题的数学模型为

$$\begin{cases} \min & (-\log L) \\ \text{s.t.} & \alpha_0>0, 0<\beta_0<1, \gamma>1 \end{cases} \tag{4.19}$$

其中，目标函数为负的对数似然函数，决策变量即为模型参数。结合工程计算预期解，设尺度参数 α_0 大于 0，形状参数 β_0 介于 0 到 10 之间，加速因子 γ 大于或等于 1。原则上，结合极大似然估计和非线性约束规划法可获得参数估计值。

然而，在实际应用中，删失数据占质保数据的比重通常高于 50%，给模型求解增加了难度 [8]。以上方法求得的估计值与实际值之间相差较大, 难以建立精确的可靠性模型。在这种情况下，需寻找新的参数估计方法。

随机期望极大化 (stochastic expectation-maximization，SEM) 算法是一种求参数极大似然估计的一种方法，它可以从非完整数据集中对参数进行极大似然估计，是一种较为简单实用的学习算法。该方法广泛应用于处理缺损数据、截尾数据、带有噪声等的不完全数据。尽管期望极大化 (expectation-maximization，EM) 算法是在缺失数据等不完全数据下进行参数的极大似然估计的一种行之有效的方法，但它对初始值较敏感，容易陷入局部最优。SEM 算法的提出恰好弥补了 EM 算法的不足。SEM 算法从给定条件分布下随机生成观测值取代缺失数据，通过迭代最大化完整数据的对数似然函数的期望来最大化包含不完整数据的对数似然函数。该算法较易实现且不受模型分布和删失数据的影响，同时对初值不敏感。故本节利用 SEM 算法实现二维质保产品的可靠性模型的参数估计。详细步骤如下。

假定集合 S_0 和 S_1 分别代表完全数据集和删失数据集，S_0 中包含了 C 个产品在质保范围内首次失效时间和相应的累积使用度，S_1 包含了 $N-C$ 个右删失数据。令 $(\alpha_0,\beta_0,\gamma)^{(k)}$ 为第 k 次迭代后获得的参数估计值，则在第 $k+1$ 次迭代后，获得新的 $(\alpha_0,\beta_0,\gamma)^{(k+1)}$ 取代原有的参数估计值 $(\alpha_0,\beta_0,\gamma)^{(k)}$ ，在第 k 次迭代时，有如下步骤。

S-步：随机生成观测值取代删失数据。从条件分布 $\left\{S_1|S_0,(\alpha_0,\beta_0,\gamma)^{(k)}\right\}$ 中随机生成 $S_1^{(k)}=\left\{t_j^{(k)},u_j^{(k)}\right\}$，其中 $j=1,2,\cdots,N$，取代原先的删失数据，完全

数据的对数似然函数记为

$$h(S_0, S_1; \Theta) = \sum_{i=1}^{C} \log f(t_i, u_i) + \sum_{i=1}^{N-C} \log f(t_i^{(k)}, u_i^{(k)}) \tag{4.20}$$

M-步：通过最大化 $h(S_0, S_1; \Theta)$ 来获得新的 $(\alpha_0, \beta_0, \gamma)^{(k+1)}$。

通过不断交替这两个步骤，SEM 算法逐渐改进模型中的参数，使参数和训练样本的似然概率逐渐增大，最后收敛于一个极大值点。SEM 算法可被看作一个逐次逼近算法：事先并不知道模型参数，在给定的条件分布下随机选择一套参数或者事先设定某个初始参数，确定出对应于此组参数的最可能的状态，计算每个训练样本的可能结果的概率，在当前的状态下再由样本对参数进行修正，重新估计参数，并在新的参数下重新确定模型的状态，这样，通过多次迭代，循环直至收敛，就可使得模型中的参数估计值逐渐逼近真实值。

值得注意的是，本节利用简单的接受拒绝法生成 $S_1^{(k)}$。直到从 $f(t, u|\Theta^{(k)})$ 生成的 (t, r) 满足 $t > W_0, r_{\min} < r < r_{\max}$。其中 $r_{\min}, r_{\max}$ 分别代表使用率中的最小值和最大值。该法可节约计算时间，尤其适用于删失率较高的数据分析情形。为了获取精确的参数估计值，须经过若干次迭代。一般来说，前期迭代所得的估计值是不稳定的，最终的参数估计值是后期多次迭代后的均值。通常迭代 1000 次后可获得较稳定的参数估计值，但前 100 次的迭代所得的参数估计值波动较大，须先剔除。

在二维质保政策下，SEM 算法在条件分布的基础上随机产生的产品失效时间和累积使用度代替了原先的删失数据，提高了参数估计的精度。一旦获得模型参数，就可建立不同使用率下产品的可靠度模型。

4.2.5 数据试验

本节将分别利用仿真试验和从国内某品牌汽车生产商所搜集到的真实数据验证本节推导出的二维质保产品的可靠度模型。

1. 仿真试验

在数据试验中，将绝对相对百分误 (absolute relative percentage error，RPE) 作为衡量模型精度的指标，RPE 值越小，说明模型拟合精度越高。RPE 定义如下：

$$\text{RPE} = \frac{|\Theta - \hat{\Theta}|}{\Theta} \times 100\% \tag{4.21}$$

其中，Θ 和 $\hat{\Theta}$ 分别代表参数 $(\alpha_0, \beta_0, \gamma)$ 的真实值和估计值。

本节设二维质保产品的基础质保范围是 12 个月或 3 万公里，该生产批次中共有 1000 个产品，使用率服从尺度参数为 0.176、形状参数为 1.22 的韦布尔分布。名义使用率 r_0 为 0.25，且每个产品的使用率都介于 [0.03, 0.7]。在已知使用率分布的情况下可随机生成每个产品的使用率值。设 r_0 下首次失效时间 T_0 服从尺度参数为 α_0，形状参数为 β_0 的韦布尔分布。同样地，在给定 T_0 分布的基础上随机生成 1000 个产品的首次失效时间。又由于 $T_r = T_0(r_0/r)^\gamma$，故可得到在给定使用率 r 下产品的首次失效时间和相应的累积使用度。若首次失效时间和对应累积使用度均处于基础质保范围内，则视为完整的数据。剩余的则视为右删失数据，具体的失效时间和失效时的累积使用度是未知的。

本节采用“全因子试验”的思路，设置参数组合 $(\alpha_0, \beta_0, \gamma)$。其中，对于每个特定参数设置了三个水平。表 4.4 列出了不同参数组合 $(\alpha_0, \beta_0, \gamma)$ 下，分别利用 SEM 算法和基于非线性约束规划的 MLE 算法在迭代 1000 次后所得的 $(\hat{\alpha_0}, \hat{\beta_0}, \hat{\gamma})$ 和 RPE。从表 4.4 可明显看出，利用 SEM 算法获得的 $(\hat{\alpha_0}, \hat{\beta_0}, \hat{\gamma})$ 比基于非线性约束规划的极大似然估计法更加接近实际值。

表 4.4　SEM 算法和 MLE 算法下的参数估计值、RPE 值和标准差

设置值				SEM				MLE			
α_0	β_0	γ		估计值	RPE (%)	标准差	删失率	估计值	RPE (%)	标准差	删失率
400	3.2	1.75	α_0	370.6	7.3	13.1	73	685	71.2	46.1	73
			β_0	3.51	9.7	0.23		1.65	48.4	0.08	
			γ	1.92	3.9	0.07		1.17	32.8	0.1	
400	3.2	2	α_0	372.4	7	12.93	70	596.9	49.2	60.3	70
			β_0	3.45	7.8	0.21		1.21	62.3	0.05	
			γ	1.94	3.3	0.06		1.5	25.1	0.12	
400	3.2	2.25	α_0	373.1	6.7	13.36	69	784	96	47.79	69
			β_0	3.42	7	0.21		1.35	57.8	0.05	
			γ	2.18	3.1	0.07		1.53	32	0.11	
400	2.4	1.75	α_0	374.2	6.4	17.5	69	668.9	67.2	36.4	69
			β_0	2.57	6.9	0.15		1.49	37.9	0.08	
			γ	1.8	2.7	0.09		1.17	33	0.11	
400	2.4	2	α_0	375.4	6.2	11.75	68	701.4	75.4	34.7	68
			β_0	2.5	4.2	0.11		1.39	41.8	0.05	
			γ	1.96	2	0.08		1.34	33	0.1	
400	2.4	2.25	α_0	377.4	6.1	16.8	70	772	93	44.1	70
			β_0	2.48	4	0.13		1.27	47	0.05	
			γ	2.2	2.1	0.1		1.52	32.3	0.15	
400	1.6	1.75	α_0	371	7.3	19.4	65	618.9	54.7	30.7	65
			β_0	1.65	2.4	0.09		1.26	21.1	0.05	
			γ	1.81	3.4	0.07		1.08	38.1	0.11	
400	1.6	2	α_0	376.1	5.9	15.8	66	660.8	65.2	37.6	66
			β_0	1.68	3.1	0.09		1.17	26.9	0.03	
			γ	2.04	2	0.1		1.28	36	0.11	
400	1.6	2.25	α_0	374.8	6.3	14.8	66	747.3	86.7	51.4	66
			β_0	1.68	4.9	0.1		1.09	31.9	0.03	

续表

设置值				SEM				MLE			
α_0	β_0	γ		估计值	RPE (%)	标准差	删失率	估计值	RPE (%)	标准差	删失率
400	1.6	2.25	γ	2.31	2.6	0.09	66	1.46	35.1	0.16	66
300	3.2	1.75	α_0	293	2.3	8.21	62	542.7	80.6	21.2	62
			β_0	3.36	4.9	0.15		1.5	53.1	0.05	
			γ	1.73	1.1	0.05		1.12	36	0.08	
300	3.2	2	α_0	296.7	1.1	6.43	63	589.5	96.6	36.9	63
			β_0	3.3	3.1	0.15		1.36	57.5	0.05	
			γ	1.97	1.3	0.05		1.31	34.5	0.1	
300	3.2	2.25	α_0	293.9	2.1	6.99	65	666.2	122	55.5	65
			β_0	3.29	2.7	0.12		1.24	65.3	0.05	
			γ	2.22	1.3	0.06		1.48	21.3	0.1	
300	2.4	1.75	α_0	296.8	1.1	7.69	60	537.2	79	32.2	
			β_0	2.52	5	0.12		1.38	42.4	0.06	60
			γ	1.74	0.8	0.07		1.07	38.8	0.08	
300	2.4	2	α_0	289.4	3.6	8.29	62	608.9	102.3	35.53	62
			β_0	2.52	5.2	0.07		1.22	40.1	0.04	
			γ	1.97	1.5	0.07		1.33	33.4	0.1	
300	2.4	2.25	α_0	292.4	2.5	6.91	64	636.7	112	35.73	64
			β_0	2.51	4.5	0.11		1.17	51	0.04	
			γ	2.22	1.3	0.07		1.46	35.2	0.1	
300	1.6	1.75	α_0	288.7	3.8	10.49	58	510.5	70.7	27.62	58
			β_0	1.58	1.3	0.05		1.14	28.8	0.04	
			γ	1.78	2.3	0.07		1.02	41.7	0.03	
300	1.6	2	α_0	288.4	3.9	11.65	59	550.1	83.3	25.49	59
			β_0	1.64	2.5	0.08		1.1	31.2	0.04	
			γ	1.98	1	0.1		1.22	39	0.08	
300	1.6	2.25	α_0	288.2	3.9	14.61	60	601.3	100.4	40.09	60
			β_0	1.69	5.6	0.07		1.03	35.6	0.03	
			γ	2.21	1.6	0.09		1.38	38.6	0.08	
200	3.2	1.75	α_0	199.1	0.4	3.37	50	400.9	101.6	17.6	50
			β_0	3.22	0.6	0.13		1.31	59.4	0.04	
			γ	1.74	0.6	0.03		1.04	37.8	0.05	
200	3.2	2	α_0	200.3	0.2	2.95	52	433.5	116.7	21.6	52
			β_0	3.22	0.6	0.13		1.21	62.2	0.04	
			γ	1.99	0.2	0.05		1.24	38	0.11	
200	3.2	2.25	α_0	199.5	0.3	3.08	55	490.4	145.2	22.3	55
			β_0	3.21	0.2	0.08		1.1	65.2	0.03	
			γ	2.24	0.2	0.04		1.4	37.8	0.11	
200	2.4	1.75	α_0	199.5	0.3	4.24	47	387.5	93.7	16.66	47
			β_0	2.41	0.6	0.09		1.22	49.3	0.03	
			γ	1.74	0.3	0.05		1.02	41.5	0.04	
200	2.4	2	α_0	199.6	0.2	5.9	51	427.6	113.7	16.44	51
			β_0	2.36	1.5	0.1		1.14	52.6	0.03	
			γ	1.99	0.3	0.05		1.14	42.7	0.14	

续表

设置值				SEM				MLE			
α_0	β_0	γ		估计值	RPE (%)	标准差	删失率	估计值	RPE (%)	标准差	删失率
200	2.4	2.25	α_0	200.5	0.3	4.74	54	478.3	139.1	20.02	54
			β_0	2.43	1.3	0.07		1.04	56.4	0.03	
			γ	2.27	0.8	0.05		1.38	38.7	0.13	
200	1.6	1.75	α_0	198.5	0.8	6.62	45	368	84	20.2	45
			β_0	1.64	2.5	0.06		1.06	33.7	0.03	
			γ	1.73	1.3	0.07		1.02	42.5	0.04	
200	1.6	2	α_0	201.3	0.7	7.02	49	406.9	103.4	25.32	49
			β_0	1.62	1.3	0.09		1	37.2	0.04	
			γ	2.03	1.5	0.07		1.15	42.7	0.1	
200	1.6	2.25	α_0	202.5	1.3	6.03	51	444.7	122.3	23.9	51
			β_0	1.63	1.9	0.06		0.95	40.6	0.04	
			γ	2.23	0.9	0.08		1.32	41.3	0.11	

图 4.9 给出了 SEM 算法估计出的各参数的 RPE 值随删失率的变化情况。从该图可以看出，随着删失率的不断降低，RPE 值越来越小，说明 SEM 算法能实现更精确的参数估计。此外，估计值的标准差也随之降低。由此，可推断出随着完全数据的样本量不断增多，SEM 算法表现得更为精确、稳定。

总之，SEM 算法估计出的可靠度模型参数比 MLE 算法估计出的结果更加准确，且更加适用于在删失率较高情况下产品的现场可靠性建模。

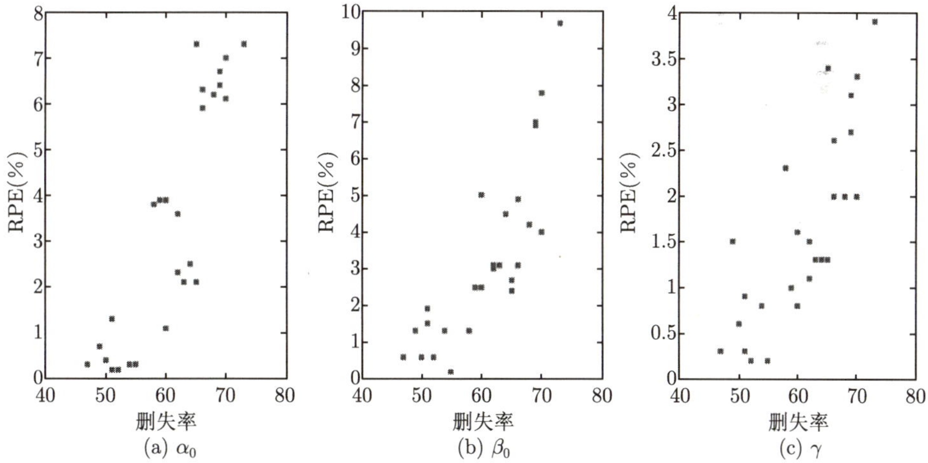

图 4.9　SEM 算法下各参数的 RPE 值随删失率变化情况

为了进一步验证模型，本节还探讨了不同的名义使用率 r_0 下，模型的参数估计情况。在质保索赔数据分析中，名义使用率通常是由制造商决定的，它是累积使用度和使用时间的比值，并不受消费者使用习惯的影响。本节选取了 $(\alpha_0, \beta_0, \gamma)$ 分别为 (300, 3.2, 2) 和 (200, 2.4, 2.5) 时，不同的名义使用率下，利用 SEM 算法获得的参数估计情况。从表 4.5 可看出，在不同的名义使用率 r_0 下，SEM 算法估计出的各参数都较为接近。当名义使用率 r_0 接近使用率中位数时 $(r_{\text{median}} = 0.25)$，参数估计精度最高。

表 4.5　不同名义使用率 r_0 下，利用 SEM 算法获得的参数估计值与 RPE 值

设定值			名义使用率		估计	RPE
α_0	β_0	γ	r_0		值	(%)
300	3.2	2	0.1	α_0	293.8	2.1
				β_0	3.25	1.5
				γ	1.98	1.0
			0.2	α_0	298.6	0.4
				β_0	3.16	1.2
				γ	1.97	1.5
			0.3	α_0	303.9	1.3
				β_0	3.18	0.6
				γ	1.97	1.5
			0.4	α_0	286.5	4.5
				β_0	3.72	16.2
				γ	1.89	5.5
			0.5	α_0	278.1	7.3
				β_0	4.01	25.3
				γ	1.78	11.0
200	2.4	2.25	0.1	α_0	196.2	1.9
				β_0	2.43	1.2
				γ	2.21	1.8
			0.2	α_0	202.4	1.2
				β_0	2.42	0.8
				γ	2.28	1.3
			0.3	α_0	198.7	0.6
				β_0	2.47	2.9
				γ	2.24	0.4
			0.4	α_0	195.8	2.1
				β_0	2.75	14.6
				γ	2.05	8.9
			0.5	α_0	206.1	3.1
				β_0	2.76	15.0
				γ	1.90	15.6

2. 实例研究

本节选取某品牌汽车发动机的特定生产批次 (2010 年 5 月第 1 周) 的质保索赔数据作为研究对象，该产品的基础质保期参数为 $W = 12, U = 6$，消费者在基础质保期内还可享受免费首次保养服务。该批次共有 1472 个产品，在质保范围内发生了 382 次索赔。值得注意的是，为了将生产质量和维修质量区分开，仅采集产品首次失效时的各项数据。

为了获得更加准确的使用率分布信息，在质保索赔数据和首次保养数据的基础上拟合使用率的分布函数 $G(r)$。质保索赔数据和首次保养数据中包括产品的销售时间、首次失效或保养时间、失效或保养时的累积使用度。在剔除明显的错误数据和试驾车的数据后，最终的数据集中包括了 375 个索赔数据和 1090 个首次保养数据，共计 1465 个质保数据。在这 1465 个质保数据的基础上拟合使用率分布。图 4.10 列出了所有使用率可能服从的分布概率图，可明显观察到，使用率的分布服从韦布尔分布。K-S 拟合优度检验的结果表明在 95% 显著水平下，尺度参数为 0.48、形状参数为 1.32 的韦布尔分布对真实使用率数据的拟合精度最高 $(p = 0.072)$。

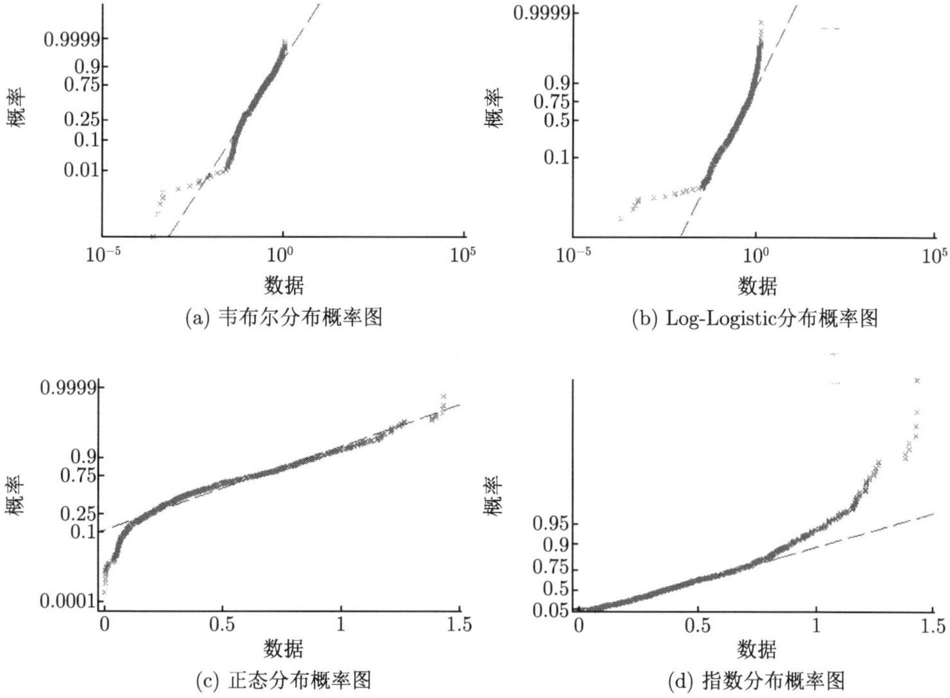

图 4.10　使用率分布拟合结果

在分析产品现场可靠性的过程中，分别采用 SEM 算法和基于非线性约束规划的 MLE 算法对可靠性模型中的参数进行估计。在得到加速因子 γ 的估计值后可得到名义使用率 r_0 下的首次失效时间。按失效时间先后顺序整理后，可得到名义使用率 r_0 下失效产品的经验分布函数，表示为

$$F_n(t) = \frac{\sum_{i=1}^{t} d_i}{n}, \quad t = 1, 2, \cdots, W_0 \tag{4.22}$$

其中，d_t 为在第 t 个月发生的索赔数，n 为在保产品总数。将 NRMSE 值作为衡量模型的拟合精度的标准，其值越小，精度越高。NRMSE 值定义如下：

$$\text{NRMSE} = \sqrt{\frac{\sum_{i=1}^{W_0}(F_n(i) - \hat{F_0}(i))^2}{\sum_{i=1}^{W_0} F_n(i)^2}} \tag{4.23}$$

其中，$\hat{F_0}(i)$ 为名义使用率下首次失效的分布函数。

在利用 SEM 算法估计模型参数 $(\alpha_0, \beta_0, \gamma)$ 时，前 100 次迭代作为测试，后 900 次迭代所得各参数估计值的均值作为最终的模型参数估计值。图 4.11 分别展示了各参数估计值随迭代次数的变化情况。从图中可以看出，随着迭代次数的不断提高，各参数估计值趋于收敛。在采用基于非线性约束规划的 MLE 算法对可靠性模型中的参数进行估计时，各参数估计值是循环 900 次后所取的均值。

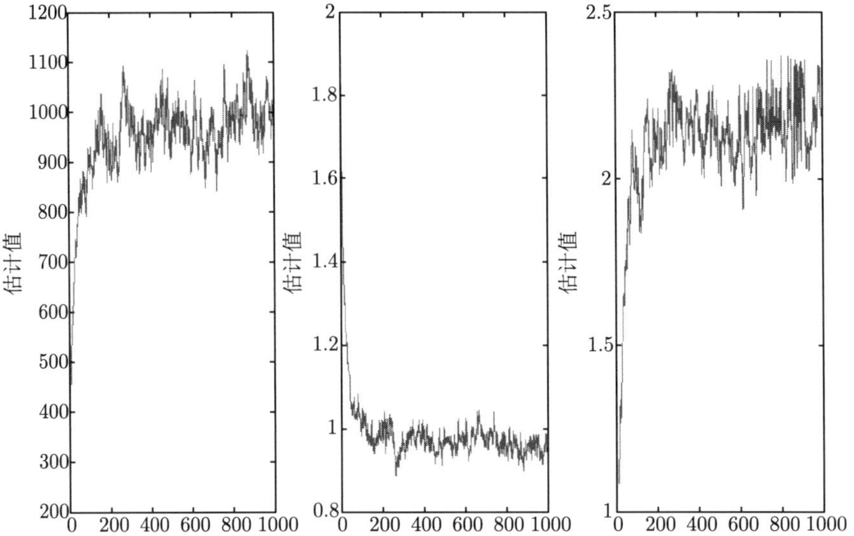

(a) α_0 (b) β_0 (c) γ

图 4.11 SEM 算法下 $(\alpha_0, \beta_0, \gamma)$ 随迭代次数的变化情况

利用 SEM 算法和 MLE 算法获得的参数估计值、估计值的 95% 置信区间和 NRMSE 值如表 4.6 所示。图 4.12 和图 4.13 分别代表 SEM 算法和 MLE 算法获得的参数估计值的直方图和概率图，从图中可观察到，$(\alpha_0, \beta_0, \gamma)$ 的估计值基本服从正态分布，K-S 拟合优度检验的结果也显示各参数的估计值均服从正态分布，充分说明，最终的参数估计值可以用迭代所得各参数估计值的均值表示。

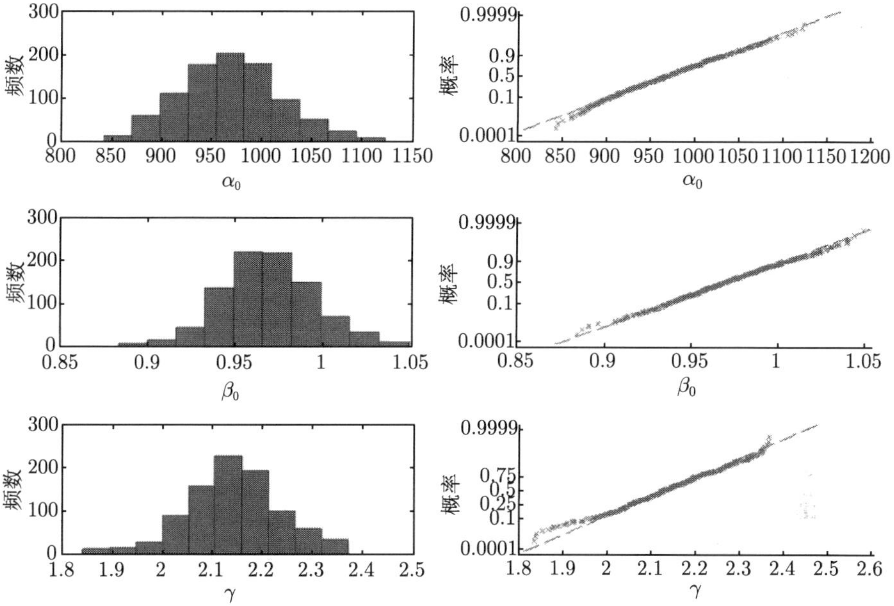

图 4.12　SEM 算法下 $(\alpha_0, \beta_0, \gamma)$ 估计值的直方图与正态分布概率图

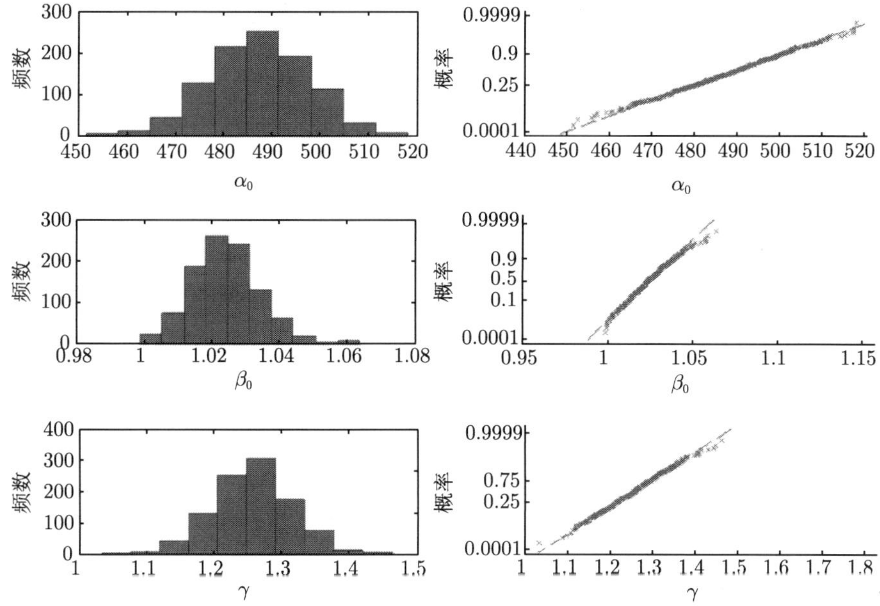

图 4.13　MLE 算法下 $(\alpha_0, \beta_0, \gamma)$ 估计值的直方图与正态分布概率图

表 4.6 中 SEM 算法与 MLE 算法获得的估计值的均值和方差都较为接近，仅从这两个指标较难判断孰好孰劣。但采用 SEM 算法所得的 NRMSE 值远小于 MLE 算法所得的 NRMSE 值。此外，从图 4.14 和图 4.15 可观察到，利用 SEM 算法估计出的失效分布函数更接近经验分布函数。由此可以得出，SEM 算法所估计出的产品失效分布函数比基于非线性约束规划的 MLE 算法所估计出的结果更加准确。同时，表 4.6 显示形状参数 β_0 的估计值小于 1，这在产品的早期失效比较常见。说明产品的制造缺陷因素对产品可靠性影响不可忽视，该生产批次产品的制造质量需要加以提高和改善。

表 4.6　SEM 算法和 MLE 算法下的参数估计值及其 95% 的置信区间和 NRMSE 值

算法	模型参数	估计值	标准差	置信区间下限	置信区间上限	NRMSE
SEM	α_0	969.1	48.61	873.81	1064.4	0.141
	β_0	0.97	0.026	0.92	1.02	
	γ	2.14	0.092	1.96	2.32	
MLE	α_0	487.24	10.48	466.7	507.8	0.438
	β_0	1.02	0.01	1	1.04	
	γ	1.26	0.058	1.14	1.37	

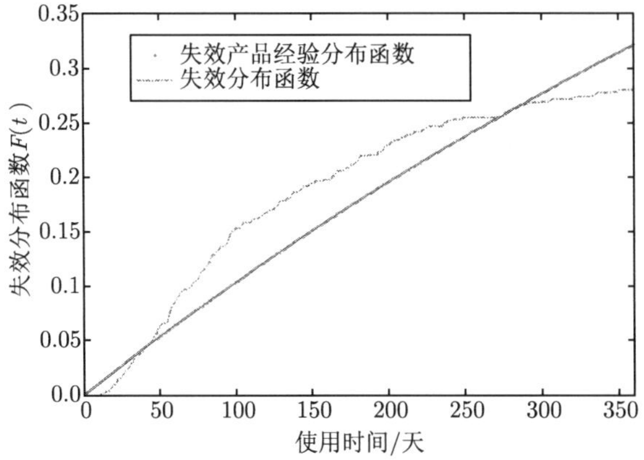

图 4.14　SEM 算法下所估计出的失效分布函数与经验分布函数

为了进一步探究名义使用率对模型参数估计的影响，本节选取了 6 个名义使用率水平，分别利用 SEM 算法和 MLE 算法对各参数进行估计。不同名义使用率水平下的各算法所得的产品失效分布函数的 NRMSE 值如图 4.16 所示。从图中可看出，无论名义使用率如何变化，SEM 算法的精度始终比 MLE 算法要高，特别是当使用率分布的中位数 ($r_{\text{median}} = 0.42$) 接近名义使用率 ($r_0 = 0.4, 0.5$) 时，SEM 算法的表现最佳。表 4.7 显示，在不同名义使用率下，SEM 算法估计出的产品的形状参数（又称特征寿命）和加速因子都较为接近，但尺度参数受名义使用率的影响较大。这一结论也与现实情况较为相符，证实了名义使用率对 SEM 算法存在一定的影响。所以制造商在制定基础质保范围的参数时，应考虑消费者的实际使用率，从而可以提高产品现场可靠性的建模精度。

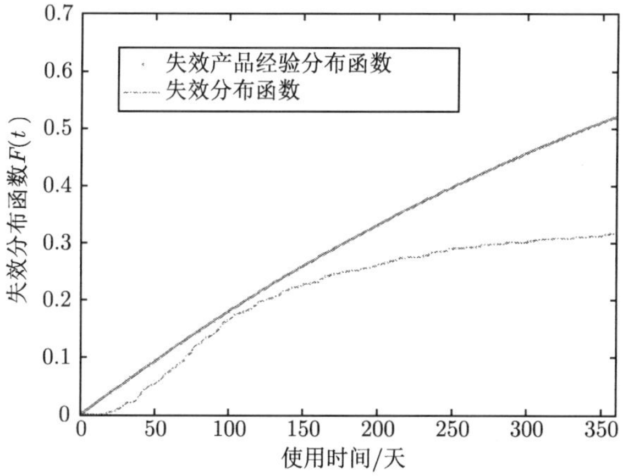

图 4.15　MLE 算法下所估计出的失效分布函数与经验分布函数

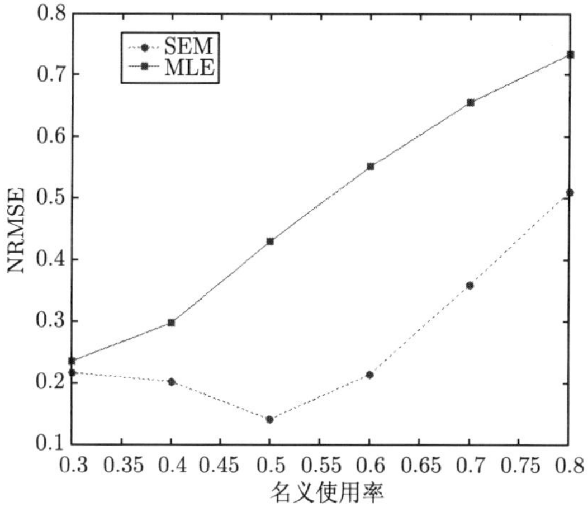

图 4.16　不同名义使用率下，SEM 算法和 MLE 算法的 NRMSE 值

表 4.7　不同名义使用率下，SEM 算法下的参数估计值与 NRMSE 值

名义使用率 r_0	估计值 α_0	估计值 β_0	估计值 γ	NRMSE
0.3	2506.63	0.98	2.12	0.219
0.4	1513.08	0.98	2.09	0.203
0.5	969.14	0.97	2.14	0.142
0.6	645.21	0.98	2.11	0.214
0.7	470.32	0.98	2.1	0.359
0.8	356.47	0.98	2.1	0.512

4.2.6 管理启示

完善的质保政策可以体现制造商对产品的信心，彰显产品质量，提升市场占有率。随着定制化时代的到来，消费者的个性化需求从产品逐渐拓展到质保服务。例如，高使用率的消费者基本都在里程维度上结束质保，所以这部分消费者更加关注质保政策中的里程限制。相反，低使用率的消费者则更加关注质保政策中使用时间的限制。通过对产品可靠性参数的准确预测，厂商可以设计柔性质保政策从而满足不同消费群体的需求，即利用 SEM 算法得到 $(\alpha_0,\beta_0,\gamma)$ 的估计值，在保持质保成本不变的情况下，设计不同的里程和使用时间组合供消费者选择。假设在质保范围内，对所有失效的产品实施免费最小维修且维修时间可忽略不计。所以，在质保范围内产品的失效过程是一个非齐次泊松过程，且该过程的失效强度函数与首次失效的风险函数相等。经市场调研后发现单次最小维修的成本 C_m 约为 145 美元（约 1000 元），且名义使用率 r_0 是个定值（$r_0=0.5$），并不随质保政策的参数变化而改变，即 $U_0=r_0W_0$ 。综上，在给定使用率条件下，单个产品在质保范围内的期望质保成本 $E(C_\omega)$ 为

$$E(C_\omega)=E(C_m)\int_0^{\min[W_0,U_0/r]}\frac{f_r(t)}{1-F_r(t)}\mathrm{d}t \tag{4.24}$$

设使用率 r 的范围为 [0.1,1.0] 且 W_0 的范围为 [12, 42]，质保成本等高线如图 4.17 所示。以等高线 $E(C_\omega)=30$ 为例，在该条曲线上的所有 (U_0,W_0) 组合

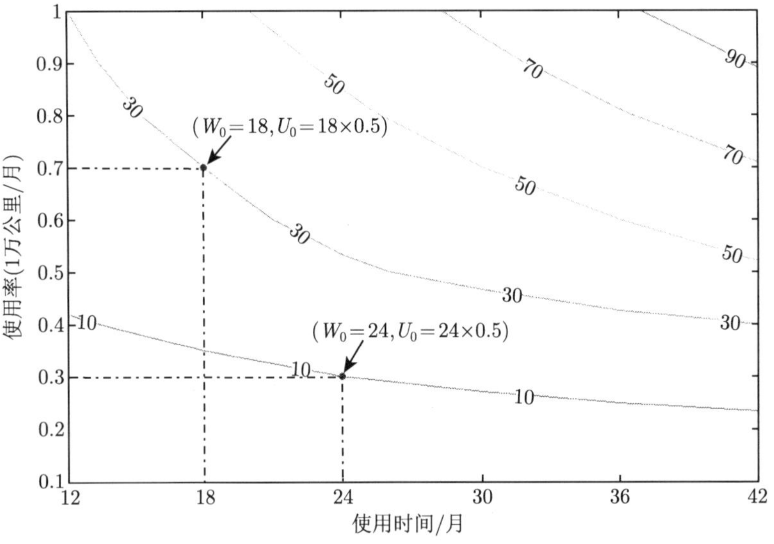

图 4.17　不同名义使用率下，SEM 算法和 MLE 算法的 NRMSE 值

对应的期望质保成本均为 30 美元。所以，制造商可在同一成本等高线上提供多种质保政策方案供消费者选择。这样大大提高了质保政策的灵活程度，有助于迎合不同消费群体的需求。

4.2.7　结论

根据质保数据准确地估计产品及产品零部件可靠性分布，对于耐用品制造企业的技术和管理决策具有重要意义。由于在现实使用过程中，消费者的使用率不同，对产品失效过程的影响各异，并且质保数据中删失率较高，给产品的现场可靠性建模增添了较大难度，本节尝试实现二维质保产品的现场可靠性建模。在模型建立过程中，结合索赔数据和保养数据拟合使用率的分布函数，获得了更为全面的消费者使用信息，其次利用加速失效时间模型模拟不同使用率水平对产品失效过程的影响，最后利用 SEM 算法得到更加符合实际的参数估计结果。计算机仿真和汽车发动机可靠性实际数据表明，SEM 算法所估计出的可靠性分布比极大似然估计法所估计出的结果更加准确，更加符合实际情况。此外，数据试验还表明，当名义使用率接近消费者使用率分布的中位数时，SEM 算法所估计出的参数最接近实际值。本案例的另外一个重要贡献是，估计出了某一群体消费者在使用过程中的加速因子，可以为制造商为不同类型消费者提供个性化质保政策提供理论支持，协助企业做出合理的成本预算。

4.3　案例 Ⅲ：非完美维修下的二维质保索赔预测研究

4.3.1　案例综述

二维质保产品的失效是使用时间和累积使用度共同作用的结果，如汽车、重型机械等耐用消费品。由于二维质保产品通常单价高、维修费用昂贵，所以对二维质保产品的索赔数进行准确预测可为制定合理有效的备件计划和检修计划提供可靠的依据。

质保索赔数与维修方式关系密切，维修方式主要包含最小维修、完美维修和不完美维修三种。最小维修和完美维修在维修过程中属于两种极端状态，在现实状态中较难实现，大部分的维修行为基本不会导致上述两种结果的发生，而是产生介于两种状态的中间状态，即不完美维修。系统经过不完美维修后恢复到“修复如新”和“修复如旧”两种状态之间，即“好于旧而次于新”。本节以二维质保政策下的工程机械产品为研究对象，综合考虑了不完美维修和产品使用率对产品可靠性的影响，构建了二维质保产品的索赔预测模型。

4.3.2 问题描述

二维质保产品的质保范围通常由二维的空间表示，其中一个轴表示产品的寿命，另一个轴表示累积使用度。矩形区域 $[0, W) \times [0, U)$ 是最通用且易用的二维质保范围，W 为时间限度，U 为使用限度。当产品的使用时间达到 W 或总体使用强度达到 U 时，质保服务终止。图 4.18 给出了二维质保产品的质保服务范围，从图中可以看出，拥有高使用率的产品率先到达累积使用度上限 U，而拥有低使用率的产品先到达时间上限 W。使用率除了会影响产品可享受质保服务的时间，也会影响产品的老化过程。正如 4.2 节所提及的，当使用率高于名义使用率时，将加速产品部件的退化、增加产品的故障概率。反之，将延缓产品的老化过程。

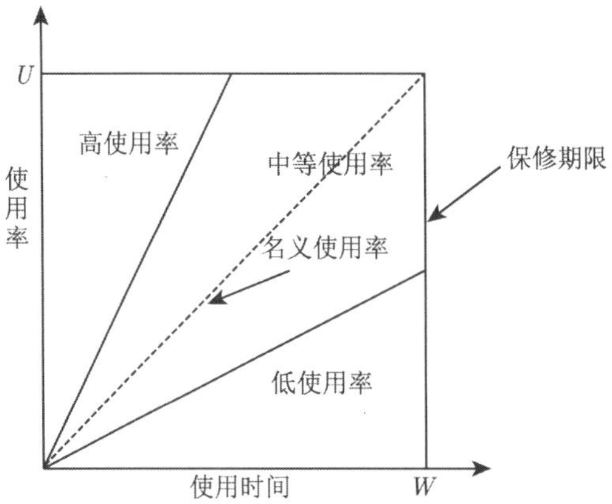

图 4.18 二维质保产品的保修范围

本节假设产品在质保范围内发生故障时，制造商将对故障产品实施不完美维修且维修时间可忽略不计，即产品状态被恢复到“修复如旧”和“修复如新”之间。在实际操作过程中，维修程度的高低可以通过物料、人力、信息和技术等因素量化。

4.3.3 二维质保产品失效建模

对于二维质保产品，本节继续采用加速失效时间模型来描述使用率对产品失效过程的影响。详细内容如 4.2 节所示，在这里就不赘述了。为了体现不同使用率对产品可靠性的影响，本节将使用率分成低、中、高三种类型，用 R 表示使用率的随机变量，下限用 R_{L} 表示，上限用 R_{U} 表示。假设使用率的子区间是 $[r_{i-1}, r_i), i = 1, 2, \cdots$，其中 $r_0 = R_{\mathrm{L}}$，$r_i = R_{\mathrm{L}} + i\dfrac{R_{\mathrm{U}} - R_{\mathrm{L}}}{3}, i = 1, 2, \cdots$ 相应的平均使用率如下：

$$\bar{r}_i = \int_{r_{i-1}}^{r_i} \frac{sg(s)}{G(r_i) - G(r_{i-1})} \mathrm{d}s \tag{4.25}$$

其中，$g(r)$ 和 $G(r)$ 分别为使用率的概率密度函数和累积分布函数。此外，对于给定产品，使用率落入第 i 个使用率区间的概率是

$$\bar{p}_{S_i} = pr(r \in [r_{i-1}, r_i)) = \int_{r_{i-1}}^{r_i} g(s)\mathrm{d}s = G(r_i) - G(r_{i-1}) \tag{4.26}$$

4.3.4 不完美维修对产品可靠性的影响

针对不完美维修，Kijima 和 Sumita、Kijima 提出了“虚拟年龄”的概念，并推导出 Kijima I 模型和 Kijima II 模型 [9,10]。Kijima I 模型假设维修行为仅能修复前一次使用期间的故障。而 Kijima II 模型假设维修行为可以修复累积到现运行时间的所有故障。在不完美维修情况下，产品的失效过程是一个广义更新过程。设一个可修产品经过 $i-1$ 次维修，该系统的虚拟年龄为 V_{i-1} 。该产品到下一次失效的时间 X_i 服从条件累积分布函数 $F(x_i)$：

$$F(x_i) = \frac{F(x_i + v_{i-1}) - F(v_{i-1})}{1 - F(v_{i-1})} \tag{4.27}$$

若产品的首次失效时间服从韦布尔分布，则 $F(x_i)$ 可表示为

$$F(x_i) = 1 - \exp\left(\left(\frac{v_{i-1}}{\alpha}\right)^{\beta} - \left(\frac{x_i + v_{i-1}}{\alpha}\right)^{\beta}\right) \tag{4.28}$$

其中，α 和 β 分别为韦布尔分布中的尺度参数和形状参数。对应的概率密度函数为

$$f(x_i) = \frac{\beta}{\alpha^{\beta}}(x_i + v_{i-1})^{\beta-1} \exp\left(\frac{1}{\alpha^{\beta}}(v_{i-1}^{\beta} - (x_i + v_{i-1})^{\beta})\right) \tag{4.29}$$

产品的真实年龄为

$$t = \sum_{i=1}^{n} x_i \tag{4.30}$$

1. 基于 Kijima I 模型的广义更新过程

在 Kijima I 模型中第 i 次维修仅仅可以修复在第 $i-1$ 次与第 i 次失效间产生的故障，且产品的失效过程称为广义更新过程（generalised renewal process type I，GRP I)。第 i 次维修后对应的系统虚拟年龄为

$$v_i = v_{i-1} + qx_i = q\sum_{j-1}^{i} x_j = qt_i \tag{4.31}$$

其中，q 为每次维修的程度，也通常作为衡量维修质量的指标。当 $q=0$ 时，产品的失效过程对应修复如新的普通更新过程（ordinary renewal process，ORP）。当 $q=1$ 时，产品通过维修恢复到失效前的状态，对应于修复如旧的非齐次泊松过程。当 $0<q<1$ 时，对应的系统得到了不完美维修，恢复到好于旧而次于新的中间状态。当 $q>1$ 时，表明系统通过维修变为比维修前更差的状态，即次于旧的状态。当 $q<0$ 时，意味着系统到达了比新状态更好的状态，即优于新的状态。此外，还需要注意 $v_0=0$。

对应的条件韦布尔累积分布函数为

$$F(x_i)=1-\exp\left(\left(\frac{qt_{i-1}}{\alpha}\right)^{\beta}-\left(\frac{x_i+qt_{i-1}}{\alpha}\right)^{\beta}\right) \tag{4.32}$$

概率密度函数为

$$f(x_i)=\frac{\beta}{\alpha^{\beta}}(x_i+qt_{i-1})^{\beta-1}\exp\left(\left(\frac{1}{\alpha^{\beta}}\right)((qt_{i-1})^{\beta}-(x_i+qt_{i-1})^{\beta})\right) \tag{4.33}$$

2. 基于 Kijima II 模型的广义更新过程

在 Kijima II 模型中认为第 i 次维修仅仅可以修复在第 i 次与第 $i-1$ 次失效间产生的故障。产品的失效过程称为广义更新过程（generalised renewal process type II，GRP II），第 i 次维修后对应的系统虚拟年龄为

$$v_i=q(v_{i-1}+x_i)=\sum_{j=1}^{i}q^{i-j+1}x_j \tag{4.34}$$

其中，$v_0=0$。对应的条件韦布尔累积分布函数为

$$F(x_i)=1-\exp\left(\left(\frac{\sum_{j=1}^{i-1}q^{i-j}x_j}{\alpha}\right)^{\beta}-\left(x_i+\frac{\sum_{j=1}^{i-1}q^{i-j}x_j}{\alpha}\right)^{\beta}\right) \tag{4.35}$$

概率密度函数为

$$\begin{aligned}f(x_i)=&\frac{\beta}{\alpha^{\beta}}\left(x_i+\sum_{j=1}^{i-1}q^{i-j}x_j\right)^{\beta-1}\exp\left(\frac{1}{\alpha^{\beta}}\left(\left(\sum_{j=1}^{i-1}q^{i-j}x_j\right)^{\beta}\right.\right.\\&\left.\left.-\left(x_i+\sum_{j=1}^{i-1}q^{i-j}x_j\right)^{\beta}\right)\right)\end{aligned} \tag{4.36}$$

对于广义更新过程而言，在 $[0,t)$ 时间段内的产品失效数为

$$H(t)=\int_0^t\left(g(\tau|0)+\int_0^{\tau}h(x)g(\tau-x|x)\right)\mathrm{d}t \tag{4.37}$$

其中，$g(\tau|x)=\dfrac{f(t+qx)}{1-F(qx)}, t,x\geqslant 0$ 是条件概率密度函数，且 $h(t)=\mathrm{d}(H(t))/\mathrm{d}t$，$g(t|0)=f(t)$，$F(t)$ 和 $f(t)$ 分别为首次失效时间的累积分布函数和概率密度函数。由于求解广义更新过程较为复杂，无法得到解析解，所以采用蒙特卡罗（Monte Carlo，MC）仿真法求解该过程。

4.3.5 基于广义更新过程的索赔过程仿真方法

采用蒙特卡罗仿真法估计产品在 $[0,t)$ 时间段内失效数的步骤如下。

步骤 1: 选择 $[0,t)$ 作为观察时间，并将该时间段按照预期计算要求进行平分。

步骤 2: 将 $[0,1]$ 均匀分布所产生的随机数赋值给 $F(x_i)$，利用 $X_i=F^{-1}(x;\alpha,\beta)$ 得到随机失效时间 x_i，将随机产生的 x_i 值相加并与观察时间 T 进行比较。如果 $\sum x_i\geqslant T$，将停止产生随机数。如果 $\sum x_i<T$，则继续产生随机数直到 $\sum x_i\geqslant T$。

步骤 3: 在迭代一定次数 k 之后，可得到 $[0,t)$ 时间段内期望失效数，即 $E[N(T)]=\sum_{j=1}^{k}n_j/k$。

若产品的失效时间服从韦布尔分布，GRP I 模型的首次失效时间的累积分布函数为

$$F(x_1)=1-\exp\left(-\left(\frac{x_1}{\alpha}\right)^{\beta}\right) \tag{4.38}$$

对应的首次失效时间为

$$x_1=\alpha(-\ln(1-F(x_1)))^{\frac{1}{\beta}} \tag{4.39}$$

考虑消费者使用率对产品可靠性的影响，首次失效时间可转化成

$$x_1=\alpha\left(\frac{r_0}{r}\right)^{\gamma}(-\ln(1-F(x_1)))^{\frac{1}{\beta}} \tag{4.40}$$

随后的失效时间的累积分布函数为

$$F(x_i)=1-\exp\left(\left(\frac{qt_{i-1}}{\alpha}\right)^{\beta}-\left(\frac{x_i+qt_{i-1}}{\alpha}\right)^{\beta}\right),\quad i=2,3,\cdots,n \tag{4.41}$$

对应的失效时间为

$$x_i=\left(\left(q\sum_{j=1}^{i=1}x_j\right)^{\beta}-\alpha^{\beta}\ln(1-F(x_i))\right)^{\frac{1}{\beta}}-q\sum_{j=1}^{i=1}x_j,\quad i=2,3,\cdots,n \tag{4.42}$$

考虑消费者使用率对可靠性的影响，则上述两式可转换为

$$F(x_i)=1-\exp\left(\left(\left(\frac{qt_{i-1}}{\alpha}\right)\left(\frac{r}{r_0}\right)^{\gamma}\right)^{\beta}-\left(\left(\frac{x_i+qt_{i-1}}{\alpha}\right)\left(\frac{r}{r_0}\right)^{\gamma}\right)^{\beta}\right),$$

$$i=2,3,\cdots,n \tag{4.43}$$

$$x_i=\left(\left(q\sum_{j=1}^{i=1}x_j\right)^{\beta}-\left(\alpha\left(\frac{r}{r_0}\right)^{\gamma}\right)^{\beta}\ln(1-F(x_i))\right)^{\frac{1}{\beta}}-q\sum_{j=1}^{i=1}x_j,\quad i=2,3,\cdots,n \tag{4.44}$$

GRP II 模型中的首次失效时间与 GRP I 模型相同，这里就不再赘述。考虑消费者使用率对可靠性的影响，随后的失效时间的累积分布函数为

$$F(x_i)=1-\exp\left(\left(\frac{\sum_{j=1}^{i-1}q^{i-j}x_j}{\alpha}\left(\frac{r}{r_0}\right)^{\gamma}\right)^{\beta}-\left(x_i+\frac{\sum_{j=1}^{i-1}q^{i-j}x_j}{\alpha}\left(\frac{r}{r_0}\right)^{\gamma}\right)^{\beta}\right) \tag{4.45}$$

对应的失效时间为

$$x_i=\left(\left(\sum_{j=1}^{i-1}q^{i-j}x_j\right)^{\beta}-\left(\alpha\left(\frac{r_0}{r}\right)^{\gamma}\right)^{\beta}\ln(1-F(x_i))\right)^{\frac{1}{\beta}}-\sum_{j=1}^{i-1}q^{i-j}x_j \tag{4.46}$$

4.3.6 参数估计

本节采用极大似然估计的方法来估计 GRP I 模型和 GRP II 模型中的主要参数 (α,β,γ,q)。对于 GRP I 模型，其对数似然函数为

$$\begin{aligned}\ln L=&(n+1)\ln\beta+(\beta-1)\ln x_1-(n+1)\beta\ln\alpha\left(\frac{r_0}{r}\right)^{\gamma}-\left(\frac{x_1}{\alpha}\right)^{\beta}\left(\frac{r}{r_0}\right)^{\beta\gamma}\\&+\frac{(qt_n)^{\beta}-(T-t_n+qt_n)^{\beta}}{\alpha^{\beta}}\left(\frac{r}{r_0}\right)^{\beta\gamma}\\&+\sum_{i=2}^{n}(\beta-1)\ln(x_i+qt_{i-1})+\frac{(qt_{i-1})^{\beta}-(x_i+qt_{i-1})^{\beta}}{\alpha^{\beta}}\left(\frac{r}{r_0}\right)^{\beta\gamma}\end{aligned} \tag{4.47}$$

通常来说，分别求式（4.47）对 α,β,γ,q 的偏导数，并令偏导数为零，即可得到各参数的估计值。但上述过程过于复杂，无法得到各参数的解析解。因此，将其转化为非线性约束规划方法来估计参数。该方法的数学模型如下：

$$\begin{cases}\min\quad(-\log L)\\ \text{s.t.}\quad \alpha_0>0,0<\beta_0<5,\gamma>1\end{cases} \tag{4.48}$$

设定尺度参数 $\alpha>0$，形状参数 β 在 (0, 5) 之间，因为目前几乎所有的工程计算预期解都在该范围内，加速因子 $\gamma>1$。对于维修参数 q 来说，研究所感兴趣的 q 的真实值在 (0, 1) 范围内，但是超出该范围的值也可以使用，因此，没有对 q 值添加约束。运用相同的方法也可得到 GRP II 模型中 α,β,γ,q 的估计值。

4.3.7　数据试验

本节将利用仿真试验以及从挖掘机厂商所收集到的真实数据说明和验证所推导出的模型。所收集到的数据包括：在质保期内产品首次失效的时间以及失效时产品累积的使用强度。在可靠性的研究中，发生首次失效的时间越早，说明该产品在质量方面可能存在一定问题，在今后的使用过程中发生故障的可能性更大。同样，产品的使用率越高，发生故障的可能性也越高。将产品的失效时间和使用率作为研究变量，能够更加贴切地反映产品寿命和累积使用度对产品可靠性的影响。

在计算使用率时，是从均值的角度来衡量累积使用度对故障发生的影响，与仅考虑累积使用度相比，更具有实际意义。因为累积使用度并不能反映消费者的使用习惯，而对于耐用消费品而言，零部件的磨损和失效主要是日积月累的结果。因此，将使用率作为研究变量更为贴切。

该模型所研究的挖掘机的保质期为一年，总体使用强度为 2000 小时。因此，设定 $T = 12$ 作为观察时间。失效时间指的是自销售之日起，在质保期内，该产品提出索赔的时间。使用率是指截至数据统计时间，挖掘机在单位时间内的累积使用度，即累积工作时间与寿命的比值。若索赔数据中，仅提供失效时间，并未提供累积使用度，此种数据可视为无效数据。其次，使用率的分布主要从索赔数据中获取，与实际的产品使用率相比是偏大的，因为发生失效并提出索赔的产品使用率大都较高，而在质保期内，并未发生索赔的产品使用率通常较低。这样计算出的使用率分布与真实值相比存在一定误差。但在本节的研究中，为了简化计算，假设发生失效的使用率分布与并未发生失效的使用率分布是相同的。

本节利用 Matlab 来拟合使用率数据，测定该数据是否服从特定的分布。常用的使用率分布有正态分布、对数正态分布、伽马分布和韦布尔分布。此外，并对可能的分布进行 K-S 拟合优度检验，更加精确地计算失效时间和使用率服从的最佳分布并对分布中的参数进行估计。

在数据试验中共收集到 387 个挖掘机数据。图 4.19 给出了 387 辆挖掘机的首次失效时间与对应的累积工作时间散点图。所研究挖掘机使用率的直方图如图 4.20 所示。可以得出，该组使用率的分布服从韦布尔分布。

K-S 拟合优度检验的结果表明在 95% 的显著水平下，尺度参数 $\hat{\alpha_r} = 0.176$、形状参数 $\hat{\beta_r} = 1.22$ 的韦布尔分布表现出对使用率数据较好的拟合。

本节利用 NRMSE 来衡量几种模型的预测水平，NRMSE 定义如下：

$$\text{NRMSE} = \sqrt{\frac{\sum_{k=1}^{12}(n_k - \hat{n_k})^2}{\sum_{k=1}^{12} {n_k}^2}} \tag{4.49}$$

其中，n_k 为某种产品在 k 月的质保索赔数，$\hat{n_k}$ 为产品质保索赔数的预测值。

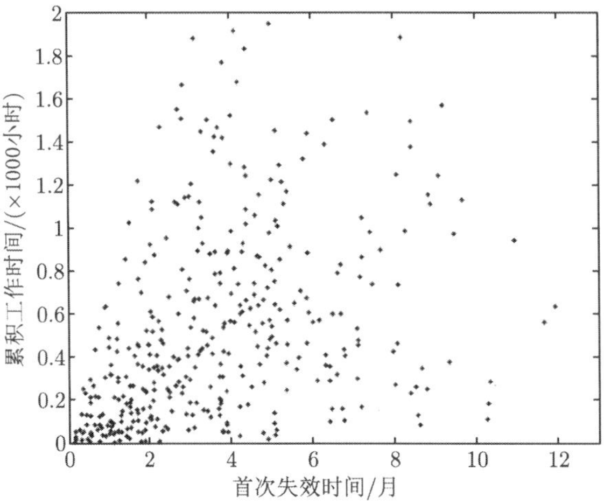

图 4.19 首次失效时间与对应的累积工作时间散点图

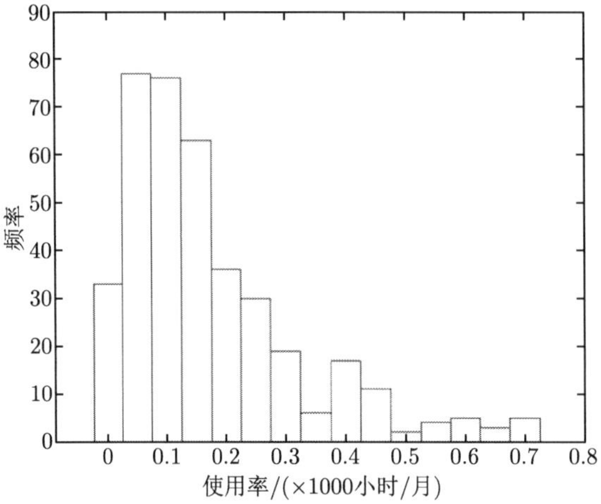

图 4.20 挖掘机使用率直方图

1. 仿真研究

本节将以 4.2 节所估计得到的挖掘机使用率的参数为基础，利用仿真试验来验证和评估 GRP 索赔预测模型。根据拟合分布和参数估计的结果，可以得到使用率服从尺度参数为 $\beta_r = 1.22$、形状参数为 $\alpha_r = 0.176$ 的韦布尔分布。所收集到的挖掘机的使用率从 0.0026 到 0.7，名义使用率 $r_0 = 0.167$。名义使用率即产品同时在使用时间和使用强度上超出质保范围时的使用率。因此，将使用率分成三组，并利用式（4.25）和式（4.26）可以得到相应的平均使用率表达式及使用率落入第 i 个使用率区间的概率表达式。

在 $[0,T)$ 时间内，假设所观察到的维修索赔数服从均值为 $\mu_k = \bar{p}_{s_1} n_{\bar{r}_1} + \bar{p}_{s_2} n_{\bar{r}_2} + \bar{p}_{s_3} n_{\bar{r}_3}$ 的泊松分布，其中，$n_{\bar{r}_i}$ 是使用率为 $\bar{r}_3$ 的产品的失效数。利用所推导出的模型来生成质保索赔数据，模型的尺度参数 β 随机地从 (0, 15) 中选取，形状参数 α 随机地从 (0, 5) 中选取，加速因子 γ 随机地从 (1, 3) 中选取，维修度 q 随机地从 (0, 1) 中选取。在本节基于不同参数生成的数据表示来自不同产品的维修索赔数据。本节基于 GRP I 模型和 GRP II 模型分别生成五种产品的索赔数据，十种产品的生成数据的参数列于表 4.8。

表 4.8　蒙特卡罗仿真中 GRP I 模型和 GRP II 模型的参数

		产品 1	产品 2	产品 3	产品 4	产品 5
GRP I	α	3.4	1.2	9.7	13.3	14.7
	β	2.3	1.7	3.2	4.1	2.9
	γ	1.35	1.53	2.02	1.77	2.81
	q	0.7	0.4	0.8	0.3	0.6
GRP II	α	5.2	3.1	1.5	9.6	13.4
	β	3.8	4.7	2.2	3.1	4.5
	γ	1.74	2.47	2.18	2.94	2.69
	q	0.6	0.2	0.8	0.9	0.3

表 4.9 给出了考虑使用率的 GRP I 模型和 GRP II 模型所得到的 NRMSE 值，同时也给出了两种模型在名义使用率预测下的 NRMSE 值。从表 4.9 可以看出考虑使用率的模型要比在名义使用率下预测模型的预测精度高。原因在于名义使用率下的预测模型忽略了不同消费者间使用率不同的情况，导致在低使用率的情况下高估了产品的失效数，在高使用率的情况下低估了产品的失效数。

表 4.9　蒙特卡罗仿真实验结果

	产品 1		产品 2		产品 3		产品 4		产品 5	
	$\hat{r}_i$	r_0	$\hat{r}_i$	r_0	$\hat{r}_i$	r_0	$\hat{r}_i$	r_0	$\hat{r}_i$	r_0
GRP I NRMSE	0.425	0.692	0.439	0.681	0.138	0.988	0.755	0.957	0.133	0.997
GRP Ⅱ NRMSE	0.694	0.871	0.531	0.683	0.478	0.614	0.558	0.791	0.857	0.901

2. 实例研究

本节所用质保索赔数据来自国内一家挖掘机制造商，该数据包括挖掘机的失效时间以及截至失效时的累积使用时间。拥有多次失效的产品 m 的平均使用率可以表示为

$$\hat{r}_m = \frac{\sum_{j=1}^{n_m}(\mu_{mj}/t_{mj})}{n_m} \tag{4.50}$$

其中，n_m 为产品 m 在质保期内的失效数。

本节总计测试了三组真实的挖掘机质保索赔数据，分别是低使用率、中等使用率、高使用率下的挖掘机发动机的质保索赔数据，分别记作情况 1，情况 2，情况 3。产品的失效时间以小时记录。三种情况失效时间以及相应的累积工作时间分别呈现在表 4.10~ 表 4.12 中。对比这三个表，可以看出产品在高使用率下要比在低使用率以及中等使用率下经历更多次的失效，这表明使用率确实对产品的可靠性产生了较大的影响。

表 4.10　低使用率情况下的失效数据

失效数	失效时间/小时	工作时间/小时	失效数	失效时间/小时	工作时间/小时
1	2616	286	5	5016	632
2	3072	363	6	5376	720
3	3408	416	7	7872	1047
4	4656	603	8	8136	1117

表 4.11　中等使用率情况下的失效数据

失效数	失效时间/小时	工作时间/小时	失效数	失效时间/小时	工作时间/小时
1	1776	414	7	4896	1145
2	1896	425	8	5136	1182
3	2640	602	9	5784	1353
4	3312	770	10	6144	1411
5	3528	818	11	8400	1832
6	4200	895	12	8616	1964

表 4.12　高使用率情况下的失效数据

失效数	失效时间/小时	工作时间/小时	失效数	失效时间/小时	工作时间/小时
1	168	63	9	2232	566
2	696	187	10	2544	616
3	840	245	11	2784	633
4	912	256	12	3096	701
5	1248	393	13	3432	873
6	1584	505	14	3696	966
7	1776	515	15	4296	1258
8	2112	550	16	6288	1860

根据上述三种情况下的质保索赔数据，对所推导出的两种 GRP 模型进行了参数估计并计算了两种预测模型的 NRMSE 值。三种情况下的结果分别列于表 4.13~ 表 4.15 中。在名义使用率下的 GRP I 模型和 GRP II 模型的预测结果也列于上述三个表中。从表中的结果可以看出，上述三种情况下，无论 GRP I

模型还是 GRP II 模型，凡是考虑使用率的模型的预测精度都要高于名义使用率下模型的预测精度。从表 4.13 和表 4.14 可以看出，在低使用率和中等使用率下，GRP I 模型与 GRP II 模型的预测结果近似。然而，随着失效更新数量的上升，两种模型之间的差异将变得越来越显著，两种模型间的差异源于不同的虚拟年龄表示方法。

表 4.13　低使用率下的参数估计和预测精度结果

	低使用率			
	GRP I		GRP II	
	考虑使用率	未考虑使用率	考虑使用率	未考虑使用率
α	0.7340	1.4471	0.9254	1.0936
β	1.3028	1.1891	1.7307	0.9772
γ	1.5288	—	1.4874	—
q	0.2855	0.0062	0.5818	0.9590
NRMSE	0.7103	0.7412	0.7337	0.7782

表 4.14　中等使用率下的参数估计和预测精度结果

	中等使用率			
	GRP I		GRP II	
	考虑使用率	未考虑使用率	考虑使用率	未考虑使用率
α	1.2391	1.3063	1.1899	1.1511
β	1.1986	1.2256	1.4508	1.3758
γ	3	—	2.8024	—
q	0.5489	0.4094	0.2874	0.1664
NRMSE	0.6057	0.6121	0.6144	0.6211

表 4.15　高使用率下的参数估计和预测精度结果

	高使用率			
	GRP I		GRP II	
	考虑使用率	未考虑使用率	考虑使用率	未考虑使用率
α	0.2851	0.5075	0.2714	0.1675
β	0.6274	0.7308	0.4920	0.5834
γ	1.9705	—	2.7647	—
q	0.3646	0.1383	0.2918	0.7247
NRMSE	0.5823	0.6296	0.6509	0.6859

为了更直观地对比上述三种情况的结果，分别绘制出三种情况下的真实质保索赔数据与相关预测值的对比图，如图 4.21～ 图 4.23 所示。从图 4.22 可以看出，考虑使用率的 GRP 模型的预测结果与名义使用率下 GRP 模型的预测结果相似，这是因为中等使用率下的产品使用率与产品的名义使用率基本相同。图 4.23 表明，随着失效更新次数的增多，无论是否考虑使用率，GRP I 模型都接近于一个

指数模型，而 GRP II 模型接近于一个线性模型。图 4.21～ 图 4.23 表明，随着使用率的增加，产品的失效数在增加。从图 4.21～ 图 4.23 也可以清楚看出，在同样考虑了使用率的条件下，GRP I 模型的预测结果要好于 GRP II 模型。这种结果源于随着更新数目的增加，两种模型会表现出不同的性质和变化，这对于模型的选择至关重要。此外，选择合适的 GRP 模型必须基于组件或系统所经历的物理故障类型。Jacopino 等指出使用 GRP II 模型生成预测模型主要针对复杂系统，如飞机、挖掘机等 [11]。使用 GRP I 模型生成预测模型主要针对单独组件。因为本节的研究对象是挖掘机发动机，相对于挖掘机整机是一个单独的组件，所以同样的条件下，GRP I 模型的预测精度要好于 GRP II 模型。

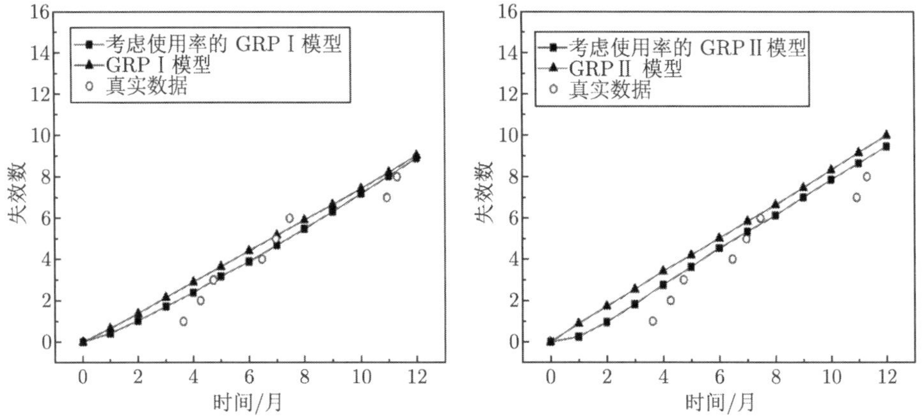

(a) GRP I　　(b) GRP II

图 4.21　低使用率下 GRP I 和 GRP II 模型的质保索赔预测数与实际值对比图

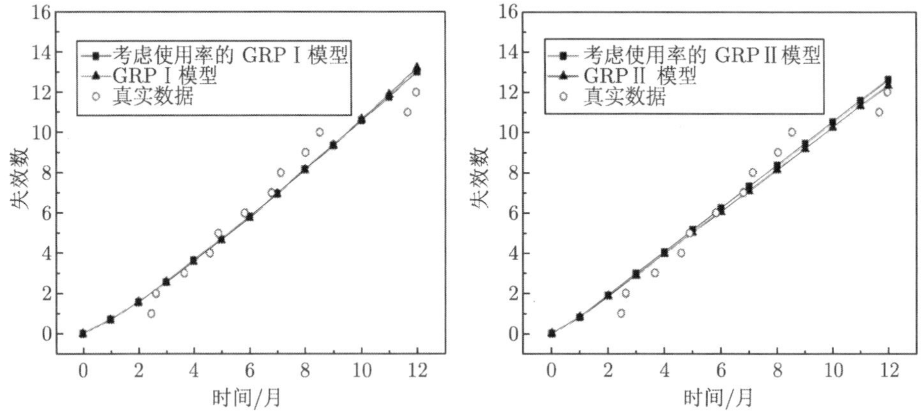

(a) GRP I　　(b) GRP II

图 4.22　中等使用率下 GRP I 和 GRP II 模型的质保索赔预测数与实际值对比图

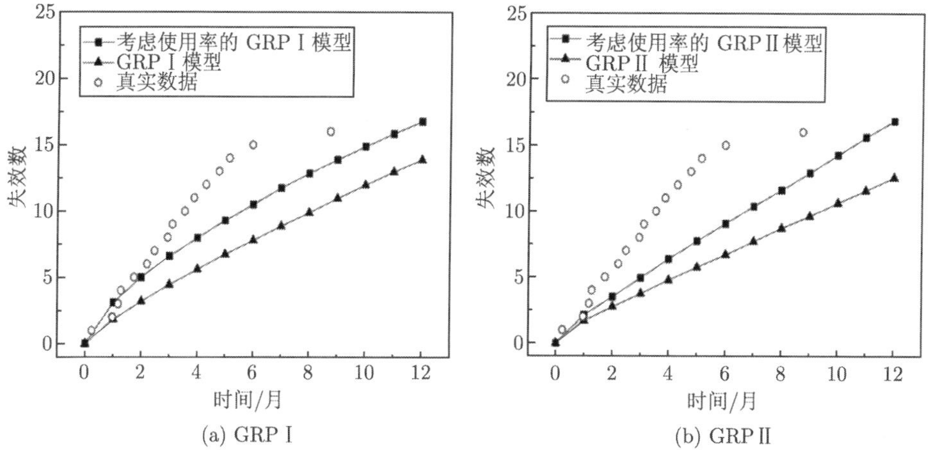

(a) GRP I　　(b) GRP II

图 4.23　高使用率下 GRP I 和 GRP II 模型的质保索赔预测数与实际值对比图

4.4　本章小结

维修方式是影响产品可靠性的重要因素，从而进一步影响质保索赔。本案例利用了两种 GRP 模型来预测二维质保产品的索赔数，模型中还重点考虑了使用率对产品可靠性以及预测模型精度的影响，并利用国内某品牌挖掘机发动机的质保数据对预测模型进行了验证。

实验结果表明，与未考虑使用率的预测模型相比，考虑使用率的预测模型精度更高。另外，研究结果证明了 GRP I 模型适合对单独组件进行建模，而 GRP II 模型适用于复杂系统的失效预测问题。

参考文献

[1] Wu S. Warranty data analysis: A review[J]. Quality and Reliability Engineering International, 2012, 28(8): 795-805.

[2] Majeske K D . A mixture model for automobile warranty data[J]. Reliability Engineering and System Safety, 2003, 81: 71-77.

[3] Wu H, Meeker W Q . Early detection of reliability problems using information from warranty databases[J]. Technometrics, 2002, 44(2): 120-133.

[4] Kleyner A, Sandborn P. A warranty forecasting model based on piecewise statistical distributions and stochastic simulation[J]. Reliability Engineering and System Safety, 2005, 88(3): 207-214.

[5] Alam M M , Suzuki K . Lifetime estimation using only failure information from warranty database[J]. IEEE Transactions on Reliability, 2010, 58(4): 573-582.

[6] Majeske K D . A non-homogeneous Poisson process predictive model for automobile warranty claims[J]. Reliability Engineering and System Safety, 2007, 92(2): 243-251.

[7] Wang Z M, Yang J G. Numerical method for Weibull generalized renewal process and its applications in reliability analysis of NC machine tools [J]. Computers and Industrial Engineering, 2012, 63(4): 1128-1134.

[8] Rai B, Singh N. Hazard rate estimation from incomplete and unclean warranty data [J]. Reliability Engineering and System Safety, 2003, 81(1): 79-92.

[9] Kijima M, Sumita U. A useful generalization of renewal theory: Counting processes governed by non-negative Markovian increments[J]. Journal of Applied Probability, 1986: 71-88.

[10] Kijima M. Some results for repairable systems with general repair[J]. Journal of Applied Probability, 1989: 89-102.

[11] Jacopino A, Groen F, Mosleh A. Behavioural study of the general renewal process[J]. Reliability and Maintainability, Annual Symposium-RAMS, 2004: 237-242.

第 5 章　质保成本分析

由质保索赔产生的成本称为质保成本，是产品售后服务中最重要的成本项，对于厂商利润具有重要影响。Warranty Week 2016 年部分企业质保成本占销售额比例数据显示，通用汽车公司为 2.6%，纳威司达公司为 5.9%，苹果公司为 3.1%，惠普公司为 3.2%，福特公司为 2.3%。此外，三星 Galaxy Note 7 手机爆炸事件导致三星公司在全球陆续召回总量约 306 万台的已售产品，占比 96%，由此产生了超过 60 亿美元的巨额质保成本。尽管我国没有类似的统计数据，但耐用品制造类上市公司财务报告中的预计负债 (主要用于质保服务) 占销售额的比例大致反映出质保成本的情况，例如，在 2013 年的上市公司年报中，海尔集团用于售后维修服务的预计负债占营业收入的比例约为 2.44%，上海汽车集团预计负债占整车业务营业收入的比例约为 1.22%，一汽轿车的这一比例约为 0.93%。

对质保成本进行估计和预测，能够为厂商的成本决策提供科学依据，从而减少厂商的盲目性和主观性，为质保政策的设计与优化提供数据支持。本章将主要介绍影响质保成本的关键因素以及质保成本的估计方法。

5.1　产品质保成本的构成

质保成本有多种表达方式，常用的定义包括以下几种。

（1）单位产品的质保成本，是指厂商每销售单位产品所要承受的质保期内服务费用总和，包括检测费用、零部件替换费用、管理费用、库存费用以及人工费用等。该成本可用于产品定价，产品售价必须超过生产与质保成本的总和，才能保证厂商不发生亏损。

（2）单位产品寿命期内的总成本，是消费者/用户所关心的，包含购买成本、质保结束后的维护成本、运营成本和报废成本等。

（3）全生命周期内的质保成本，是指厂商在整个产品生命周期内对已售出的所有产品提供质保服务的成本总和。该成本定义方式是从产品生命周期出发，指从产品投放市场到最终因过时或新产品出现而退出市场之间的时间段。

（4）单位时间内的质保成本，是随时间动态变化的成本项，受销售情况、产品可靠性、使用率和操作环境等因素的影响。该成本可用来管理质保储备金、备件等资源。

开展质保成本分析的首要任务是确定质保政策和维修策略。质保政策的详细分类请见 1.4 节，下面将详细介绍维修策略对质保成本的影响。

5.1.1 维修策略

在质保服务过程中，厂商对产品采取的修复行为称为维修。及时正确的维修是延长产品使用寿命、保证产品安全的重要环节。产品维修通常可分为两大类：修正性维修和预防性维修。修正性维修通常是对已失效的产品进行维修，从而使其恢复到能执行规定功能的状态。按照维修方式，修正性维修通常可分为最小维修、完美维修和不完美维修。这三种维修方式对产品失效过程的影响请见第 3 章，这里不作赘述。

与修正性维修相比，预防性维修则实施于产品发生失效前，其目的是延缓衰老，从而降低产品在使用过程中的风险、保证产品正常运营状态，主要包含检查、维修、更换等一系列维护活动。如汽车制造商在质保服务范围内对已销售的汽车产品提供定期保养服务。从厂商的角度来看，预防性维修将会对厂商的质保成本产生重要影响。一方面，实施预防性维修能够降低产品发生随机失效的风险，可降低修正性维修次数。另一方面，虽然提供预防性维修服务可降低产品发生故障的概率，但只有当预防性维修所削减的质保成本高于实施预防性维修自身的成本时，提供预防性维修服务对厂商才是有利的。在现阶段，预防性维修已成为厂商新的利润增长点与售后服务工作的突破点，所以本章主要围绕预防性维修结合修正性维修下的质保成本展开分析与建模。

从技术层面上来看，预防性维修策略通常可分为基于时间的维修（time-based maintenance，TBM）与基于状态的维修（condition-based maintenance，CBM）[1]。基于时间的维修依据产品的统计寿命分布建模，决策产品最小的维修间隔、程度等变量。基于状态的维修又称为视情维修，则依据产品的退化状态分布建模，以确定产品最优的维修状态阈值、检测周期等。基于时间的维修的优点在于严格按照之前制订的计划进行预防性的维护，易于实施且检测费用较低。但基于时间的维修易忽视个体差异，从而较难实现维修资源的优化配置。随着物联网技术的发展，在产品上安装传感器并采集实时数据，促进了基于状态的预防性维修策略的实践与发展。2.2 节详细介绍了几种常见的寿命分布，下面简单介绍几种典型的退化模型。

1. 伽马过程退化模型

伽马过程具有非负、严格单调递增等特性，适合描述在时域上单调微小增量的退化过程，如磨损、腐蚀、裂纹增加等。设 $Y(t)$ 表示产品在时刻 t 的质量特性退化量，如果连续时间随机过程满足以下三条性质，则为伽马过程。

（1）$Y(t)=0$，且 $Y(t)$ 在 $t=0$ 处连续。

（2）$Y(t)$ 具有独立增量，即在任意不相交的时间段内 $[t_1,t_2],[t_3,t_4]$，增量 $Y(t_2)-Y(t_1)$ 与 $Y(t_4)-Y(t_3)$ 相互独立。

（3）对于任意的 $\tau>t$，$Y(\tau)-Y(t)$ 服从伽马分布 $\Gamma(v(\tau-t),u)$。

$\Gamma(v(\tau-t),u)$ 是形状参数为 v、尺度参数为 u 的伽马分布函数，其概率密度函数为

$$f(x|v,u)=\frac{1}{\Gamma(v)u^v}x^{v-1}\exp\left(-\frac{x}{u}\right)I_{(0,\infty)}(x) \tag{5.1}$$

需要注意的是，当 $x\in[0,\infty)$ 时，$I_{(0,\infty)}(x)=1$，否则 $I_{(0,\infty)}(x)=0$。另外，$\Gamma(v)=\int_0^\infty x^{v-1}\exp(-x)\mathrm{d}x$。

2. 维纳过程退化模型

维纳过程最早是 Brown 研究微粒在液体表面无规则的运行时提出的，而在工程中的首次应用则是 Hoyland 用来描述产品疲劳损伤的退化轨迹。而后由于维纳过程的平缓特性，它也广泛运用于电子产品的性能退化建模中。

设 $Y(t)$ 表示产品在 t 时刻的质量特性退化量，则线性的维纳过程可表示为

$$Y(t)=\mu t+\sigma B(t) \tag{5.2}$$

其中，$B(t)$ 为标准布朗运动，μ 为漂移系数，σ 为扩散系数，$Y(t)$ 为线性维纳过程，需满足如下条件。

（1）$Y(t)=0$，且 $Y(t)$ 在 $t=0$ 处连续。

（2）$Y(t)$ 具有独立增量，即在任意不相交的时间段内 $[t_1,t_2],[t_3,t_4]$，增量 $Y(t_2)-Y(t_1)$ 与 $Y(t_4)-Y(t_3)$ 相互独立。

（3）对于任意的 $\tau>t$，$Y(\tau)-Y(t)$ 服从正态分布 $N(\mu(t-\tau),\sigma^2(t-\tau))$。

3. 逆高斯过程退化模型

逆高斯（inverse Gaussian，IG）过程是具有独立增量的随机过程，适合具有单调退化轨迹的产品进行建模。其直观的物理解释是，逆高斯过程被视为独立但未必同分布的复合泊松过程的极限情况，因此逆高斯过程在实际应用中比伽马过程更加灵活。

若退化增量 $\Delta Y(t)=Y(t+\Delta t)-Y(t)$ 满足：

（1）对于任意两个不相交的时间区间，具有独立增量，即对于时间区间 $[t_1,t_2]$，$[t_3,t_4]$，增量 $Y(t_2)-Y(t_1)$ 与 $Y(t_4)-Y(t_3)$ 相互独立。

（2）$Y(t+\Delta t)-Y(t)\sim \mathrm{IG}(\mu\Delta t,\lambda(\Delta t)^2)$，其中，$\mathrm{IG}(\mu\Delta t,\lambda(\Delta t)^2)$ 为逆高斯分布，其概率密度函数为

$$f(x)=\sqrt{\frac{\lambda(\Delta t)^2}{2\pi x^3}}\exp-\frac{\lambda(x-\mu\Delta t)^2}{2(\mu)^2x} \tag{5.3}$$

（3）$Y(0)=0$。

则称此过程为复合逆高斯过程，由于逆高斯过程在统计学中具有可加性，则此退化过程可以表示为 $Y(t)\sim \mathrm{IG}(\mu t, \lambda t^2)$。

5.1.2 预防性维修策略对产品可靠性的影响

当厂商提供预防性维修服务时，预防性维修将延缓产品的老化过程，从而对产品的可靠性产生影响。在基于统计寿命分布建模中，主要采用“虚拟寿命法”描述预防性维修策略对产品失效率的影响。虚拟寿命模型暗含的假设是预防性维修不会改变产品本身的失效率函数，只是在实施每次预防性维修后，对应的寿命“起始时间”发生了改变 [2]。

1. 基于统计寿命分布的预防性维修对产品可靠性的影响

Kijima I 和 Kijima II 模型首次明确了“虚拟寿命”的概念。Kijima I 模型认为维修仅修复上次使用期间的失效。设 v_i 是实施第 $i(i=1,2,\cdots,N)$ 次预防性维修后的虚拟寿命，其表达式为

$$v_i = v_{i-1} + T(1-\varDelta_i) \tag{5.4}$$

其中，$v_0=0$，T 为连续两次预防性维修的时间间隔，$\varDelta_i$ 为第 i 次预防性维修的维修程度，其值通常介于 $[0,1]$，当 $\varDelta_i=0$ 时，表示预防性维修为最小维修，此次维修对于产品的状态没有显著的影响。当 $\varDelta_i=1$ 时，表示预防性维修是完美维修，该维修使产品的状态恢复到全新。当 $\varDelta_i$ 介于（0, 1）时，表示该维修为不完美维修，该维修使得产品的状态好于旧而次于新。在实际操作过程中，维修程度的高低可通过物料、人力、信息和技术等因素量化 [3]。

Kijima II 模型则假设实施维修后可修复故障发生前的所有累积损伤。在经过第 i 次预防性维修后，产品的虚拟寿命为

$$v_i = (v_{i-1} + T)(1-\varDelta_i) \tag{5.5}$$

2. 基于退化量的预防性维修对产品可靠性的影响

在退化建模过程中，预防性维修主要为视情维修，表现为当产品退化量 $Y(t)$ 达到规定阈值时，厂商将实施视情维修，维修后产品继续工作。当退化量呈递增趋势时，产品的退化过程如图 5.1(a) 所示，其中 l_0 为产品的完全失效阈值，l_d 为产品的预防性维修阈值。值得注意的是，若退化产品不采取视情维修，退化量 $Y(t)$ 达到完全失效阈值 l_0 时，通常采取更换策略，在更换后 $Y(t)$ 重新归零，如图 5.1(b) 所示。

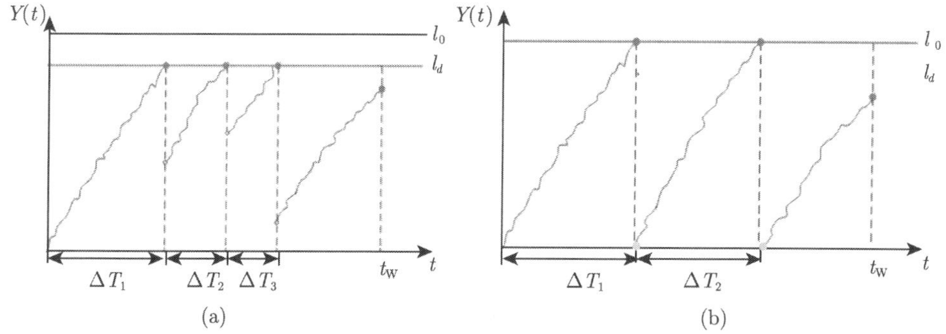

图 5.1　存在/不存在视情维修时的产品退化过程示意图

以线性维纳过程为例，定义产品寿命 T_D 为退化量首次达到对应的预防性维修阈值 l_d 的时间，即 $T_D = \inf\{t; Y(t) > l_d\}$。$T_D$ 服从均值为 l_d/μ、形状参数为 ${l_d}^2/\sigma^2$ 的逆高斯分布，T_D 的概率密度函数表示为

$$f_{T_D}(t) = \frac{l_d}{\sqrt{2\pi\sigma^2 t^3}} \exp\left(\frac{-(\mu t - l_d)^2}{2\sigma^2 t}\right) \tag{5.6}$$

设每次实施预防性维修的程度为 $\varDelta_j$。在实施第 j 次预防性维修后，产品的退化量为

$$Y_j^+ = (1 - \varDelta_j)Y_j \tag{5.7}$$

与基于统计寿命分布的预防性维修建模类似，当 $\varDelta_j = 1$ 时，表示预防性维修是完美维修，当 $\varDelta_j = 0$ 时，表示预防性维修为最小维修，当 $\varDelta_j$ 介于（0, 1）时，表示该维修为不完美维修。

5.2　一维质保成本的估计方法

本节介绍的质保成本模型主要针对可修与不可修产品，且有如下假设。

（1）在质保范围内，厂商实施预防性维修与修正性维修的维修时间可忽略不计，且对失效产品实施最小维修。

（2）产品发生失效的时间与申请索赔的时间之间没有间隔，即失效产生即时索赔。

（3）所有的质保索赔都是真实有效的。

（4）对于退化产品，产品的退化状态只能通过监测得到，且监测是完善的（即不会发生误报警现象），通过监测能够精确得到产品的实时退化状态。

5.2.1 可修产品的质保成本建模

对于一维质保可修产品，厂商在产品销售之日起提供时间跨度为 W 的质保服务。在统计寿命分布方面，若实施定期预防性维修策略，并对已失效的产品采取最小维修策略且维修时间可忽略不计，则在连续两次预防性维修间隔内，产品的失效过程是一个非齐次泊松过程，则单个产品在质保期 $(0,W]$ 内的期望失效次数 $E[D_\Omega]$ 可表示为

$$E[D_\Omega]=\int_0^{v_1}h(t)\mathrm{d}t+\sum_{i=1}^{N-1}\int_{v_i}^{v_i+T}h(t)\mathrm{d}t+\int_{v_N}^{v_N+W-NT}h(t)\mathrm{d}t \tag{5.8}$$

其中，$v_0=0$。

针对 Kijima I 模型，实施第 j 次 $(j=1,2,\cdots,N)$ 预防性维修对应的虚拟寿命表达式为

$$v_j=T\sum_{i=1}^{j}(1-\varDelta_i) \tag{5.9}$$

针对 Kijima II 模型，实施第 j 次 $(j=1,2,\cdots,N)$ 预防性维修对应的虚拟寿命表达式为

$$v_j=T\sum_{b=1}^{j}\left[\prod_{a=1}^{b}(1-\varDelta_{j-a+1})\right] \tag{5.10}$$

在维护期间，产品的老化速度和维护程度都对会维修资源的配置造成影响，特别是在维护后期，产品的老化速度加快，需要更加充足的维修资源的保障，预防性维修的成本提高。所以，通常认为该单次预防性维修成本与产品的使用寿命、维修程度相关，所以单次预防性成本可表示为 $C_{\mathrm{PM}}=c_0+c(\varDelta_i)^{\phi}(t_i)^{\psi}$，其中，$t_i$ 为实施第 i 次维修时对应的使用时间，c_0 为固定成本，c 为变动成本。

在免费维修质保政策下，所有维修费用均由厂商承担，所以质保成本 $E[C_\Omega]$ 可表示为

$$E[C_\Omega]=\sum_{i=1}^{N}c_0+c(\varDelta_i)^{\phi}(t_i)^{\psi}+C_fE[D_\Omega] \tag{5.11}$$

其中，C_f 为单次最小维修成本。

与免费维修的质保政策不同，按比例成本承担维修费用的质保政策更加灵活多样，主要包括三大类：① 预防性维修费用由用户和厂商共同承担，修正性维修费用全权由厂商承担；② 预防性维修费用由厂商承担，修正性维修费用由用户和厂商共同承担。③ 预防性维修费用由用户承担，修正性维修费用由厂商承担。另外，具体比例 α 可以是常数或关于使用时间的函数。

与质保政策③相比，质保政策①会鼓励用户购买预防性维修服务，从而降低产品的老化速度，并进一步降低产品的修正性维修成本 [4]。所以质保政策①情况下厂商的质保成本 $E[C_\Omega]$ 可表示为

$$E[C_\Omega] = \alpha\left(\sum_{i=1}^{N} c_0 + c(\Delta_i)^{\phi}(t_i)^{\psi}\right) + C_f(1+\gamma \mathrm{e}^{\zeta(1-\alpha)})E[D_\Omega] \tag{5.12}$$

其中，T_i 为第 i 次失效对应的使用时间。

质保政策②情况下厂商的质保成本可表示为

$$E[C_\Omega] = \sum_{i=1}^{N} c_0 + c(\Delta_i)^{\phi}(t_i)^{\psi} + \alpha E[D_\Omega]C_f \tag{5.13}$$

质保政策③情况下厂商的质保成本可表示为

$$E[C_\Omega] = E[D_\Omega]C_f \tag{5.14}$$

对于可修退化失效型产品，继续以线性维纳过程为例。当性能退化量 $Y(t)$ 增至失效阈值 l_0 时，认为产品丧失功能而发生停机。为提高产品可靠性，厂商在质保服务过程中提供免费预防性维修服务，即在质保服务范围内，产品退化量 $Y(t)$ 达到规定阈值 $l_d(l_d \leqslant l_0)$ 时，售后服务系统产生预警，厂商将实施视情维修，维修后产品继续工作。

对于视情维修，每次维修的程度不尽相同，为体现视情维修程度的随机性，通常假设 α_j 在区间 [0,1] 范围内服从均值为 u、标准差为 v 的截尾正态分布，即 $\alpha_j \sim \mathrm{TN}(u,v,0,1)$。故 α_j 的概率密度函数为

$$f_{\alpha_j}(\alpha_j;u,v,0,1) = f_\alpha(\alpha_j;u,v,0,1) = \frac{\phi\left(\dfrac{\alpha_j-u}{v}\right)}{v\left(\Phi\left(\dfrac{1-u}{v}\right)-\Phi\left(\dfrac{0-u}{v}\right)\right)}' \tag{5.15}$$

其中，$\phi(\cdot)$ 为标准正态分布的概率密度函数，$\Phi(\cdot)$ 为标准正态分布的累积分布函数。在上述条件下, 第 $j-1$ 次与第 j 次预防性维修之间的时间间隔 ΔT_j 服从逆高斯分布，表示为

$$\Delta T_j \sim \begin{cases} \mathrm{IG}(l_d/\mu, {l_d}^2/\sigma^2), & j=1 \\ \mathrm{IG}(l_d\log(E[\exp(\alpha)])/\mu, (l_d\log(E[\exp(\alpha)]))^2/\sigma^2), & j \geqslant 2 \end{cases} \tag{5.16}$$

由逆高斯分布的性质可知，多个相互独立的逆高斯分布相加，结果仍服从逆高斯分布。所以，实施第 j 次预防性维修时间 T_j 可表示为

$$T_j = \sum_{i=1}^{j} \Delta T_i \sim \mathrm{IG}(l_d(1+(k-1)\log(E[\exp(\alpha)]))/\mu,$$

$$(l_d(1+(k-1)\log(E[\exp(\alpha)]))^2/\sigma^2) \tag{5.17}$$

其中，对于 $E[\exp(\alpha)]$ 可直接通过积分进行求解，值得注意的是 $E[\exp(\alpha)] = M_\alpha(1)$，$M_\alpha(1)$ 为 α 的一阶矩母函数，具体表达式如下：

$$M_\alpha(1)=\exp(u+v^2/2)\left[\frac{\varPhi\left(\dfrac{1-u}{v}-v\right)-\varPhi\left(\dfrac{-u}{v}-v\right)}{\varPhi\left(\dfrac{1-u}{v}\right)-\varPhi\left(\dfrac{-u}{v}\right)}\right] \tag{5.18}$$

若假设视情维修的程度 α 是个定值，则可直接计算 $E[\exp(\alpha)]$ 的值。

综上，当质保期内实施 k 次预防性维修则意味着在 ΔT_{k+1} 时间段内产品的退化量并未达到预防性维修阈值 l_d，从而在质保期内对前 k 次维修的概率密度函数和未进行 $k+1$ 次维修的概率的乘积进行积分，可得出在质保期内实施 k 次预防性维修的概率，表示为

$$P(N=k)=\int_0^{t_w} f_{T_k}(t)[1-F_{\Delta T_{k+1}}(t_w-t)]\mathrm{d}t \tag{5.19}$$

所以，单个产品在质保期内期望预防性维修次数 $E[N]$ 为

$$E[N]=\sum_{k=1}^{+\infty} kP(N=k) \tag{5.20}$$

对于退化产品，通常采取蒙特卡罗仿真法模拟单个产品在质保期内的退化过程，并经多次仿真试验后得到单个产品在质保期内预防性维修次数的均值 $E[N]$[5]。那么在实时监测状态下，厂商的质保成本仅包含预防性维修成本，即

$$E[C_\Omega]=E[N]E[C_{\mathrm{PM}}] \tag{5.21}$$

在按比例支付预防性维修费用的质保政策下，厂商的质保成本为

$$E[C_\Omega]=\alpha E[N]E[C_{\mathrm{PM}}] \tag{5.22}$$

或

$$E[C_\Omega]=\sum_{i=1}^{E[N]}(1-T_i/W)E[C_{\mathrm{PM}}] \tag{5.23}$$

5.2.2 不可修产品的质保成本建模

不可修产品的生命周期较短，在质保期内的失效通常采用新产品替换。对应的质保政策主要包含重新计算质保期和不重新计算质保期两种。

1. 不更新质保期的免费更换质保政策

假设所有新产品都是类似的，失效次数分布函数为 $F(t)$。一旦发现产品失效，则立即实施更换且质保期不重新更新，那么失效次数 $N(t)$ 是一个普通更新过程。在 $[0,W)$ 时间段内的产品期望失效次数可表示为

$$M(W)=F(W)+\int_0^W M(W-t)f(t)\mathrm{d}t \tag{5.24}$$

通常情况下，很难得到 $M(t)$ 的解析式，必须用数值方法求解。对应的厂商期望质保成本为

$$E[C_\Omega]=M(W)C_r \tag{5.25}$$

其中，C_r 为单次更换成本。

对于退化失效型产品，一旦退化量 $Y(t)$ 超过规定的更换阈值 l_w，厂商则将立即对该产品实施更换，但质保期并不重新计算。定义 $n-1$ 为质保期内的更换次数，在 $[0,W)$ 时间段内的产品期望失效次数可表示为

$$P(N(W)=n)=[P(Y(t)\geqslant l_w)]^{n-1}P(Y(t)<l_w)=[F_{l_w}(w)]^{k-1}\bar{F}_{l_w} \tag{5.26}$$

其中，$P(Y(t)\geqslant l_w)(=F_{l_w}(w))$ 为退化量 $Y(t)$ 超过更换阈值 l_w 的概率。对应的质保成本为

$$E[C_\Omega]=E[N(W)=n-1]C_r \tag{5.27}$$

2. 更新质保期的免费更换质保政策

若产品在 t 时刻售出，厂商提供时间跨度为 W 的质保服务，即质保服务范围为 $[t,t+W]$。若失效时刻超出该范围，则不会有质保索赔；否则，将产生质保索赔直到失效时间超出质保服务范围。所以实际质保长度 $WP\geqslant W$。

设 T_0 为产品首次失效时间，T_i 为质保期内提供的第 i 个更换产品发生失效的时间。当且仅当 $T_i<W,0\leqslant i\leqslant n-1$ 且 $T_n>W$ 时，期望质保索赔数 $N(W)=n$，实际质保期长度为

$$WP=\sum_{i=0}^{n-1}T_i+W \tag{5.28}$$

$N(W)$ 的概率密度函数为

$$P(N(W)=n)=\bar{F}(W)[F(W)]^n,\quad n=0,1,2\cdots \tag{5.29}$$

质保期内期望失效数（更换次数）为

$$E[N(W)]=\frac{F(W)}{\bar{F}(W)} \tag{5.30}$$

期望质保期长度为

$$E[WP] = W + \frac{F(W)}{\bar{F}(W)}\mu_W \tag{5.31}$$

其中，μ_W 为 T 的局部期望值且 $\mu_W = \int_0^W tf(t)\mathrm{d}t$。对应的期望质保成本为

$$E[C_\Omega] = E[N(W)]C_r = \frac{F(W)}{\bar{F}(W)}C_r \tag{5.32}$$

类似地，对于退化失效型产品，一旦退化量 $Y(t)$ 超过规定的更换阈值 l_w，厂商则将立即对该产品实施更换，且质保期在更换后重新从 0 开始。定义 $n-1$ 为质保期内的更换次数，则 n 服从几何分布，可表示为

$$P(N(W)=n) = [P(Y(t) \geqslant l_w)]^{n-1}P(Y(t) < l_w) = [F_{l_w}(w)]^{k-1}\bar{F}_{l_w} \tag{5.33}$$

在质保期内期望更换次数可表示为

$$E(N(W)=n-1) = \frac{P(Y(t) \geqslant l_w)}{P(Y(t) < l_w)} = \frac{F_{l_w}(w)}{\bar{F}_{l_w}} \tag{5.34}$$

期望质保期长度为

$$E(WP) = \sum_{i=1}^{n-1} T_i + W \tag{5.35}$$

其中，T_i 为每次更换时产品的工作时间。

对应的质保成本为

$$E[C_\Omega] = E[N(W)=n-1]C_r \tag{5.36}$$

5.3 二维质保成本的估计方法

5.3.1 二维质保产品失效建模

与一维质保产品不同，二维质保产品的失效过程受到使用时间和累积使用度双重影响。二维质保范围是以寿命 W 和累积使用度 U 组成的矩形框架 Ω，其中 $r_D = U/W$，表示产品的名义使用率。当产品的使用寿命超过 W 或者累积使用度超过 U 时，可认定质保服务终止。

常见的二维质保产品故障建模主要有以下三种方法 [6]。

（1）双变量法。该方法直接采用双变量概率分布构建二维失效模型。当对失效产品进行更换时，可采用二维更新过程理论。但当对失效产品实施最小维修时，相关理论还有待进一步发展。

（2）复合尺度法。该方法将使用时间和累积使用度组成一个复合变量，而后构建基于该复合变量的故障模型。常见的复合方法有线性模型和指数模型。

（3）边际法。边际法假设对于给定用户，使用率 R 是一个常数，即累计使用度以线性方式增长，而对于不同用户，使用率的值不尽相同，服从概率分布 $G(r), 0 \leqslant r < \infty$。对于二维质保产品而言，从索赔数据库中可直接计算出使用率，即使用率 = 累积使用度/使用时间。在给定使用率 $R = r$ 的条件下，可采用首次失效时间的条件失效率 $h_r(t)$ 描述产品失效过程。当对失效产品进行替换时，失效过程服从与条件分布 $F_r(t)$ 相关的更新过程理论；当对失效产品进行最小维修，且维修时间可忽略不计时，失效过程服从条件强度函数 $\lambda_r(t) = h_r(t)$ 的非齐次泊松过程。在目前研究中，大多采用多项式型失效率函数或采用加速失效时间模型描述使用率对产品可靠性的影响。在引入“使用率”这一变量后，传统的二维问题被转化为较为简单的一维问题，成为目前应用最为广泛的二维质保产品失效建模方法。

5.3.2　可修产品质保成本建模

在使用边际法建立产品失效模型时，需引入“使用率”的概念，通常假设对于给定用户，其使用率是个定值。第 i 个使用率的表达式为 $r_i = u_i/t_i$，其中 u_i 为累积使用度，t_i 为使用时间。当使用率 $r \leqslant r_D$ 时，产品在使用时间维度上超出质保；当 $r > r_D$ 时，产品在累积使用度维度上超出质保。

在实际操作过程中，可以从产品的索赔数据库或实时监测数据中计算出用户的产品使用率，通过对实际的使用率数据进行拟合，即可获得使用率的分布函数 $G(r)$。常见的使用率分布包括对数正态分布、韦布尔分布和正态分布等。

在对二维质保可修产品引入预防性维修服务时，通常也假设在相邻两次预防性维修之间，厂商对发生失效的产品实施最小维修。那么该计数过程 $M_r(t)$ 服从非齐次泊松过程。该过程的强度函数记为 $\lambda_r(t)$。关于 $\lambda_r(t)$ 的形式多样，常见的形式有多项式形式和加速失效时间模型。

1. $h_r(t)$ 为多项式形式

首次失效时间通过失效率函数建模 $h_r(t)$，其对于 t 和 r 都是一个非递减函数，是一个简单多项式：

$$h_r(t) = \theta_0 + \theta_1 t + \theta_2 r + \theta_3 rt \tag{5.37}$$

其中，$\theta_i(i = 1, 2, 3, 4)$ 是非负的。

首次失效时间的分布函数为

$$F_r(t) = 1 - \mathrm{e}^{-\int_0^t h_\mu(t)\mathrm{d}\mu} \tag{5.38}$$

对于后续失效，若对失效产品进行替换，则计数过程就是与 $F_r(t)$ 相关的更新过程。若对失效产品进行维修，则计数过程可用条件密度函数 $\lambda_r(t)$ 来描述，此函数是 r 和 t 的非递减函数。如果采取最小维修且维修时间忽略不计，则 $\lambda_r(t)=h_r(t)$。

2. $h_r(t)$ 为加速失效时间模型

对于二维质保产品，产品的使用率可视为作用于产品的一种应力。一般产品在设计阶段会规定标准使用率 r_D。随着使用率的提高（降低），性能退化率增高（降低），产品失效时间变快（减慢）。所以，随着使用率的增加（降低），产品的可靠性降低（提高）。

加速失效时间模型是一种常见的边际方法，建立了使用率与产品可靠性两者之间的联系。令 T_D 为名义使用率 r_D 下的首次失效时间，T_r 为给定使用率 r 下的首次失效时间，根据加速失效时间模型则有

$$\frac{T_r}{T_D}=\left(\frac{r_D}{r}\right)^{\gamma} \tag{5.39}$$

其中，γ 为加速因子，且 $\gamma\geqslant 1$。

在名义使用率 r_D 条件下，首次失效时间的分布函数设为 $F_D(t)$，那么在给定使用率 r 条件下的首次失效时间 $F_r(t)$ 可表示为

$$F_r(t)=F_D((r/r_D)^{\gamma}t) \tag{5.40}$$

在提供定期预防性维修的前提条件下，需注意二维质保产品的质保服务范围。若 $r>r_D$，则质保服务范围为 $(0,U/r]\times(0,U]$；若 $r\leqslant r_D$，则质保服务范围为 $(0,W]\times(0,rW]$。

对于 $r>r_D$，单个产品在 $(0,U/r]$ 时间段内的期望失效次数为

$$E[D^{r>r_D}]=\int_0^{v_1}h_r(t)\mathrm{d}t+\sum_{i=1}^{N-1}\int_{v_i}^{v_i+T}h_r(t)\mathrm{d}t+\int_{v_N}^{v_N+U/r-NT}h_r(t)\mathrm{d}t \tag{5.41}$$

其中，$v_i(i=1,2,\cdots,N)$ 根据所选取的 Kijima 模型的类型而定。

对于 $r\leqslant r_D$，单个产品在 $(0,W]$ 时间段内的期望失效次数为

$$E[D^{r\leqslant r_D}]=\int_0^{v_1}h_r(t)\mathrm{d}t+\sum_{i=1}^{N-1}\int_{v_i}^{v_i+T}h_r(t)\mathrm{d}t+\int_{v_N}^{v_N+W-NT}h_r(t)\mathrm{d}t \tag{5.42}$$

与一维质保产品类似，二维质保产品的单次预防性维修成本 c_{pm} 通常受维修程度、使用时间和累积使用度的影响，可表示为 $c_{pm}=c_0+c(\varDelta_i)^{\phi}(t_i)^{\psi}(u_i)^{\xi}$。其中，$u_i$ 为实施第 i 次预防性维修时对应的累积使用度。

对于单个产品而言，免费维修质保政策下的期望总成本可表示为

$$
\begin{aligned}
E[C_\Omega] = & \sum_{i=1}^{N} c_0 + c(\varDelta_i)^\phi (t_i)^\psi (u_i)^\xi \\
& + C_f(\int_{r_l}^{r_D} E[D^{r\leqslant r_D}]g(r)\mathrm{d}r + \int_{r_D}^{r_u} E[D^{r>r_D}]g(r)\mathrm{d}r)
\end{aligned}
\tag{5.43}
$$

其中，$g(r)$ 为使用率 R 的概率密度函数，r_l 和 r_u 分别为使用率的最小值和最大值，C_f 为单次最小维修的成本。

需注意的是，上述的预防性维修策略是统一的。但在二维质保政策下，由于使用率不同，所以用户享受质保服务的时间存在差异，高使用率的用户会在较短的时间内就超出质保服务范围。这样，高使用率用户就无法享受与低使用率用户同等次数的预防性维修服务，无形中会降低高使用率用户的品牌黏性。随着厂商对维修服务的重视，柔性预防性维修服务逐渐走入售后服务市场。这里的“柔性”指的是根据使用率分别为用户提供定期或定累积使用度的预防性维修服务。当 $r \leqslant r_D$ 时，用户至多可享受时间跨度为 W 的质保服务，厂商针对这种情况提供定期预防性维修服务，定期维护的时间间隔为 T，其中 $T = W/N + 1$。当 $r > r_D$ 时，用户可享受质保服务的时间长度为 U/r，厂商为该类型的用户提供定累积使用度预防性维修服务，定累积使用度的维护间隔为 ρ，其中 $\rho = U/N + 1$。

对于定期预防性维修，单个产品在 $(0, W]$ 时间段内的期望失效次数的表达式与公式相同。在这种情况下，对应的单次预防性维修成本 $c_{\mathrm{pm}}^{r\leqslant r_D}$ 可表示为 $c_{\mathrm{pm}}^{r\leqslant r_D} = c_0 + c(\varDelta_i)^\phi (iT)^\psi (iTr)^\xi$。在该情况下，期望预防性维修成本则为

$$
E[C_{\mathrm{PM}}^{r\leqslant r_D}] = \sum_{i=1}^{N} c_0 + c(\varDelta_i)^\phi (iT)^\psi (iTr)^\xi \tag{5.44}
$$

对于定累积使用度预防性维修，单个产品在 $(0, U/r]$ 时间段内的期望失效次数为

$$
E[D] = \int_0^{v_1} h_r(t)\mathrm{d}t + \sum_{i=1}^{N-1} \int_{v_i}^{v_i+\rho/r} h_r(t)\mathrm{d}t + \int_{v_N}^{v_N+\rho/r-N\rho/r} h_r(t)\mathrm{d}t \tag{5.45}
$$

相应的单次预防性维修成本 c_{pm} 可表示为 $c_{\mathrm{pm}}^{r>r_D} = c_0 + c(\varDelta_i)^\phi (i\rho/r)^\psi (i\rho)^\xi$。在该情况下，期望预防性维修成本则为

$$
E[C_{\mathrm{PM}}^{r>r_D}] = \sum_{i=1}^{N} c_0 + c(\varDelta_i)^\phi (i\rho/r)^\psi (i\rho)^\xi \tag{5.46}
$$

在该情况下，基于 Kijima I 模型的虚拟寿命表达式为

$$v_j = \frac{\rho}{r}\sum_{i=1}^{j}(1-\Delta_i) \tag{5.47}$$

基于 Kijima II 模型的虚拟寿命表达式为

$$v_j = \frac{\rho}{r}\sum_{b=1}^{j}\left[\prod_{a=1}^{b}(1-\Delta_{j-a+1})\right] \tag{5.48}$$

在免费维修质保政策下，单个产品期望质保成本可表示为

$$\begin{aligned}E[C_\Omega] = &\int_{r_l}^{r_D} E[C_{\mathrm{PM}}^{r\leqslant r_D}]g(r)\mathrm{d}r + \int_{r_D}^{r_u} E[C_{\mathrm{PM}}^{r>r_D}]g(r)\mathrm{d}r \\ &+ C_f\left(\int_{r_l}^{r_D} E[D^{r\leqslant r_D}]g(r)\mathrm{d}r + \int_{r_D}^{r_u} E[D^{r>r_D}]g(r)\mathrm{d}r\right)\end{aligned} \tag{5.49}$$

对于按比例承担维修费用的质保政策，若比例是变动的，则需明确折扣系数。线性折扣系数为

$$\alpha(t,u) = (1-t/W)(1-u/U),\quad t,u\in\Omega \tag{5.50}$$

由于采用“边际法”建模，所以线性折扣系数又可表示为

$$\alpha(t,r) = (1-t/W)(1-rt/U),\quad t,u\in\Omega \tag{5.51}$$

5.3.3 不可修产品质保成本建模

与一维质保政策下不可修产品类似，对于二维质保政策下的不可修产品一般也采取免费更换。但大多数二维质保产品生命周期较长，即使在更换后产品的质保期也不再重新更新。

用新产品替代故障产品，质保期内的失效是一个更新过程。设分布函数 $F_r(t)$。在给定使用率 $R=r$ 条件下，单个产品在质保期内的期望更新次数为

$$M_r(t) = F_r(t) + \int_0^t M_r(t-t')\mathrm{d}F_r(t') \tag{5.52}$$

对于无约束条件下，期望质保成本为

$$E[C_\Omega] = C_r[\int_{r_l}^{r_D} M_r(W)g(r)\mathrm{d}r + \int_{r_D}^{r_u} M_r(U/r)g(r)\mathrm{d}r] \tag{5.53}$$

其中，C_r 为单次更换成本。

5.4　案例分析-汽车产品的柔性预防性维护策略优化模型

汽车是典型的二维质保产品，在汽车行业的竞争过程中，高标准的售后服务一直是各大品牌制造商提高核心竞争力的主要手段。为了提升品牌形象，扩展市场份额，越来越多的制造商将关注点放在免费提供预防性维修服务商，如雷克萨斯、英菲尼迪和讴歌等品牌汽车在国内执行的都是在质保期内免费提供预防性维护服务的政策。

本节以某品牌汽车发动机为研究对象，在实现制造商成本最低的前提下，确定质保范围内最优的预防性维修次数以及每次实施预防性维修的程度。鉴于相关数据是保密的，故该品牌汽车发动机以符号 S 表示。消费者在购买时可以根据自身的使用情况选择定期或定里程的预防性维修服务计划，且规定的预防性维修次数为 N。

S 型号的汽车发动机质保范围为 24 个月或 6 万公里，即 $W=24, U=6$，名义使用率 $r_D=0.25$。失效强度函数 $\lambda_r(t)$ 为单调增函数，其表达式为

$$\lambda_r(t)=\theta_1+\theta_2 r+(\theta_3+\theta_4 r)t \tag{5.54}$$

其中，各参数值分别设为 $\theta_1=0.2, \theta_2=0.2, \theta_3=0.05, \theta_4=0.1$。对 2010 年 S 型号汽车发动机的 3115 个使用率数据进行拟合后发现使用率 R 服从对数正态分布 $(\mu=-1,8, \sigma=0.48, p=0.22)$，另外 $r_l=0.05, r_u=0.65$。本节将使用率数据分成了 6 组，各组的均值和概率值如表 5.1 所示。第 1 和第 2 组属于低使用率组，而剩下的四组皆属于高使用率组，故对使用率处于前两组的消费者提供定期预防性维修服务，对其余的消费者提供定里程预防性维修服务。

通过对制造商、4S 店进行调研得知，最小维修成本 C_m 约为 120 元/次。当 $r\leqslant r_D$ 时，采用定期预防性维修，维修间隔设为 T 且 $T=W/N+1$，单次预防性维修成本表达式为

$$c_{\mathrm{pm}}^{r\leqslant r_D}=c_0+c(\varDelta_i)^{\phi}(iT)^{\psi}(iTr)^{\xi} \tag{5.55}$$

当 $r>r_D$ 时，采用定里程预防性维修，维修间隔设为 ρ 且 $\rho=U/N+1$，单次预防性维修成本表达式为

$$c_{\mathrm{pm}}^{r>r_D}=c_0+c(\varDelta_i)^{\phi}(i\rho/r)^{\psi}(i\rho)^{\xi} \tag{5.56}$$

上述表达式中关键参数分别设为 $c_0=60, c=70, \phi=0.6, \psi=0.8, \xi=30$。消费者能够接受的连续两次预防性维修的最短时间间隔和里程间隔为 2 个月或 5000 公里。

综合考虑上述两种情况，可得到在二维质保范围内单个产品的期望预防性维修成本

$$E[C_{\mathrm{PM}}] = \int_{r_L}^{r_D} C_{\mathrm{PM}}^{r\leqslant r_D} g(r)\mathrm{d}r + \int_{r_D}^{r_u} C_{\mathrm{PM}}^{r>r_D} g(r)\mathrm{d}r \tag{5.57}$$

由于本节使用率服从对数正态分布，其概率密度函数较为复杂, 直接求解式 (5.57) 具有一定困难。为了便于计算，本节对使用率 R 进行了离散化处理。将 R 分为 X 组，各组的上界限为 r_{i-1}，下界限为 r_i，其中 $r_0 = r_l$，$r_i = r_l + i\dfrac{r_u - r_l}{X}(i = 1, 2, \cdots, X)$。第 i 组的使用率均值为

$$\bar{r_i} = \int_{r_{i-1}}^{r_i} \frac{sg(s)}{G(r_i) - G(r_{i-1})}\mathrm{d}s \tag{5.58}$$

在给定使用率条件下，其值处于第 i 组的概率为

$$\bar{P}_{s_i} = \int_{r_{i-1}}^{r_i} g(s)\mathrm{d}s = G(r_i) - G(r_{i-1}) \tag{5.59}$$

在经过离散化处理后，质保范围内单个产品的期望预防性维修成本可表示为

$$E[C_{\mathrm{PM}}] = \sum_{i=1}^{X} \bar{P}_{s_i} C_{\mathrm{PM}}(\bar{r_i}) \tag{5.60}$$

对于质保范围内产生的修正性维修成本，仍需分别考虑两种情况：① $r \leqslant r_D$; ② $r > r_D$。

当 $r \leqslant r_D$ 时，设单个产品的期望修正性维修成本为 $E[C_{\mathrm{F}}^{r\leqslant r_D}]$：

$$E[C_{\mathrm{F}}^{r\leqslant r_D}] = C_m E[M_{\mathrm{F}}^{r\leqslant r_D}] \tag{5.61}$$

其中，C_m 为最小维修成本，$E[M_{\mathrm{F}}^{r\leqslant r_D}]$ 为单个产品在质保范围内的失效次数。类似地，当 $r > r_D$ 时，设单个产品的期望修正性维修成本为 $E[C_{\mathrm{F}}^{r>r_D}]$：

$$E[C_{\mathrm{F}}^{r>r_D}] = C_m E[M_{\mathrm{F}}^{r>r_D}] \tag{5.62}$$

两种情况下对应的质保期内失效次数的计算方法与 5.4.2 节介绍的方法完全相同，这里就不再做介绍。值得注意的是，本节采用 Kijima II 模型来描述预防性维修对产品可靠性的影响。详情请参照公式。

同样地，在经过离散化处理后可得到单个产品在二维质保范围内的期望修正性维修成本，记为

$$E[C_{\mathrm{F}}] = \sum_{i=1}^{X} \bar{P}_{s_i} C_{\mathrm{F}}(\bar{r_i}) \tag{5.63}$$

本书的研究目标在于确定最佳预防性维修次数 N^* 和相对应的预防性维修程度 $\varDelta^* = (\varDelta_1, \varDelta_2, \cdots, \varDelta_N)$，使得制造商的质保成本（即修正性维修成本与预防性维修成本之和）最低，此优化目标用数学模型表示为

$$\begin{cases} \min \quad (E[C_{\mathrm{F}}] + E[C_{\mathrm{PM}}]) \\ \text{s.t.} \quad N < W/T, \quad N < U/\rho, N \in N^+ \end{cases} \tag{5.64}$$

式中，约束条件表明消费者不愿意对产品进行高频率的保养而影响其正常使用。需注意的是，该数学模型是一个混合整数非线性规划问题，在求解时，令 Max 为满足约束条件 $\mathrm{Max} < W/T, \mathrm{Max} < U/\rho$ 的最大整数，其中 $N = 0, 1, \cdots, \mathrm{Max}$。原模型则被分解成为 $N+1$ 个非线性子模型，原模型的最优解即为目标函数最小时对应的子模型的最优解。

将如上参数代入公式，可得到不同预防性维修次数下的质保成本。由图 5.2 可看出，在质保范围内实施 6 次预防性维修服务时，质保成本最低。该图还包含了不同预防性维修次数下对应的预防性维修成本和修正性维修成本，可见预防性维修成本随预防性维修次数的增加而提高，修正性维修成本随着预防性维修次数的增加而降低。

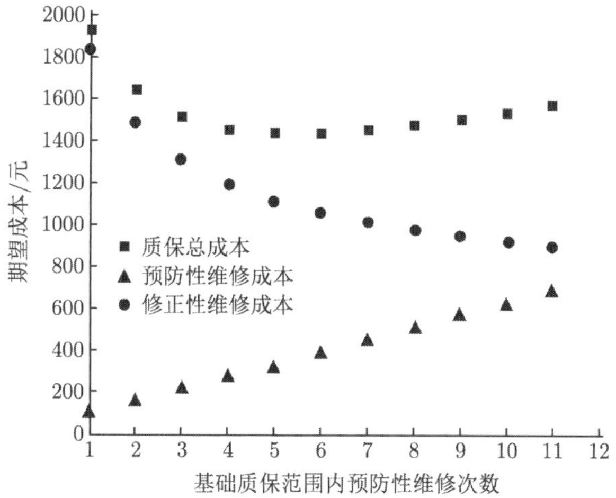

图 5.2　质保范围内的修正性维修成本、预防性维修成本和质保总成本

分别实施 1~12 次预防性维修时对应的质保成本以及每次实施预防性维修的程度如表 5.1 所示。当在质保服务范围内消费者提供 6 次预防性维修服务且维修度 $\varDelta = (0.888, 0.856, 0.838, 0.825, 0.814, 0.800)$ 时，制造商的成本最低，即消费者可根据自身使用率的高低选择每隔 3.4 个月或每隔 8600 公里进行一次预防性维

修，同时在质保初期实施更为细致的预防性维修服务。在实际操作过程中，维修程度的高低可以通过物质、人力、信息和技术等因素量化。

表 5.1 质保范围内预防性维修次数和维修度

预防性维修次数	预防性维修程度	维修时间间隔/月	维修里程价格/万公里	质保成本/元
0		24	6	2793.88
1	0.890	12	3	1926.39
2	0.895 0.858	8	2	1639.75
3	0.892 0.860 0.837	6	1.5	1513.39
4	0.891 0.859 0.840	4.8	1.2	1455.71
5	0.889 0.857 0.839 0.825 0.810	4	1	1434.16
6	0.888 0.856 0.838 0.825 0.814 0.800	3.4	0.86	1434.09
7	0.887 0.855 0.837 0.824 0.813 0.805 0.792	3	0.75	1447.89
8	0.885 0.854 0.836 0.823 0.813 0.805 0.797 0.786	2.7	0.67	1471.18
9	0.885 0.853 0.835 0.822 0.812 0.804 0.797 0.790 0.780	2.4	0.6	1501.27
10	0.884 0.852 0.834 0.821 0.811 0.803 0.796 0.790 0.784 0.744	2.2	0.55	1536.41
11	0.883 0.852 0.833 0.820 0.810 0.802 0.796 0.790 0.785 0.779 0.769	1	0.5	1575.39

对于二维质保产品而言，由于操作习惯不同，消费者间的使用率也不尽相同。传统的预防性维修策略并不能同时满足高使用率和低使用率消费者的需求，此外之前的研究也并未考虑质保范围内维修程度和产品老化程度对预防性维修成本的影响。针对上述特点，本节以最小化制造商质保成本为目标建立了柔性预防性维修策略优化模型，合理地确定了质保范围内的最优预防性维修次数和维修程度。结果表明，与不提供预防性维修服务相比，实施柔性预防性维修策略既保障了不同使用率下的消费者可以享受同等的预防性维修服务又显著降低了质保成本。

5.5 本章小结

几乎所有的耐用消费品在销售过程中都会提供相应的质保服务，在质保期内维修或更换产品所发生的成本称为质保成本。精确地分析和预测质保成本，对于制造商制定产品价格和售后服务策略具有重要意义。

维修策略是影响产品可靠性的重要因素之一，进一步也会影响质保成本。维修策略主要包含预防性维修策略和修正性维修策略。由于实施预防性维修不仅可以降低由于维修或更换引起的高质保费用还能提高产品的可靠性、延长使用寿命。近年来，越来越多的制造商开始为用户提供预防性维修服务。基于此，本章着重描述了不同类型预防性维修策略对产品可靠性的影响。另外，本章还介绍了主流质保政策下（一维/二维质保政策）可修、不可修产品的质保成本建模方法。最后，以汽车产品为例，以最小化制造商质保成本为目标，讨论了柔性预防性维修策略的设计与优化方法。案例结果表明，柔性预防性维修策略不仅可以满足不同类型用户的需求，还可显著降低质保成本。

参考文献

[1] Alaswad S , Xiang Y . A review on condition-based maintenance optimization models for stochastically deteriorating system[J]. Reliability Engineering and System Safety, 2017, 157: 54-63.

[2] Tanwar M , Rai R N , Bolia N . Imperfect repair modeling using Kijima type generalized renewal process[J]. Reliability Engineering and System Safety, 2014, 124: 24-31.

[3] 贾治宇，王立超，王乃超，等. 基于停机时间的复杂系统维修资源配置模型 [J]. 计算机集成制造系统，2010,16(10): 2211-2216.

[4] Huang Y S , Huang C D , Ho J W . A customized two-dimensional extended warranty with preventive maintenance[J]. European Journal of Operational Research, 2017, 257(3): 971-978.

[5] Zhao X Z , He S G , Xie M . Utilizing experimental degradation data for warranty cost optimization under imperfect repair[J]. Reliability Engineering and System Safety, 2018, 177: 108-119.

[6] Wu S . Warranty data analysis: A review[J]. Quality and Reliability Engineering International, 2012, 28(8): 795-805.

第 6 章　质保政策设计与优化

对产品质量保证政策进行科学和系统性的设计与优化，具有重要的理论意义和实践价值。一方面，科学的产品质量保证政策设计有助于产品的质量和可靠性提升。产品的质量不仅体现在产品的生产制造环节，最终的价值取决于顾客使用质量的高低。产品质保政策是连接企业和顾客的一种重要手段。企业可以通过质保政策向顾客传达产品的质量和可靠性信息。此外，顾客在使用过程中产生的产品质量问题，以质保索赔数据的形式向企业反映。企业通过对质保索赔数据的分析，发现产品在设计、制造生产、销售过程中存在的缺陷，并采取改进措施以进一步提高产品的质量和可靠性。科学的产品质保政策设计，有利于在确保企业利润的前提下，获取更多的产品现场可靠性信息。随着市场竞争的日益加剧和产品的复杂性提高，产品的研发时间和研发成本受到限制，导致企业仅依靠可靠性试验来准确评估产品可靠性变得越来越困难。产品的使用缺陷将会在顾客的使用过程中逐步暴露出来，企业可以通过对质保期内的索赔数据进一步分析，找到产品缺陷，不断提升产品质量和可靠性。科学的质保政策设计和优化是获取准备质保数据的关键，是提升产品质量和可靠性的重要一环。

另外，科学合理的产品质量政策设计可以实现制造商和顾客的双赢，实现企业利润增长和顾客个性化的满足。随着技术的不断更新换代，对企业的产品设计和售后服务提出了更高的要求。当制造商向市场推出新产品时，顾客往往对于新产品的可靠性具有不确定性。通过科学合理的产品质保政策设计，可以消除顾客对于新产品可靠性的顾虑，实现新产品的营销。此外，随着消费的转型升级，顾客对产品的需求发生了深刻的变化。顾客追求多样化和个性化等消费趋势日益明显，顾客对于制造商提供单一的产品质保服务已经不能满足。为满足顾客多样性和个性化等要求，企业可以根据顾客的差异化需要，设计具有个性化和柔性化的产品质保政策。这样不仅使顾客的多样化需求得到满足，也可以帮助企业实现产品促销，增加利润，从而实现企业和顾客之间的双赢。

质保政策的设计需要综合考虑产品的可靠性信息、市场销售情况以及竞争者的策略，以制定合理科学的质保政策。具体而言，一方面提供一个具有吸引力的产品质保政策将有利于产品促销；另一方面，当质保期增加后，质保成本将会增加。因此，企业在设计质保政策时，需要综合考虑质保政策的属性，以实现企业利润的增加。产品质保政策设计和优化关注的一个关键问题在于如何解决延长产品质保期带来质保成本增加和销量增加之间的取舍问题。

本章主要介绍相关质保政策的设计与优化方法，主要包括一维质保政策的设计与优化、二维质保政策的设计与优化以及个性化质保政策的设计与优化。

6.1　一维质保政策的设计与优化

6.1.1　问题描述和模型假设

考虑制造商向顾客提供具有一维质保期为 W 的可修产品，该产品的售价是 P。制造商对质保期内发生的产品失效进行免费维修。同时，市场中顾客具有不同的使用强度 r。假设每位顾客的使用强度在质保期内是恒定不变的，但对于顾客整体而言，顾客的使用强度是一个随机变量 R，其概率密度函数为 $g(r)$。制造商可以通过历史数据和质保数据等对使用强度分布 $g(r)$ 进行估计。此外，不同顾客的使用强度 r 会对产品现场可靠性产生影响，从而影响质保期内的质保成本。

顾客往往对于产品质量或可靠性具有不确定性或未知，需要通过产品售后信息（如质保期）对产品质量进行判断。当制造商提供一个较长的质保期 W 时，将向顾客传递较好的产品可靠性或质量，从而增加产品销量；当制造商延长质保期 W 时，质保期内的质保成本将会增加。此外，产品价格 P 对于顾客购买需求和制造商利润具有影响。因此，制造商的问题在于：如何考虑市场中顾客不同使用强度对产品现场可靠性的影响，通过产品价格 P 和质保期 W 的联合设计与优化，权衡产品销量增加和质保成本增加之间的取舍，以实现其期望利润最大化？

这里需要做些假设，主要的假设条件如下。

（1）市场中每位顾客在质保期内的使用强度 r 是恒定不变的，但对于顾客整体而言，使用强度 R 是一个随机变量，其概率密度函数为 $g(r)$。

（2）制造商对质保期内的产品失效采用最小维修策略。同时，一维质保期 W 内最小维修的维修时间可忽略不计。

（3）较高的顾客产品使用强度 r 将会加速产品的退化，从而影响产品的现场可靠性，即较高的使用强度 r 将增加产品失效率。

6.1.2　一维质保成本分析

对于制造商而言，当质保期内发生产品失效或故障时，制造商需要进行免费的维修或更换，从而产生质保成本。市场中顾客不同使用强度 r 对于产品现场可靠性具有不同的影响。假设产品的第一次失效时间 T_0 服从韦布尔分布，该产品的原有失效率函数为 $h_0(t)$。对于使用强度为 r 的顾客而言，该产品在不同使用强度 r 下的失效率函数 $h(t|r) = h_0(t)\varPhi_1(r)$。其中，$\varPhi_1(r)$ 为使用强度为 r 时的加速因子，且具有不同的函数形式。此时，不同使用强度下的失效率函数 $h(t|r)$，

如公式 (6.1) 所示：

$$h(t|r) = \alpha^{-\beta}\beta t^{-\beta} r^{\eta\beta} \tag{6.1}$$

其中，$\alpha > 0$ 和 $\beta \geqslant 1$ 分别为尺度参数和形状参数，$\eta > 0$ 为不同使用强度的加速因子。

产品在质保期内发生失效时，制造商对于质保期内的失效采取修正性维修措施。根据维修程度对于产品现场可靠性影响程度的不同，修正性维修分为完美维修、不完美维修和最小维修。对于一维质保期的产品而言，制造商往往采用最小维修策略对失效产品进行修正性维修。最小维修往往假设维修措施不影响产品的现场可靠性，即产品的可靠性与失效之前的可靠性保持一致。这里假设制造商对质保内的产品失效均采取最小维修策略。此时，产品的失效个数将服从非齐次泊松过程，非齐次泊松过程的失效强度函数 $\lambda(t)$ 等于该产品在不同使用强度下的失效率 $h(t|r)$。

在最小维修的情境下，在 $[0,t)$ 内产品失效的期望个数为 $\Lambda(t) = \int_0^t \lambda(u)\mathrm{d}u = \int_0^t h(u|r)\mathrm{d}u = \alpha^{-\beta}t^{\beta}r^{\eta\beta}$。根据非齐次泊松过程，在 $[0,t)$ 内发生 n 次产品失效的概率为 $P\{N(t)=n\} = \dfrac{\exp(-\Lambda(t))\Lambda(t)^n}{n!}$。以上是针对不同使用强度顾客而言的，但对于顾客整体，使用强度在 $[r_{\mathrm{L}}, r_{\mathrm{U}}]$ 内的概率密度为 $g(r)$。因此，对于顾客整体而言，制造商在质保期 $[0,W)$ 内的期望失效的个数 $E[N(W)]$，如下所示：

$$E[N(W)] = \int_{r_{\mathrm{L}}}^{r_{\mathrm{U}}} \Lambda(W)g(r)\mathrm{d}r \tag{6.2}$$

其中，r_{L} 和 r_{U} 分别为顾客使用强度的最小值和最大值；$g(r)$ 为顾客使用强度的概率密度函数。从公式 (6.2) 可以看出，质保期内期望失效个数 $E[N(W)]$ 主要受到质保期 W、顾客使用强度的分布 $g(r)$ 以及不同使用强度下的失效率 $h(t|r)$ 的影响。C_r 为对单次失效进行最小维修的平均维修成本。可以得出，在质保期 W 内，制造商的期望质保成本 $C(W) = C_r E[N(W)]$。

6.1.3 一维质保产品的销售函数

一维质保期的产品销量主要受到产品价格 P 和质保期 W 的影响。一般而言，较低的产品售价将会增加产品的竞争力，产品销量随着产品价格 P 的降低而增加；与此同时，当产品的质保期较长时，将会增加顾客对产品售后服务和产品质量的信心，从而促进顾客的购买，产品销量随着质保期 W 的增加而增加。当市场中具有不同使用强度的顾客时，在相同的使用时间 t 内，不同使用强度的产品具有不同的累积使用量。对于一维质保期 W 而言，制造商仅对产品质保的使用期限进行了规定，而没有对顾客的累积使用量进行限制。所以，当制造商提供一维质保期 W 时，不同强度顾客对于质保期的感知差异可以忽略。基于此，本节采用 Glickman 和 Berger [1] 提出的对数线性模型，对一维质保期对于产品需求进行建模。当制造商提供一维质保期为 W 和售价为 P 时，产品的销量 $X(P,W)$ 可以表示为

$$X(P,W) = k_1 P^{-\psi_1}(k_2 + W)^{\psi_2} \tag{6.3}$$

其中，$k_1 > 0$ 和 $k_2 > 0$ 为常数，$\psi_1 > 0$ 为产品价格弹性系数，$\psi_2 > 0$ 为产品质保弹性系数。产品价格弹性系数 ψ_1 的值越大，说明市场中顾客对于产品售价越敏感；同理，当产品质保弹性系数 ψ_2 较大时，说明市场中顾客比较在意产品的质保期。从公式 (6.3) 可以看出，当不考虑外部环境竞争时，制造商提供较低的产品价格 P 和较长的质保期 W 将带来较好的产品销量。

6.1.4 利润与最优解

当制造商向顾客提供一个质保期为 W 和售价为 P 的产品时，其期望利润主要受到以下变量的影响：① 产品售价 P；② 质保期内的期望质保成本 $C(W)$；③ 产品其他单位成本 C_0，如单位生产成本、研发成本以及固定投入等；④ 市场销量 $X(P,W)$。基于此，可以得到，制造商的期望利润函数表示为 $\Pi(P,W) = (P - C(W) - C_0)X(P,W)$。制造商的问题是如何通过最优的产品售价 P^* 和质保期 W^* 设计，以最大化其期望利润 $\Pi(P,W)$。将公式 (6.1)~ 公式 (6.3) 代入期望利润，该最优质保期和价格的设计问题，可以表示为

$$\max \Pi(P,W) = k_1 P^{-\psi_1}(k_2 + W)^{\psi_2}\left(P - \alpha^{-\beta}W^{\beta}C_r\int_{r_{\mathrm{L}}}^{r_{\mathrm{U}}} r^{\eta\beta}g(r)\mathrm{d}r - C_0\right) \tag{6.4}$$

$$\text{s.t.} \quad \begin{cases} P > 0 \\ W > 0 \end{cases}$$

制造商取得期望利润 $\Pi(P,W)$ 最大时，最优价格 P^* 和质保期 W^* 应满足的必要条件，如定理 6.1 所示。

定理 6.1 最优解必要条件。期望利润 $\Pi(P,W)$ 取得最大值时，最优价格 P^* 和质保期 W^* 应满足的必要条件，如下所示：

$$\begin{cases}\dfrac{\partial \Pi(P,W)}{\partial P}=0\\ \dfrac{\partial \Pi(P,W)}{\partial W}=0\end{cases}$$

根据定理 6.1，可以得出最优价格 P^* 和质保期 W^* 的一般形式。最优解的充分条件可由在该点的二阶偏导数符号进行判断。

当顾客使用强度服从均匀分布时，产品在质保期 W 内的期望失效个数 $E[N(W)]$，如公式 (6.5) 所示：

$$E[N(W)]=\frac{\alpha^{-\beta}(r_{\rm U}^{\eta\beta+1}-r_{\rm L}^{\eta\beta+1})}{(r_{\rm U}-r_{\rm L})(\eta\beta+1)}W^{\beta}=bW^{\beta} \tag{6.5}$$

其中，令 $b=\dfrac{\alpha^{-\beta}(r_{\rm U}^{\eta\beta+1}-r_{\rm L}^{\eta\beta+1})}{(r_{\rm U}-r_{\rm L})(\eta\beta+1)}$。$r_{\rm L}$ 和 $r_{\rm U}$ 分别为顾客使用强度服从均匀分布时的最小使用强度和最大使用强度。此时，制造商在质保期内的期望质保成本 $C(W)=C_r bW^{\beta}$。当顾客使用强度服从均匀分布时，根据定理 6.1 可以得到最优价格 P^* 和质保期 W^* 的联合方程式。当 $\beta=1$ 时，最优价格 P^* 和质保期 W^* 的解析解，如公式 (6.6) 所示：

$$\begin{cases}P^*=\dfrac{(bW^*+C_0)\psi_1}{\psi-1}\\ W^*=\dfrac{(\psi-1)k_2b-C_0\psi_2}{b(\psi_2-\psi_1+1)}\end{cases} \tag{6.6}$$

当 $\beta>1$ 时，无法给出解析解，需要通过数值方法进行求解。当顾客使用强度服从其他分布，如对数正态分布、伽马分布以及韦布尔分布等时，需要采用数值方法进行求解。

6.1.5　案例分析

以某 A 中央空调制造商为例，市场中绝大多数中央空调的质保期为 3 年，价格区间为 10 万 ~20 万元/台。目前该 A 制造商提供中央空调的质保期为 3 年，价格为 10 万元/台。该型号中央空调的市场销量为 17.6068 万台，利润为 56.2578 亿元。制造商对该质保期内发生的产品失效将采用免费维修。根据以往历史销售数据，市场中顾客的使用强度服从对数正态分布，其概率密度函数如公式 (6.7) 所示。

$$g(r)=\frac{1}{r\sqrt{2\pi\sigma^2}}\exp^{-\frac{(\ln r-\mu)^2}{2\mu^2}},\quad r>0 \tag{6.7}$$

其中，$\mu=2$，$\sigma=0.5$。市场中价格弹性系数和质保弹性系数分别为 $\psi_1=2$ 和 $\psi_2=0.5$。参数 $k_1=1000$ 和 $k_2=0.1$。失效率函数的尺度参数和形状参数分别为 $\alpha=10$ 和 $\beta=1.2$，加速因子为 $\eta=0.8$。同时，制造商对质保期内的产品失效均采用最小维修策略，且单次最小维修成本的均值为 $C_r=1$ 万元。其他单位固定成本为 $C_0=5$ 万元。随着市场竞争的加剧，制造商面临的问题是：① 是否需要改变目前的产品质保期和价格，以增加市场竞争力？② 如果需要改变，制造商应该提供的最优价格和质保期为多少？

基于以上情况，可以得出制造商提供的最优价格 $P^*=16.913$ 万元和质保期 $W^*=5.1559$ 年，如图 6.1 所示。此时，制造商的销量为 8.0146 万台，其期望利润 $\Pi^*=67.7752$ 亿元。具体而言，根据该中央空调的可靠性，制造商应该将之前

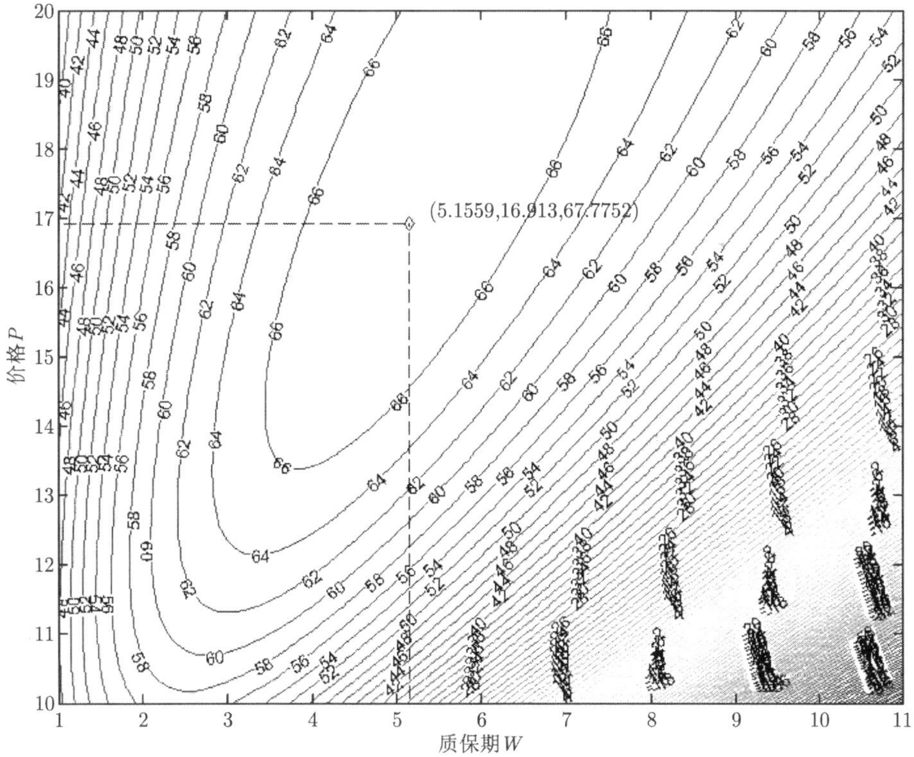

图 6.1　价格 P 和质保期 W 对于期望利润的影响

的产品售价由 10 万元/台提高到 16.9 万元/台，并且延长产品的质保期（由 3 年质保期提升到 5 年质保期）。可以看出，由于价格和质保期策略的改变，虽然造成产品销量的降低，但是期望利润比原有策略增加了 $\Delta\Pi = 11.5174$ 亿元。同时，市场中的质保期一般为整数值，对最优质保期取整后为 $W_0^* = 5.00$ 年。此时，制造商的利润为 $\Pi_0^* = 67.7496$ 亿元。具体结果如表 6.1 所示。当最优质保期取整后，期望利润只降低了 0.0378%。

表 6.1　不同质保期和价格策略的结果

名称、方案	原策略	优化后	取整后
质保期/年	3.00	5.1559	5.00
售价/（万元/台）	10	16.913	16.913
销量/万台	17.6068	8.0146	7.8948
期望利润/亿元	56.2578	67.7752	67.7496

本节顾客使用强度分布服从对数正态分布。其中，μ 反映使用强度对数均值的大小。当 μ 值增大时，反映顾客全体的使用强度均值增加。顾客使用强度参数 μ 对于最优解的影响，如图 6.2 所示。随着 μ 值的增加，最优价格 P^*、最优质保期 W^* 和期望利润 Π^* 均出现下降趋势。原因在于随着顾客使用强度均值的增加，质保期内的期望质保成本将增加。此时，制造商将采取较小的质保期 W^* 以减少质保成本；同时，采用较低的价格 P^* 以提升产品销量。

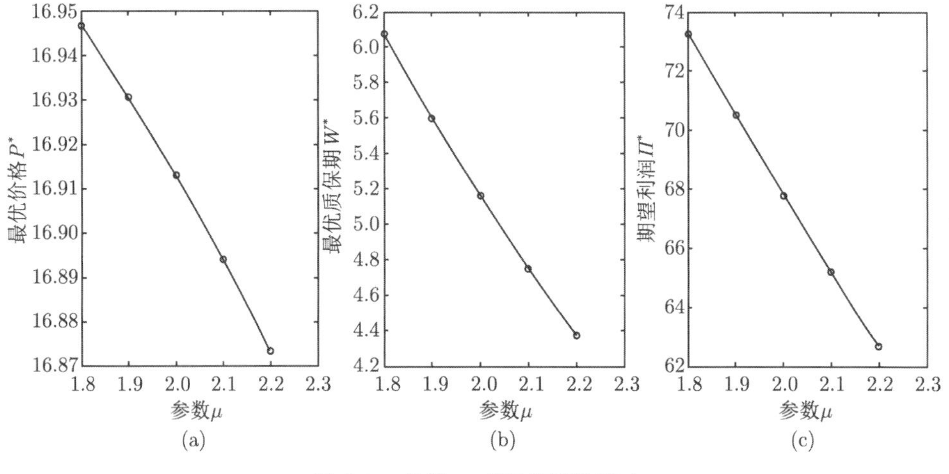

图 6.2　参数 μ 对最优解的影响

另外，使用强度分布中 σ 反映使用强度对数的方差，σ 值越大反映顾客群体中使用强度的差异性越大。顾客使用强度中 σ 对于最优价格 P^*、最优质保期 W^* 和期望利润 Π^* 的影响，如图 6.3 所示。与 μ 对于最优解的影响类似，随着 σ 的增加，最优价格 P^*、最优质保期 W^* 和期望利润 Π^* 均出现下降趋势。其主要原因在于顾客群体中使用强度的差异性越大，质保期内期望质保成本增加。

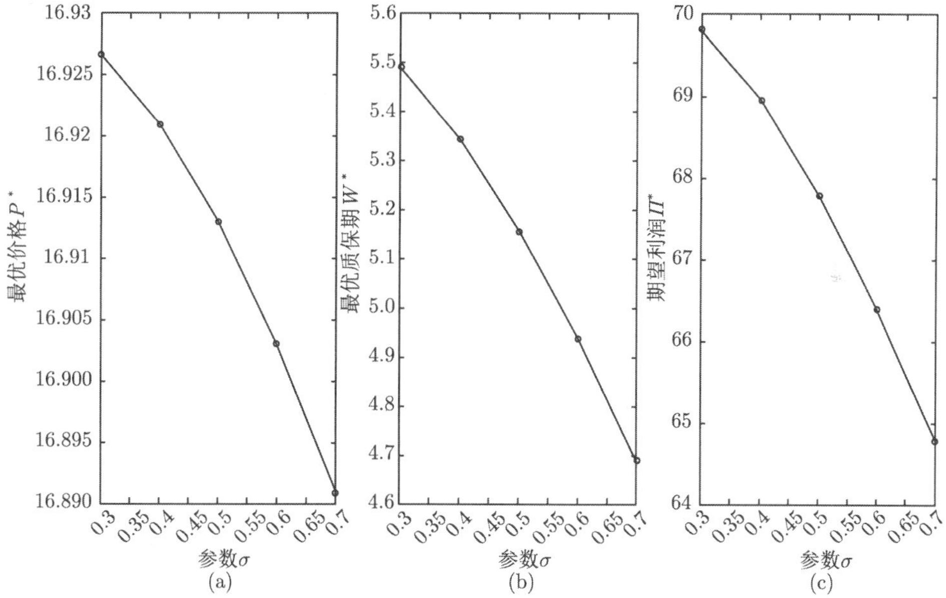

图 6.3　参数 σ 对最优解的影响

随着可靠性参数中尺度参数 α 的值增大，产品可靠性越高，即失效率将降低。尺度参数 α 对于最优价格 P^*、最优质保期 W^* 和期望利润 Π^* 的影响，如图 6.4 所示。最优价格 P^*、最优质保期 W^* 和期望利润 Π^* 随着尺度参数 α 的增加而增加。原因在于当尺度参数 α 增加时，产品的可靠性提高，制造商将采取较好的质保期和较高的售价，以保证产品的利润。

随着形状参数 β 的值增大，产品的可靠性将降低，即产品的失效率将升高。形状参数 β 对于最优价格 P^*、最优质保期 W^* 和期望利润 Π^* 的影响，如图 6.5 所示。最优价格 P^*、最优质保期 W^* 和期望利润 Π^* 随着形状参数 β 的增加而降低。原因在于当形状参数 β 增加时，产品的失效率增加，制造商的期望质保成本将增加。因此，制造商将降低质保期，同时，采用低价的策略以促进产品销量，以保证产品的利润。

加速因子 η 反映顾客使用率对于产品可靠性的影响。加速因子 η 的值越大，使用强度对于产品可靠性的影响越大，此时产品的失效率将增加。加速因子 η 对

于最优价格 P^*、最优质保期 W^* 和期望利润 Π^* 的影响，如图 6.6 所示。与形状参数 β 的影响相似，最优价格 P^*、最优质保期 W^* 和期望利润 Π^* 随着加速因子 η 的增加而降低。

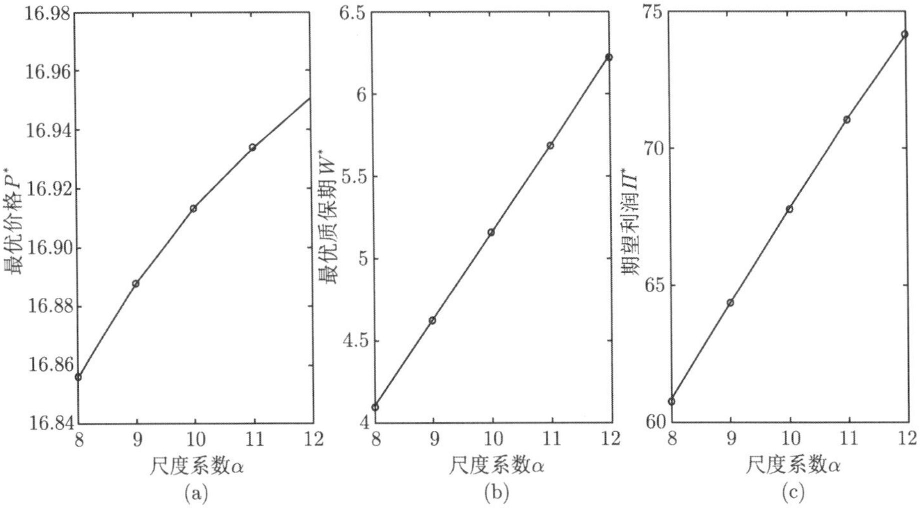

图 6.4　尺度系数 α 对最优解的影响

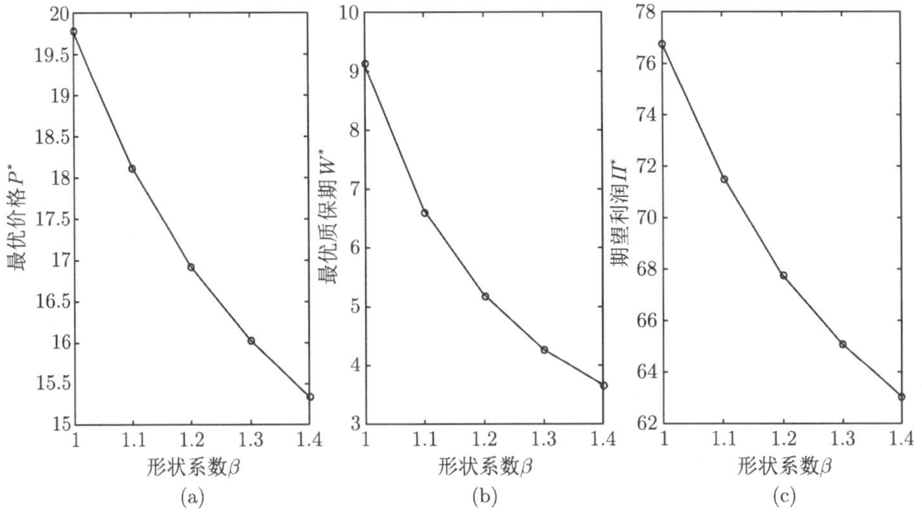

图 6.5　形状系数 β 对最优解的影响

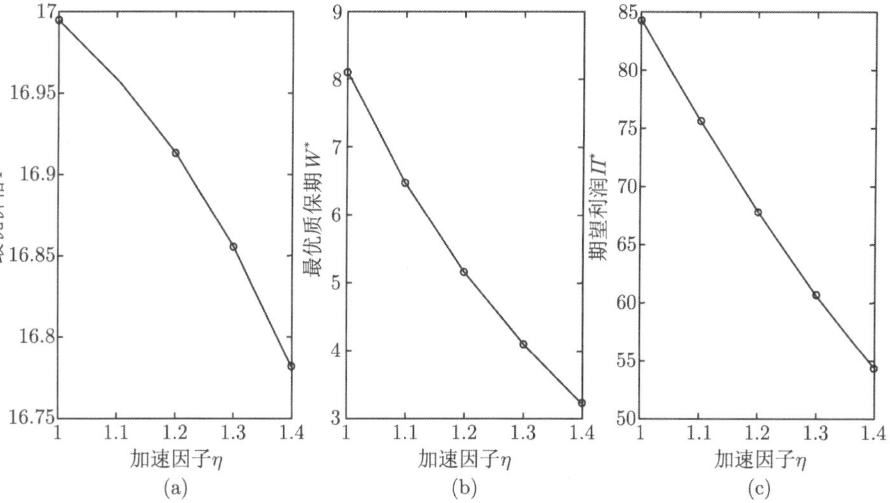

图 6.6　加速因子 η 对最优解的影响

6.2　二维基础质保政策的设计与优化

6.2.1　问题描述

制造商在市场竞争中设计一个合理的质保政策是非常重要的。在市场中，二维基础质保政策往往由产品的制造商来提供。考虑一个制造商向不同使用率的顾客销售同一种产品，如汽车、打印机等。这个产品的基础质保政策 $\Omega(L,M)$ 是二维的产品质保政策，其中，L 和 M 分别为质保政策的使用时间限制和累积使用量限制。基础质保政策 $\Omega(L,M)$ 的名义使用率是 $r_0=M/L$，名义使用率 r_0 把顾客按照使用率分为高使用率类型顾客（$r\geqslant r_0$）和低使用率类型顾客 ($r\leqslant r_0$)。假设每位顾客的使用率 r 在质保期内是保持不变的，但是，使用率 R 是一个随机变量。它的概率密度函数用区间 $[r_{\mathrm{L}},r_{\mathrm{U}}]$ 上的 $g(r)$ 表示，其中，$r>0$。$g(r)$ 可以通过使用率的历史数据或调查等方法进行估计。

制造商的问题是如何设计产品的最优二维基础质保政策，使得制造商的期望利润最大。同时，要考虑延长质保期带来的质保成本增加和促进销量的取舍。假设制造商目前提供的二维基础质保是 $\Omega(L_0,M_0)$ 。同时，根据产品的可靠性和产品特性，可以延长的最大质保期为 $\Omega(L_m,M_m)$。制造商的决策变量是最优二维质保政策 $\Omega(L,M)$ 的两个维度，即使用时间限制 L 和累积使用量限制 M。

6.2.2　二维质保政策下的需求函数概述

二维产品质保政策包含两个维度，即使用时间限制 L 和累积使用量限制 M。在二维质保产品政策下的顾客需求函数，已有的研究将 Glickman 和 Berger [1] 提出的对数线性顾客需求函数模型进行修改，用于研究二维质保政策对于顾客需求的影响。Manna[2] 采用平均质保时间长度代替公式 (6.3) 中一维质保长度 W。平均质保时间长度的计算公式如公式 (6.8) 所示：

$$T(L,M)=\int_{r_{\mathrm{L}}}^{r_0}Lg(r)\mathrm{d}r+\int_{r_0}^{r_{\mathrm{U}}}\frac{M}{r}g(r)\mathrm{d}r \tag{6.8}$$

Huang 等[3] 采用一个线性的需求函数进行建模，如公式 (6.9) 所示：

$$Q(L,M)=q_0+\psi_3L+\psi_4M \tag{6.9}$$

其中，q_0 为制造商不提供二维质保期的销量；$\psi_3>0$ 和 $\psi_4>0$ 分别为二维质保政策中使用时间限制和累积使用量限制的弹性系数。

Manna[2] 和 Huang 等[3] 提出的需求函数，如公式 (6.8) 和公式 (6.9)，具有一定的合理性。但是，考虑到二维产品质保期内的不同使用率顾客，该需求函数存在一定的局限性，如下所示。

(1) 忽略了使用时间限制 L 和累积使用量限制 M 之间的相互关系。它们的相互关系可以用名义使用率 $r_0=\dfrac{M}{L}$ 来度量。名义使用率 $r_0=\dfrac{M}{L}$ 决定着高使用率类型顾客和低使用率类型顾客的比例。高使用率类型顾客由于超出累积使用量限制 M 而超出质保期；低使用率类型顾客超出质保期是由于超过了规定的使用时间限制 L。因此，高使用率类型顾客更关注二维质保期中的累积使用量限制 M 的大小，而低使用率类型的顾客更在意二维质保期中使用时间限制 L 的取值。

(2) 忽略了不同使用率的顾客对于二维质保政策的感知差异。从顾客的角度出发，二维质保期内的有效质保区域是一个矩形面积。不同使用率的顾客在二维质保期内的有效质保区域是不同。该面积越大意味着质保期覆盖的失效个数越多，顾客可以获得更多的免费维修的可能性。同时，意味着该二维质保政策对于顾客更具有吸引力。二维质保期内不同的有效质保区域，导致不同使用率的顾客对于二维质保政策的感知是不同的。

(3) 上述需求函数模型并不适用二维质保政策设计不合理的情况。当设计的名义使用率 $r_0=\dfrac{M}{L}$ 比顾客群体中任何一个人的使用率都大，即 $r_0>r$ 时，意味着所有的顾客都在使用时间限制上超出质保期。由于顾客的累积使用量均不会超过二维质保提供的使用量限制，当制造商增加二维质保期的累积使用量限制时，对于顾客而言是没有意义和吸引力的。类似的情况，当设计的名义使用率 $r_0=\dfrac{M}{L}$ 小于顾客群体中任何人，即 $r_0<r$ 时，制造商延长二维质保期的使用时间限制，对于顾客整体同样是没有意义的。但是，根据 Huang 等[3] 提出的需求函数，当制造商增加二维质保期内的使用时间限制或累积使用量限制时，制造商的销量会一直增加，如公式 (6.9) 所示。因此，此类需求函数并不合理。

6.2.3　二维质保对不同使用率顾客的吸引力建模

考虑到以上需求函数的不足，本节首先对二维质保政策对于不同使用率顾客的吸引力进行建模；然后得到二维质保政策对于顾客整体的期望吸引力。

对于使用率为 r 的顾客而言，在二维质保期 $\Omega(L,M)$ 内的有效质保面积 $S(L,M)$，如公式 (6.10) 所示：

$$S(L,M)=W_r\times U(W_r)=\begin{cases} L\times(r\times L), & r\leqslant r_0 \\ (M/r)\times M, & r>r_0 \end{cases} \tag{6.10}$$

其中，W_r 为使用率为 r 的顾客超出质保期时的使用时间，$U(W_r)$ 为超出质保期的累积使用量。有效质保面积 $S(L,M)$ 越大意味着顾客可以在二维质保期内获得免费维修的可能性越大，对于顾客的吸引力越大。因此，根据顾客在质保期内的有效质保面积 $S(L,M)$，二维质保政策 $\Omega(L,M)$ 对于使用率为 r 的顾客的吸引程度 $A(L,M,r)$，进行如下定义：

$$A(L,M,r)=\frac{S(L,M)}{S(L_m,M_m)}=\begin{cases} \dfrac{L\times(r\times L)}{L_m\times M_m}, & r\leqslant r_0 \\ \dfrac{(M/r)\times M}{L_m\times M_m}, & r>r_0 \end{cases} \tag{6.11}$$

其中，$S(L_m,M_m)$ 为制造商可延长的最大的二维质保政策 $\Omega(L_m,M_m)$。以汽车为例，按照法律规定，中型客车可以驾驶的最大年限为 10 年或 50 万公里。中型客车的制造商可提供的最大二维质保政策为 $\Omega(10,50)$。

二维质保政策对于不同使用率顾客的吸引程度 $A(L,M,r)$ 取决于顾客自身的使用率 r、名义使用率 r_0，以及质保期 $\Omega(L,M)$。二维质保政策 $\Omega(L,M)$ 对于不同使用率顾客的吸引程度 $A(L,M,r)$ 如图 6.7 所示。当顾客的自身使用率等于质保政策的名义使用率，即 $r=r_0$ 时，$A(L,M,r)$ 取得最大值。因为使用率为 $r=r_0$ 的顾客的有效质保面积是最大的。

基于不同使用率顾客的吸引程度，可以得到二维质保政策 $\Omega(L,M)$ 对于顾客整体的期望吸引程度，如公式 (6.12) 所示：

$$E_A(L,M)=\int_{r_\mathrm{L}}^{r_0}A(L,M,r)g(r)\mathrm{d}r+\int_{r_0}^{r_\mathrm{U}}A(L,M,r)g(r)\mathrm{d}r,\ r_\mathrm{L}\leqslant r_0\leqslant r_\mathrm{U} \tag{6.12}$$

其中，$g(r)$ 为顾客使用率的概率失效密度函数；r_L 和 r_U 分别为顾客的最小使用率和最大使用率。

当顾客的使用率服从均匀分布时，图 6.8 给出了期望吸引程度 $E_A(L,M)$ 的取值。如图 6.8(a) 所示，若制造商给定二维质保中使用量限制保持不变，即 $M=M_0$，顾客的期望吸引程度 $E_A(L,M)$ 随着使用时间限制 L 的增大，先增加后不变。同样，如图 6.8(b) 所示，顾客的期望吸引程度 $E_A(L,M)$ 随着累积使用量限制 M 的增大，先增加后不变。在图 6.8(a) 中，当使用时间限制 L 增大到 $M/L < r_{\mathrm{L}}$ 时，即名义使用率 $r_0 < r_{\mathrm{L}}$，$E_A(L,M)$ 的值保持不变。在图 6.8(b) 中，当累积使用量限制 M 增大到 $M/L > r_{\mathrm{U}}$，即名义使用率 $r_0 > r_{\mathrm{U}}$ 时，$E_A(L,M)$ 的值保持不变。这是与实际的情况相符合的，因为当所有顾客的有效质保面积不能变化时，制造商增加二维质保期中的使用时间限制或累积使用量限制不能增加顾客对于质保政策的吸引力。

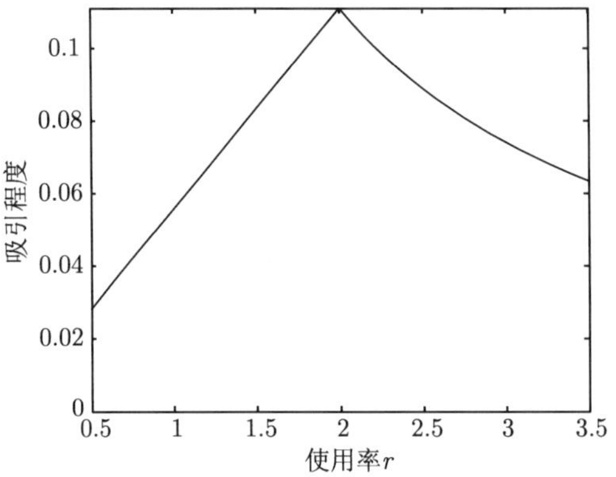

图 6.7　二维质保政策对于不同使用率顾客的吸引程度

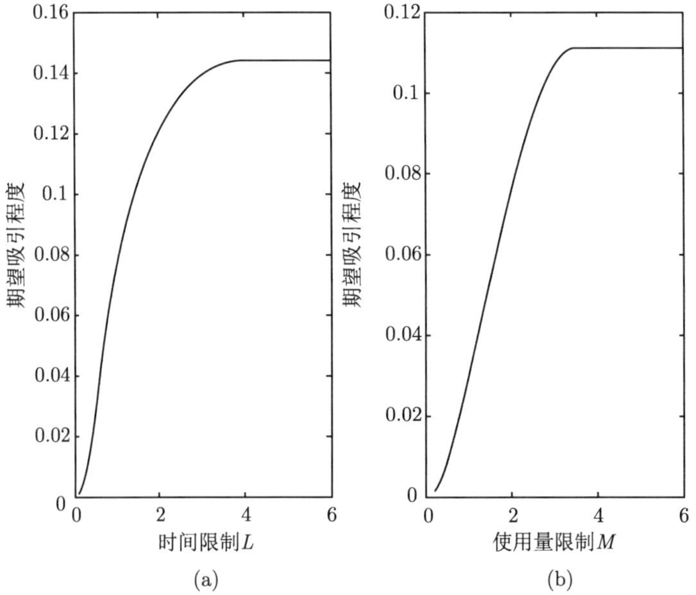

图 6.8　期望吸引程度 $E_A(L,M)$ 在延长使用时间限制 L 或累积使用量限制 M 时的取值

6.2.4　基于顾客吸引力的顾客需求函数模型

本节将考虑二维质保对于不同使用率的顾客的吸引力差异，建立二维质保政策下的顾客需求函数模型。由公式 (6.12) 可知，二维质保政策 $\Omega(L,M)$ 对于顾客整体的期望吸引程度。当制造商从已提供的二维质保政策 $\Omega(L_0,M_0)$ 延长到新的二维质保政策 $\Omega(L,M)$ 时，基于吸引力的顾客需求函数可以表示为

$$Q(P,L,M)=k_1P^{-\psi_1}\left(\frac{E_A(L,M)}{E_A(L_0,M_0)}\right)^{\psi} \tag{6.13}$$

其中，$E_A(L_0,M_0)$ 为二维质保政策 $\Omega(L_0,M_0)$ 对于顾客整体的期望吸引力，而 $E_A(L,M)$ 为新二维质保政策 $\Omega(L,M)$ 对于顾客整体的期望吸引力；ψ_1 为价格弹性系数，$\psi>0$ 为质保对于需求影响的弹性系数；P 为产品的售价。由公式 (6.13) 可知，提供较高吸引力的质保政策和低的产品售价将带来销量的增加。

当制造商从已提供的二维质保政策 $\Omega(L_0,M_0)$ 延长到新的二维质保政策 $\Omega(L,M)$ 的过程中，制造商并不改变产品的售价 P 时，公式 (6.13) 的需求函数可以简化为公式 (6.14)：

$$Q(L,M)=Q_0\left(\frac{E_A(L,M)}{E_A(L_0,M_0)}\right)^{\psi} \tag{6.14}$$

其中，Q_0 为当制造商提供原有二维质保政策 $\Omega(L_0,M_0)$ 时的销量。Q_0 的值可以通过历史销售数据获得。将公式 (6.14) 中 $\left(\dfrac{E_A(L,M)}{E_A(L_0,M_0)}\right)^{\psi}$ 称为需求乘子。需求乘子的含义是当制造商从原有二维质保政策 $\Omega(L_0,M_0)$ 延长到新二维质保政策 $\Omega(L,M)$ 时由于质保政策改变带来的需求变化。

当制造商从原有二维质保政策 $\Omega(L_0,M_0)$ 延长到新二维质保政策 $\Omega(L,M)$ 时，需求乘子的取值变化如图 6.9 所示。图 6.9(a) 的虚线部分表示 $\Omega(L_0,M_0)$，菱形点表示 $\Omega(L,M)$。二维质保政策 $\Omega(L,M)$ 的矩形面积是原来 $\Omega(L_0,M_0)$ 矩形面积的四倍，即 $L\times M=4\times(L_0\times M_0)$。假设顾客的使用率分布 $g(r)$ 服从均匀分布，质保政策改变带来的需求乘子的取值变化如图 6.9(b) 所示。随着使用时间限制 L 的增加和累积使用量限制 M 的减少，需求乘子将先增加后减少。当质保政策的名义使用率等于顾客平均使用率时，需求乘子取得最大值。例如，当 $g(r)$ 服从均匀分布时，需求乘子最大值点在 $r_{\mathrm{U}}=(r_{\mathrm{U}}+r_{\mathrm{L}})/2$ 时取得。

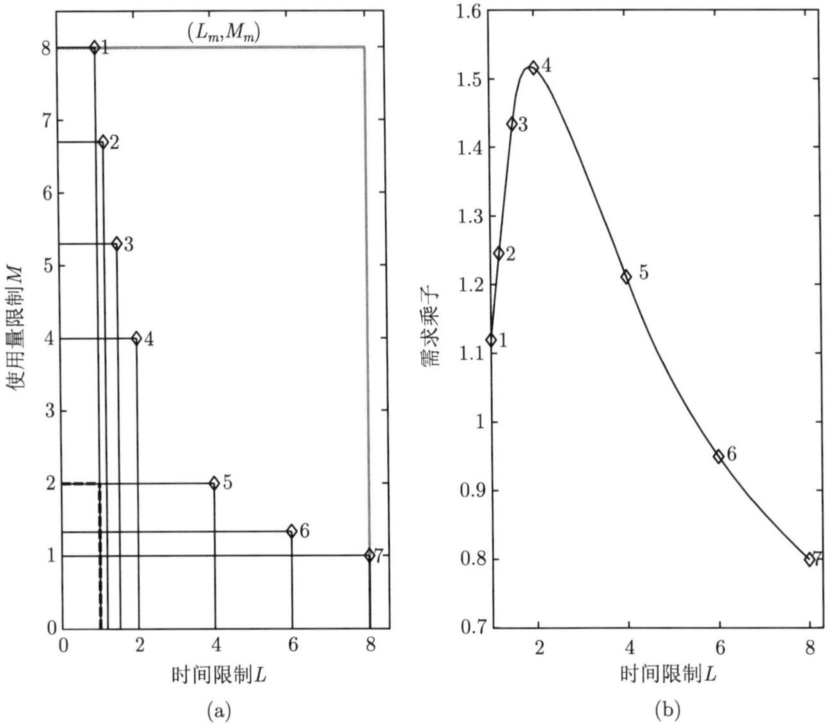

图 6.9 需求因子在具有相等面积的不同 $\Omega(L,M)$ 下的取值

6.2.5 二维基础质保成本分析

产品的质保成本分析需要考虑诸多因素，如产品的可靠性、维修策略以及质保政策等[4,5]。本节将对制造商采用最小维修策略的二维产品质保成本进行分析。

二维质保产品的可靠性，受到使用时间 $T(t)$ 和累积使用量 $U(t)$ 的影响。因为维修的时间与质保期的长度相比是短暂的，维修时间可以忽略不计，即 $T(t)=t$，$t=0$ 是产品销售时间。假设每位顾客的使用率 r 在质保期内是保持不变的，时间 $T(t)$ 和累积使用量 $U(t)$ 的关系为 $U(t)=rT(t)$。制造商对在质保期内失效的产品采用最小维修策略。最小维修策略是指将失效后的产品修复到产品失效前的可靠性状态[6]。最小维修策略往往应用于如汽车和大型机械等复杂产品失效时的可靠性建模。对于复杂产品的某些失效零部件的维修或更换对于复杂产品整体的可靠性影响可以忽略，因此，可以近似为对整体的最小维修。采用最小维修策略时，产品在质保期内的失效个数服从非齐次泊松过程。考虑顾客使用率对于产品可靠性的影响，Iskandar 和 Murthy[7] 以及 Manna 等[4] 采用多项式形式对二维质保政策的失效过程建模，如公式 (6.15) 所示：

$$\lambda(t|r)=\theta_0+\theta_1 T(t)+\theta_2 r+\theta_3 U(t) \tag{6.15}$$

其中，$\theta_i>0$，$i=0,1,2,3$。$\lambda(t|r)$ 为非齐次泊松过程的强度函数。

当制造商向顾客提供的二维质保政策为 $\Omega(L,M)$ 时，对于高使用率的顾客（$r>r_0$）而言，超出保修期的时间 $W_r=M/r$；而对于低使用率的顾客（$r\leqslant r_0$），超出保修期的时间 $W_r=L$。$N(t|r)$ 表示在时间 $[0,t)$ 内使用率为 r 的顾客的产品失效个数。采用最小维修策略下，使用率为 r 的顾客在时间 $[0,t)$ 内的期望失效个数 $E[N(t|r)]$ 为

$$E[N(t|r)]=\Lambda(t|r)=\int_0^t \lambda(t|r)\mathrm{d}t \tag{6.16}$$

因此，在二维产品质保期 $\Omega(L,M)$ 内产品的期望失效个数 $N(L,M)$ 为

$$\begin{aligned}N(L,M)&=\int_{r_{\mathrm{L}}}^{r_{\mathrm{u}}}\Lambda(W_r|r)g(r)\mathrm{d}r\\&=\int_{r_{\mathrm{L}}}^{r_0}\Lambda(L|r)g(r)\mathrm{d}r+\int_{r_0}^{r_{\mathrm{U}}}\Lambda(M/r|r)g(r)\mathrm{d}r,\quad r_{\mathrm{L}}\leqslant r_0\leqslant r_{\mathrm{U}}\end{aligned} \tag{6.17}$$

C_r 表示采用最小维修策略时的单位平均维修成本。在二维质保期 $\Omega(L,\ M)$ 内，制造商需要承担的单位期望维修成本 $C(L,M)$ 为

$$C(L,M)=C_r N(L,M) \tag{6.18}$$

6.2.6　制造商的期望利润函数

制造商的问题是要设计最优的二维质保政策 $\Omega(L,M)$，使得其期望利润最大。而 $\Omega(L,M)$ 的范围是从原有的二维质保政策 $\Omega(L_0,M_0)$ 到可以延长的最大二维质保政策 $\Omega(L_m,M_m)$。同时，制造商提供的产品售价保持不变。因此，制造商的决策变量是二维质保政策的时间限制 L 和使用量限制 M。为了简化建模过程，令 $L=x_1L_0$，$M=x_2M_0$，$L_m=m_1L_0$ 和 $U_m=m_2M_0$。得到 $1\leqslant x_1\leqslant m_1$ 和 $1\leqslant x_2\leqslant m_2$。并且，提供的二维质保政策 $\Omega(L,M)$ 应该覆盖高使用率类型的顾客以及低使用率类型的顾客，即 $r_{\mathrm{L}}\leqslant r_0\leqslant r_{\mathrm{U}}$。

假设制造商是风险中性的。制造商的期望利润主要取决于三个方面：① 生产单位产品的边际利润 η；② 提供新二维质保政策带来的销量 $Q(x_1,x_2)$；③ 单位产品的期望质保成本 $C(x_1,x_2)$。因此，制造商提供二维质保政策 $\Omega(L,M)$ 带来的期望利润函数，如公式 (6.19) 所示：

$$\max \Pi(x_1,x_2)=(\eta-C(x_1,x_2))Q(x_1,x_2) \tag{6.19}$$

约束为

$$
\begin{cases}1 \leqslant x_i \leqslant m_i, \quad i=1,2 \\ r_{\mathrm{L}} \leqslant \dfrac{x_2 M_0}{x_1 L_0} \leqslant r_{\mathrm{U}}\end{cases}
$$

制造商提供二维质保 $\Omega(L, M)$ 时，增加的期望利润为 $\Delta\Pi(x_1, x_2)=\Pi(x_1, x_2)-\Pi(1,1)$。其中，$\Pi(1,1)$ 是制造商提供原有二维质保政策 $\Omega(L_0, M_0)$ 时获得的期望利润。$\Delta\Pi(x_1, x_2)>0$ 意味着制造商从原有的二维质保政策 $\Omega(L_0, M_0)$ 改变为新二维质保政策 $\Omega(L, M)$ 时利润是增加的。

6.2.7 模型求解

本节将对最优的二维基础质保政策进行求解。为了得到最优二维质保政策的数学表达式，本节假设顾客的使用率 R 服从均匀分布。当顾客的使用率服从其他分布时，如韦布尔分布 [8,9]、对数正态分布 [10,11] 以及伽马分布 [12,13] 等，将采用数值方法进行求解。在本节的案例中，采用了数值方法求解，使用率分布服从韦布尔分布。

当顾客的使用率 R 在区间 $[r_l, r_u]$ 上服从均匀分布时，可以根据公式 (6.15)～公式 (6.18)，得到提供二维质保政策时单位期望质保成本，如公式 (6.20) 所示：

$$
\begin{aligned}
C(x_1, x_2)= & \frac{C_r}{r_{\mathrm{U}}-r_{\mathrm{L}}}\left(\theta_0 x_1 L_0\left(\frac{x_2 M_0}{x_1 L_0}-r_{\mathrm{L}}\right)+\frac{1}{2} \theta_1(x_1 L_0)^2\left(\frac{x_2 M_0}{x_1 L_0}-r_{\mathrm{L}}\right)\right. \\
& +\frac{1}{2} \theta_2 x_1 L_0\left(\left(\frac{x_2 M_0}{x_1 L_0}\right)^2-r_{\mathrm{L}}^2\right)+\frac{1}{4} \theta_3(x_1 L_0)^2\left(\left(\frac{x_2 M_0}{x_1 L_0}\right)^2-r_{\mathrm{L}}^2\right) \\
& +\theta_0 x_2 M_0 \ln \left(\frac{r_{\mathrm{U}} x_1 L_0}{x_2 M_0}\right)+\frac{1}{2} \theta_1(x_2 M_0)^2\left(\frac{x_1 L_0}{x_2 M_0}-\frac{1}{r_{\mathrm{U}}}\right) \\
& \left.+\theta_2 x_2 M_0\left(r_{\mathrm{U}}-\frac{x_2 M_0}{x_1 L_0}\right)+\frac{1}{2} \theta_3(x_2 M_0)^2 \ln \left(\frac{r_{\mathrm{U}} x_1 L_0}{x_2 M_0}\right)\right)
\end{aligned} \tag{6.20}
$$

当制造商延长二维质保，并且保持产品售价不变时，根据公式 (6.14) 可以得到产品销量，如公式 (6.21) 所示：

$$
\begin{aligned}
& Q(x_1, x_2) \\
& =Q_0\left(\frac{\frac{1}{2}(x_1 L_0)^2\left(\left(\frac{x_2 M_0}{x_1 L_0}\right)^2-r_{\mathrm{L}}^2\right)+(x_2 M_0)^2\left(\ln r_{\mathrm{U}}-\ln \left(\frac{x_2 M_0}{x_1 L_0}\right)\right)}{\frac{1}{2} L_0^2((M_0 / L_0)^2-r_{\mathrm{L}}^2)+M_0^2(\ln r_{\mathrm{U}}-\ln (M_0 / L_0))}\right)^\psi
\end{aligned} \tag{6.21}
$$

将公式 (6.20) 和公式 (6.21) 的值代入公式 (6.19) 中，求解得到使得利润 $\Pi(x_1,x_2)$ 最大的最优二维质保政策。

当制造商给定 $x_2=ax_1$ 的关系时，最优的二维质保政策可以通过定理 6.2 得到。其中，$\dfrac{r_{\mathrm{L}}L_0}{M_0}\leqslant a\leqslant\dfrac{r_{\mathrm{U}}L_0}{M_0}$。

定理 6.2 **最优解的求解。当制造商给定 $x_2=ax_1$ 时，最优的二维质保政策由 x_1^* 和 x_2^* 决定，其最优值为**

$$x_1^*=\begin{cases}1,\ s_1<1\\ s_1,\ 1\leqslant s_1\leqslant m_1\\ m_1,\ s_1>m_1\end{cases},\quad x_2^*=\begin{cases}1,\ ax_1^*<1\\ ax_1^*,\ 1\leqslant ax_1^*\leqslant m_2\\ m_2,\ ax_1^*>m_2\end{cases}$$

其中，

$$\begin{aligned}a_1=&\frac{(1+\psi)C_r}{r_{\mathrm{U}}-r_{\mathrm{L}}}\left(\theta_1L_0^2\left(\frac{aM_0}{L_0}-r_{\mathrm{L}}\right)+\theta_1(aM_0)^2\left(\frac{L_0}{aM_0}-\frac{1}{r_{\mathrm{U}}}\right)\right.\\&\left.+\frac{1}{2}\theta_3L_0^2\left(\left(\frac{aM_0}{L_0}\right)^2-r_{\mathrm{L}}^2\right)+\theta_3(aM_0)^2\ln\left(\frac{r_{\mathrm{U}}L_0}{aM_0}\right)\right)\\ b_1=&\frac{(2\psi+1)C_r}{r_{\mathrm{U}}-r_{\mathrm{L}}}\left(\theta_0L_0\left(\frac{aM_0}{L_0}-r_{\mathrm{L}}\right)+\theta_0aM_0\ln\left(\frac{r_{\mathrm{U}}L_0}{aM_0}\right)\right.\\&\left.+\frac{1}{2}\theta_2L_0\left(\left(\frac{aM_0}{L_0}\right)^2-r_{\mathrm{L}}^2\right)+\theta_2aM_0\left(r_{\mathrm{U}}-\frac{aM_0}{L_0}\right)\right)\\ c=&2\psi\eta\\ s_1=&\frac{b_1-\sqrt{b_1^2+4a_1c}}{-2a_1}\end{aligned}$$

证明　当制造商给定 $x_2=ax_1$ 时，其中 $\dfrac{r_{\mathrm{L}}L_0}{M_0}\leqslant a\leqslant\dfrac{r_{\mathrm{U}}L_0}{M_0}$。利润函数 $\Pi(x_1,x_2)$ 可以改写为 $\Pi(x_1)$。因此，对其求一阶导数，得到

$$\frac{\mathrm{d}\Pi(x_1)}{\mathrm{d}x_1}=\frac{Q_0B^{\psi}x_1^{2\psi-1}}{A^{\psi}}(-a_1x_1^2-b_1x_1+c)$$

其中，

$$A=\frac{1}{2}L_0^2((M_0/L_0)^2-r_{\mathrm{L}}^2)+M_0^2(\ln r_{\mathrm{U}}-\ln(M_0/L_0))$$

$$B = \frac{1}{2}L_0^2\left(\left(\frac{aM_0}{L_0}\right)^2 - r_{\mathrm{L}}^2\right) + (aM_0)^2\ln\left(\frac{r_{\mathrm{U}}L_0}{aM_0}\right)$$

因为 $1 \leqslant x_1 \leqslant m_1$ 和 $\frac{r_{\mathrm{L}}L_0}{M_0} \leqslant a \leqslant \frac{r_{\mathrm{U}}L_0}{M_0}$，所以第一项 $\frac{Q_0B^{\psi}x_1^{2\psi-1}}{A^{\psi}} > 0$。$\frac{\mathrm{d}\Pi(x_1)}{\mathrm{d}x_1} = 0$ 只取决于第二项，是一个关于 x_1 的二次函数，即 $f_1(x_1) = -a_1x_1^2 - b_1x_1 + c$。二次函数的判别式为 $\Delta = b_1^2 + 4a_1c > 0$，因为 $a_1 > 0, c > 0$ 以及 $b_1 > 0$。因此，$\frac{\mathrm{d}\Pi(x_1)}{\mathrm{d}x_1} = 0$ 有两个根，即 $x_1^{(1)} = \frac{b_1 + \sqrt{\Delta}}{-2a_1} < 0$ 和 $x_1^{(2)} = \frac{b_1 - \sqrt{\Delta}}{-2a_1} > 0$。同时，二次函数 $f_1(x_1)$ 中 x_1^2 的系数 $-a_1 < 0$，所以，抛物线开口向下。因此，当 $0 < x_1 < x_1^{(2)}$ 时，$\frac{\mathrm{d}\Pi(x_1)}{\mathrm{d}x_1} > 0$；当 $x_1 > x_1^{(2)}$ 时，$\frac{\mathrm{d}\Pi(x_1)}{\mathrm{d}x_1} < 0$。因为 $1 \leqslant x_1 \leqslant m_1$，所以使得 $\Pi(x_1)$ 取得最大的最优值 x_1^*，取决于 $x_1^{(2)}$，1 和 m_1 之间的关系。同理，因为 $x_2 = ax_1$ 和 $1 \leqslant x_2 \leqslant m_2$，最优值 x_2^* 取决于 ax_1^*，1 和 m_2 之间的关系。定理 6.2 证明完毕。

定理 6.2 针对制造商的不同参数下，给出了制造商的最优二维质保政策设计。制造商要延长原有的二维质保政策 $\Omega(1,1)$ 到新的二维质保政策 $\Omega(x_1,x_2)$ 需要满足的条件，如定理 6.3 所示。

定理 6.3 **最优值求解。制造商最优的策略是延长原有的二维质保政策 $\Omega(1,1)$ 到新的二维质保政策 $\Omega(x_1,x_2)$，需要满足以下条件：**

(1) 当 $1 \leqslant a \leqslant \frac{r_{\mathrm{U}}L_0}{M_0}$ 时，需要满足 $a_1 + b_1 \leqslant c$；

(2) 当 $\max\left\{\frac{r_{\mathrm{L}}L_0}{M_0}, \frac{b_1 + \sqrt{b_1^2 + 4a_1c}}{2c}\right\} \leqslant a < 1$ 时，需要满足 $\frac{a_1}{a^2} + \frac{b_1}{a} \leqslant c$。

证明 制造商最优的策略是延长原有的二维质保政策 $\Omega(1,1)$ 到新的二维质保政策 $\Omega(x_1,x_2)$，要满足 $x_1^* \geqslant 1$ 和 $x_2^* \geqslant 1$。通过求解 $x_1^* = \frac{b_1 - \sqrt{b_1^2 + 4a_1c}}{-2a_1} \geqslant 1$，得到 $a_1 + b_1 \leqslant c$。同时，求解 $x_2^* = ax_1^* \geqslant 1$，得到 $\frac{a_1}{a^2} + \frac{b_1}{a} \leqslant c$。

当 $a \geqslant 1$ 时，得到 $\frac{a_1}{a^2} + \frac{b_1}{a} \leqslant a_1 + b_1 \leqslant c$。因此，当满足 $a_1 + b_1 \leqslant c$ 时，即 $x_1^* \geqslant 1$ 和 $x_2^* \geqslant 1$ 同时满足。当 $a < 1$，$\frac{a_1}{a^2} + \frac{b_1}{a} \leqslant c$ 可以改写为 $a^2c_1 - ab_1 - a_1 \geqslant 0$。表达式 $a^2c_1 - ab_1 - a_1 = 0$ 有解的条件为 $a \geqslant \frac{b_1 + \sqrt{b_1^2 + 4a_1c}}{2c}$。同时，因为 $\frac{r_{\mathrm{L}}L_0}{M_0} \leqslant a \leqslant \frac{r_{\mathrm{U}}L_0}{M_0}$，得到：(1) 当 $1 \leqslant a \leqslant \frac{r_{\mathrm{U}}L_0}{M_0}$ 时，满足的条件为 $a_1 + b_1 \leqslant c$；(2)

当 $\max\left\{\dfrac{r_{\mathrm{L}}L_0}{M_0},\dfrac{b_1+\sqrt{b_1^2+4a_1c}}{2c}\right\}\leqslant a<1$ 时，满足的条件为 $\dfrac{a_1}{a^2}+\dfrac{b_1}{a}\leqslant c$。定理 6.3 证明完毕。

以上的最优二维质保政策是满足 $r_{\mathrm{L}}\leqslant r_0\leqslant r_{\mathrm{U}}$ 的约束，当制造商提供的二维质保政策满足 $r_0>r_{\mathrm{U}}$ 或 $r_0<r_{\mathrm{L}}$ 时，即二维质保政策中只有时间限制或累积使用量限制发挥作用。当 $r_0>r_{\mathrm{U}}$ 时，任意一个使用率的顾客都不会超过二维质保设定的累积使用量限制；当 $r_0<r_{\mathrm{L}}$ 时，任意一个使用率的顾客都不会超过二维质保设定的使用时间限制。在 $r_0>r_{\mathrm{U}}$ 和 $r_0<r_{\mathrm{L}}$ 两种情况下，制造商提供的二维质保政策最优解分别如定理 6.4 和定理 6.5 所示。

定理 6.4　**最优值求解。当制造商提供的二维质保政策满足 $r_0>r_{\mathrm{U}}$ 时，最优的时间限制 x_1^* 如下所示：**

$$x_1^*=\begin{cases}1,\ s_2<1\\ s_2,\ 1\leqslant s_2\leqslant m_1\\ m_1,\ s_2>m_1\end{cases}$$

其中，

$$\begin{aligned}a_2&=(1+\psi)C_rL_0^2\left(\theta_1+\frac{1}{2}\theta_3(r_{\mathrm{U}}+r_{\mathrm{L}})\right)\\ b_2&=(2\psi+1)C_rL_0\left(\theta_0(r_{\mathrm{U}}-r_{\mathrm{L}})+\frac{1}{2}\theta_2(r_{\mathrm{U}}+r_{\mathrm{L}})\right)\\ s_2&=\frac{b_2-\sqrt{b_2^2+4a_2c}}{-2a_2}\end{aligned}$$

定理 6.5　**最优值求解。当制造商提供的二维质保政策满足 $r_0<r_{\mathrm{L}}$，最优的累积使用量限制 x_2^* 如下所示：**

$$x_2^*=\begin{cases}1,\ s_3<1\\ s_3,\ 1\leqslant s_3\leqslant m_2\\ m_2,\ s_3>m_2\end{cases}$$

其中，

$$a_3 = (1+\psi)C_r M_0^2 \left(\frac{\theta_1}{r_{\mathrm{U}} r_{\mathrm{L}}} + \frac{\theta_3 \ln \dfrac{r_{\mathrm{U}}}{r_{\mathrm{L}}}}{r_{\mathrm{U}} - r_{\mathrm{L}}} \right)$$

$$b_3 = (2\psi+1)C_r M_0 \left(\frac{\theta_3 \ln \dfrac{r_{\mathrm{U}}}{r_{\mathrm{L}}}}{r_{\mathrm{U}} - r_{\mathrm{L}}} + \theta_2 \right)$$

$$s_3 = \frac{b_3 - \sqrt{b_3^2 + 4a_3 c}}{-2a_3}$$

定理 6.4 和定理 6.5 的证明过程可以参考定理 6.2 的证明过程，这里将不再证明。

6.2.8 仿真试验

考虑一个制造商给顾客提供一个具有二维质保政策的汽车产品。该产品原有的基础质保政策 $\Omega(L_0, M_0)$ 是 1 年或 2 万公里，即 $L_0 = 1$ 和 $M_0 = 2$。在该质保政策 $\Omega(L_0, M_0)$ 下，制造商的平均年销量为 $Q_0 = 1$ 万件。根据产品的历史数据可知，顾客的使用率在区间 $[0.1, 20]$ 上服从均匀分布。其中，销售一单位产品的边际利润为 $\eta = 20$。在质保期的产品失效都采用最小维修的策略，强度函数为 $h(t|r) = 0.1 + 0.3T(t) + 0.2r + 0.3U(t)$。最小维修一次失效的平均维修成本为 $C_r = 2$。该类型的汽车所能提供的最大二维质保期 $\Omega(L_m, M_m)$ 为 10 年或 20 万公里，即 $L_m = 10$ 和 $M_m = 20$。制造商的策略是在不改变价格的情况下，寻找最优的二维质保政策，使得期望利润最大。根据历史数据，制造商得出质保政策对于销量影响的弹性系数为 $\psi = 0.2$。

根据式 (6.19) 进行建模，制造商得到使得利润最大的最优值解，即 $x_1^* = 2.4240$ 和 $x_2^* = 3.0747$。因此，制造商提供的最优二维质保政策为 $L = 2.4240$ 年和 $M = 6.1495$ 万公里，名义使用率为 $r_0 = 2.5369$ 万公里/年。该质保政策获得的最大期望利润为 $\Pi(x_1^*, x_2^*) = 24.0563$。而提供原有二维质保 $\Omega(L_0, M_0)$ 时，制造商获得的利润为 $\Pi(x_1 = 1, x_2 = 1) = 18.9462$。因此，当制造商从 $\Omega(1,1)$ 改为 $\Omega(x_1^*, x_2^*)$ 时，可以获得增加的期望利润为 $\Delta\Pi(x_1^*, x_2^*) = 5.1101$。图 6.10 为净期望利润 $\Delta\Pi(x_1, x_2)$ 在不同 x_1 和 x_2 取值时的等值线图。从图 6.10 可以看出，有很多相等净期望利润 $\Delta\Pi(x_1, x_2)$ 的区域存在。换而言之，对于给定某一净期望利润值，制造商可以有许多不同的二维质保政策的时间限制 L 和累积使用量 M 的组合。同时，净期望利润 $\Delta\Pi(x_1, x_2)$ 的变化范围在离最优值点 (x_1^*, x_2^*) 附近时非常小。

在现实生活中，二维质保政策中时间限制或累积使用量限制多为整数值。因此，制造商可以对求得的最优值 $L = 2.4240$ 年和 $M = 6.1495$ 万公里进行调整，如调整为 $L=2$ 年和 $M=6$ 万公里的二维质保政策。当制造商提供 $L=2$ 年和 $M=6$ 万公里的二维质保政策时，净增加期望利润为 5.0708。与最优的净增加期望利润 $\Delta\Pi(x_1^*,x_2^*)=5.1101$ 相比，只减少了 0.7691%。因为净期望利润 $\Delta\Pi(x_1,x_2)$ 在离最优值点 (x_1^*,x_2^*) 附近时变化很小。

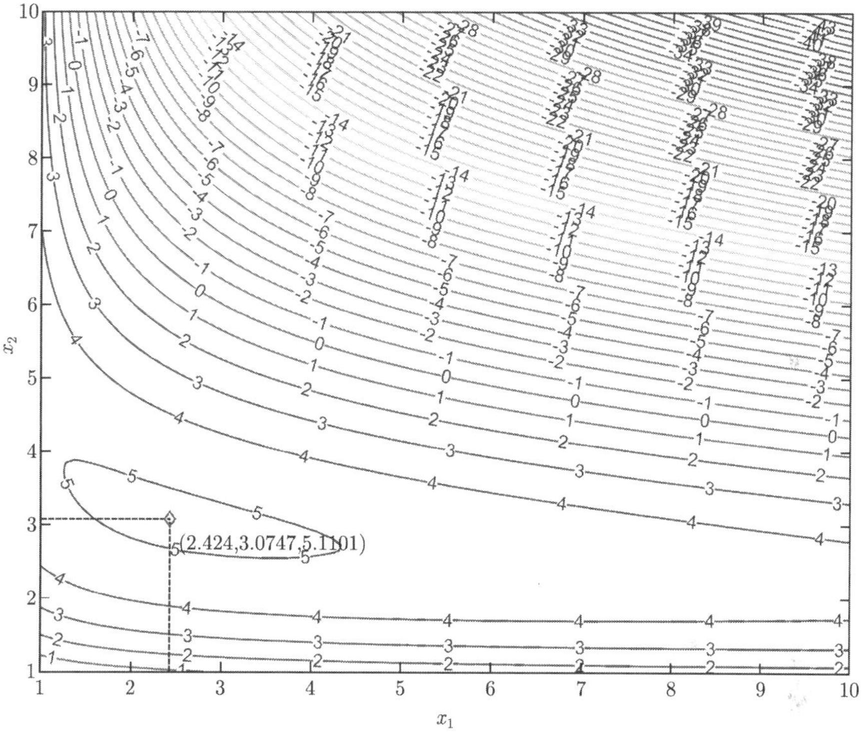

图 6.10　净期望利润 $\Delta\Pi(x_1,x_2)$ 的等值线图

下面针对模型中的主要参数进行敏感性分析。研究参数变化时，对于净期望利润 $\Delta\Pi(x_1^*,x_2^*)$ 和顾客整体对于二维质保政策期望吸引力的影响。参数主要包括两部分：① 与可靠性相关的参数，直接影响二维质保成本的大小；② 其他参数，如 η，ψ 和 C_r，分别是制造商的边际利润、质保政策对于销售的弹性系数以及最小维修的平均维修成本。

从制造商的角度出发，制造商更注重参数变化对于其净期望利润 $\Delta\Pi(x_1^*,x_2^*)$ 的影响。图 6.11 给出了与可靠性相关参数的变化对于净期望利润 $\Delta\Pi(x_1^*,x_2^*)$ 的影响。如图 6.11 所示，当参数 θ 增大时，会带来净期望利润 $\Delta\Pi(x_1^*,x_2^*)$ 的减少。因为参数 θ 越大，产品在质保期内失效个数越多。同时，从图 6.11 可以看出，θ_2 和 θ_3 对于净期望利润 $\Delta\Pi(x_1^*,x_2^*)$ 的影响比 θ_0 和 θ_1 对 $\Delta\Pi(x_1^*,x_2^*)$ 的影响要大。这是因为 θ_2 和 θ_3 是强度函数 $\lambda(t|r)$ 中 r 和 $U(t)=rT(t)$ 的系数，对于质保成

本的影响更加直接。

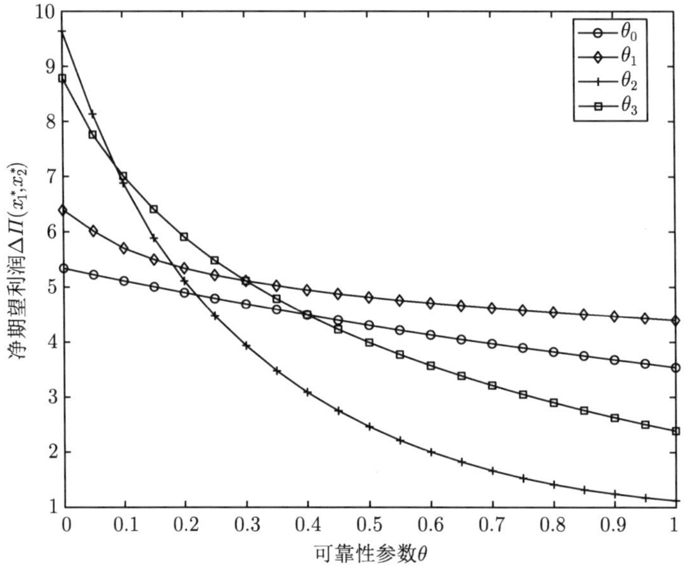

图 6.11　可靠性参数 θ 对于净期望利润 $\Delta\Pi(x_1^*,x_2^*)$ 的影响

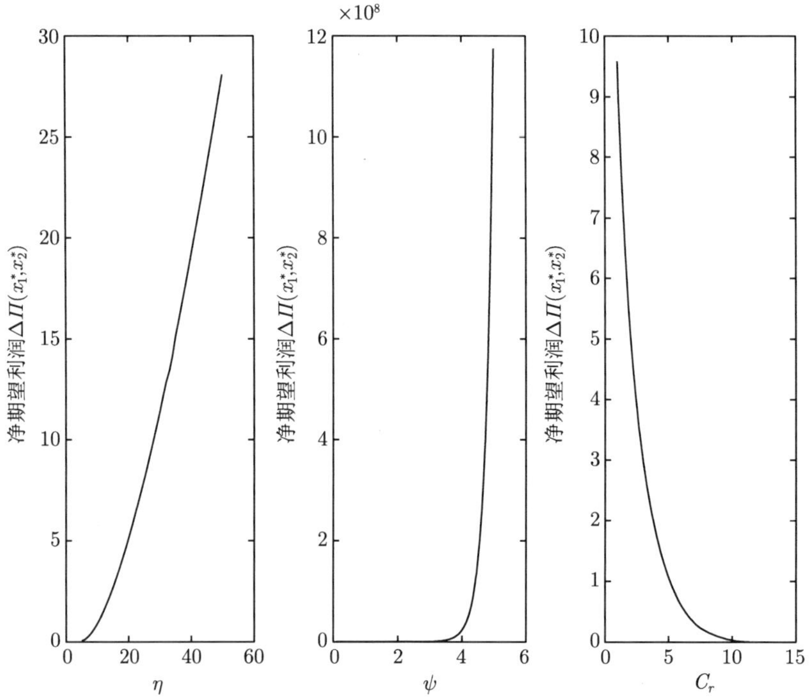

图 6.12　η，ψ 和 C_r 对于净期望利润 $\Delta\Pi(x_1^*,x_2^*)$ 的影响

其他参数 η，ψ 和 C_r 对于净期望利润 $\Delta\Pi(x_1^*,x_2^*)$ 的影响，如图 6.12 所示。边际利润 η 越大，制造商获得的净期望利润 $\Delta\Pi(x_1^*,x_2^*)$ 越大。质保政策对于销售的弹性系数 ψ 越大意味着顾客对于二维质保政策越敏感，产品质保政策的改变对于销量的影响越大。当 ψ 增大时，二维质保政策带来销量的增加，因此，制造商获得的净期望利润 $\Delta\Pi(x_1^*,x_2^*)$ 会增加。最小维修的平均维修成本 C_r 增大时，会带来质保成本的增加，因此，制造商获得的净期望利润 $\Delta\Pi(x_1^*,x_2^*)$ 会减少。

从顾客的角度而言，$E_A(x_1^*,x_2^*)$ 的大小反映二维质保政策 $\Omega(x_1^*,x_2^*)$ 对于顾客整体的吸引程度。图 6.13 给出了当可靠性参数 θ 变化时，对于顾客期望吸引程度 $E_A(x_1^*,x_2^*)$ 的影响。如图 6.13 所示，当 θ 增大时，$E_A(x_1^*,x_2^*)$ 在减少。当 θ 的值变大后，产品的可靠性变低，质保成本增加，使得最优值 x_1^* 和 x_2^* 的取值变小，导致顾客的期望吸引程度降低。质保政策的弹性系数 ψ 和平均最小维修成本 C_r 对于顾客期望吸引程度 $E_A(x_1^*,x_2^*)$ 的影响如图 6.14 所示。当 ψ 增大时，期望吸引程度 $E_A(x_1^*,x_2^*)$ 会增大。因为 ψ 反映顾客对于质保政策的重视程度，ψ 的值越大对于 $E_A(x_1^*,x_2^*)$ 的影响越显著。但是，随着 ψ 的增加，$E_A(x_1^*,x_2^*)$ 增加的斜率会不断减少。如图 6.14 所示，当平均最小维修成本 C_r 增大时，顾客的期望吸引程度 $E_A(x_1^*,x_2^*)$ 会不断减小。因为随着平均最小维修成本 C_r 的增大，制造商的质保成本将增加，最优的质保期减小和顾客期望吸引程度降低。

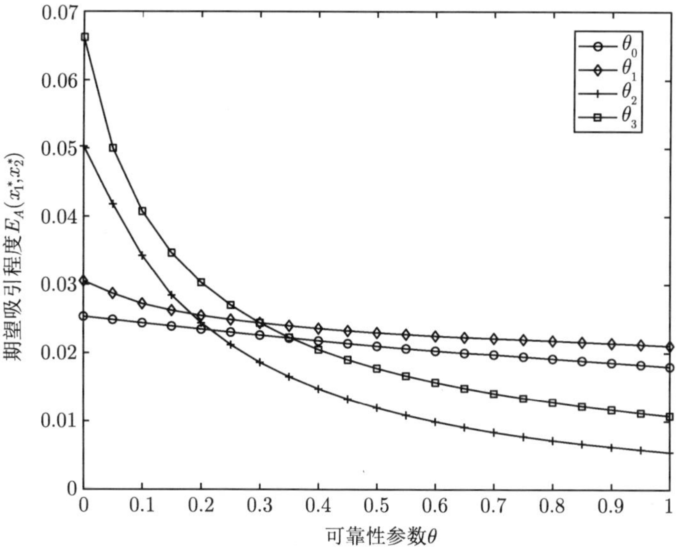

图 6.13　可靠性参数 θ 对于顾客期望吸引程度 $E_A(x_1^*,x_2^*)$ 的影响

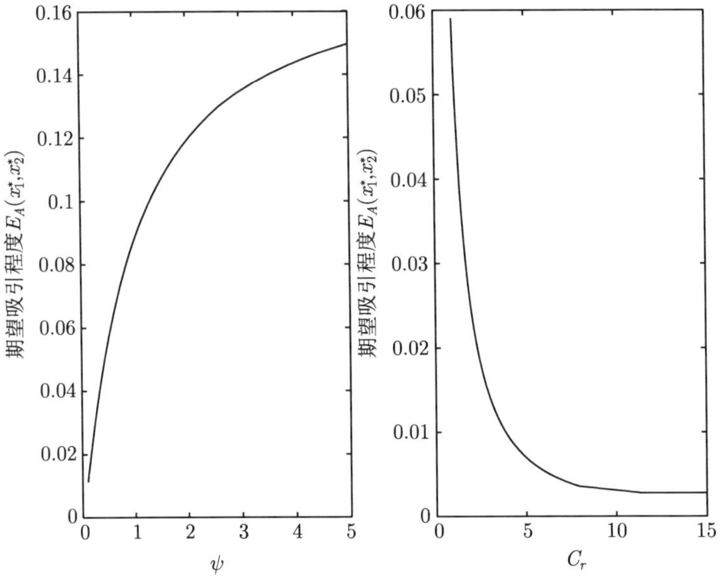

图 6.14 ψ 和 C_r 对于顾客期望吸引程度 $E_A(x_1^*, x_2^*)$ 的影响

6.2.9 案例研究

本节通过一个中国卡车市场的案例，对提出的二维质保设计和优化方法进行讨论与分析。

制造商 M 是一家中国的卡车生产商，也是中国卡车市场中的一家知名制造商。随着市场竞争的加剧，顾客越来越看重卡车的售后服务。2016 年之前，制造商 M 生产卡车的二维基本质保期为 1 年或 10 万公里。然而，卡车市场中其竞争对手提供的二维基础质保期为 2 年或 20 万公里、3 年或 30 万公里。制造商 M 为了增加市场竞争力和对标其主要的竞争对手，从 2016 年开始，对卡车的二维质保期进行如下调整：将卡车的二维基础质保期由原来的 1 年或 10 万公里改为 3 年或 40 万公里。同时，维持该卡车的销售价格不变。

从 2016 年开始，制造商 M 的市场占有率和销售量明显增加。对于制造商 M 而言，主要面临着三个问题：① 从 2016 年开始，延长二维质保对于销量增加的影响如何度量？② 提供的新二维质保政策是不是过激？销售量增加会不会带来净利润的增加？③ 考虑到质保成本和销售量的权衡，最优的卡车二维质保政策是什么？

制造商 M 在 2015 年和 2016 年的月销售数据，如图 6.15 和图 6.16 所示。从图 6.15 和图 6.16 可以看出，与 2015 年相比，2016 年的月市场占有率和卡车的销售量都有明显的增加。这说明提高二维基础质保政策以后确实提高了制造商

M 的市场竞争力，并促进了卡车销量。为了量化二维质保政策对促进销量的影响，根据式 (6.14)，让 Q_0 用 2015 年的平均月销售量来代替制造商 M 采用原二维质保政策时的销量，即 $Q_0 = 7271$。用 $Q(3,4)$ 表示采用新二维质保政策的销量，其值为 2016 年的平均月销售量，即 $Q(3,4) = 13\,737$。根据式 (6.14) 可以计算出，二维质保对于销量的弹性系数为 $\psi = 0.251$。

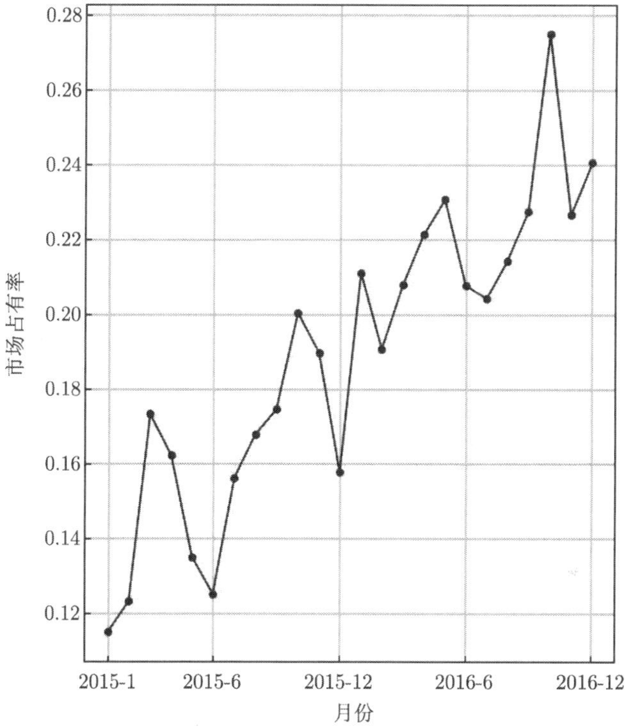

图 6.15　2015 年和 2016 年的月市场占有率

制造商 M 在 2016 年总共销售 116 365 台卡车。并且，在 2016 年总共收到 265 144 次索赔。这些索赔数据主要包含失效卡车的生产时间、销售时间、索赔时间、失效时的累计公里数以及该失效的维修成本。根据这些索赔数据，可以通过索赔时间和销售时间的差值计算出卡车的使用时间。用失效时的累计公里数除以使用时间，可以得到卡车的使用率。图 6.17 给出了 2016 年销售卡车的使用率柱状图。如图 6.17 所示，对卡车的索赔数据进行分析，得到卡车的使用率分布服从韦布尔分布。韦布尔分布的尺度参数 $\alpha = 1.5259$ 以及形状参数 $\beta = 2.1062$。同时，得到最小的使用率为 $r_{\mathrm{L}} = 0.0365$，以及最大的使用率为 $r_{\mathrm{U}} = 5.65$。

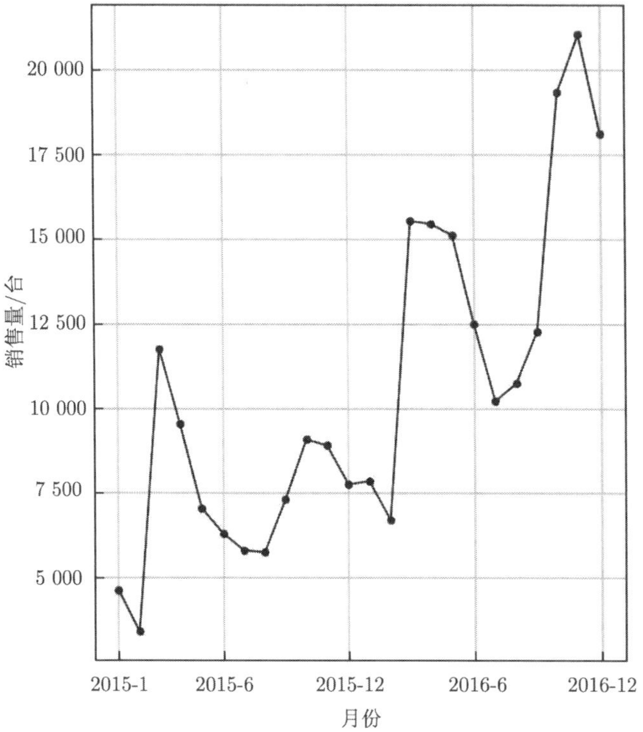

图 6.16　2015 年和 2016 年的月销售量

根据以上索赔数据，可以对卡车的寿命分布进行估计。如式 (6.15) 中，将卡车的使用率作为加速因子进行估计。估计结果为：$\theta_0 = 0.9558$，$\theta_1 = 0.4603$，$\theta_2 = 0.3427$ 以及 $\theta_3 = 0.6085$。由维修数据可知，维修一次失效的平均成本为 598.21 元。同时，制造商 M 销售一台卡车的边际利润是 10 000 元。

由于卡车的使用率服从韦布尔分布，而不是均匀分布，因此本节采用数值方法进行最优值的求解。如表 6.2 所示，制造商 M 在 2015 年提供二维基本质保期为 1 年或 10 万公里时，获得的利润为 6675.7 万元。当从 2016 年初开始，实施二维基本质保期为 3 年或 40 万公里时，其利润为 7405.6 万元。而通过本章的模型求解，得出制造商 M 应该提供的最优二维质保政策为 1.7177 年或 68.9660 万公里。提供最优二维质保可以获得的期望利润为 8520.2 万元。与 2015 年相比，可以增加 1844.5 万元。同时，与 2016 年实施的新二维质保政策相比，也有 1114.6 万元的利润增加。在实践中，制造商提供的二维质保政策往往是整数。因此，将最优的二维质保政策进行取整数处理。如表 6.2 所示，取整数后制造商 M 应该提供的二维基本质保期为 2 年或 70 万公里。此时，制造商 M 可以获得期望利润为 8398.8 万元。取整后的二维基础质保政策与最优的二维基础质保政策相比，利润变化很小。

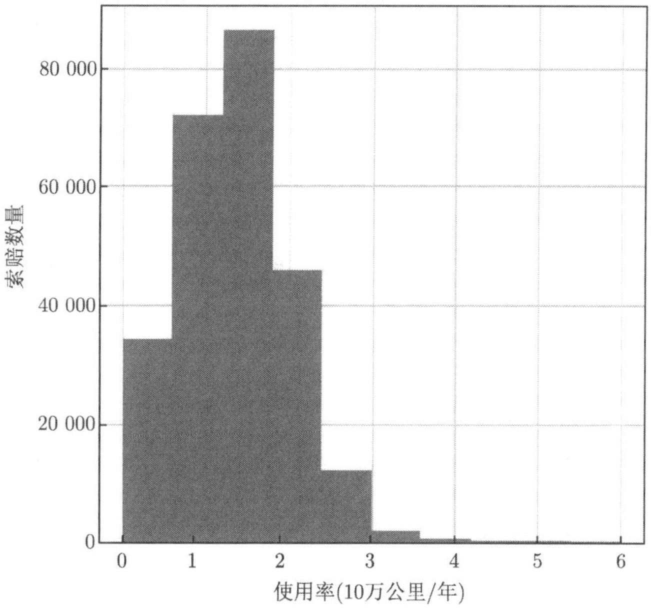

图 6.17　2016 年销售卡车的使用率直方图

表 6.2　卡车的二维质保政策设计

	2015 年质保	2016 年质保	最优质保	取整后
时间限制/年	1	3	1.7177	2
公里限制/10 万公里	1	4	6.8966	7
利润/万元	6675.7	7405.6	8520.2	8398.8

因此，制造商应该采用的卡车二维基础质保政策为 2 年或 70 万公里。制造商应该减少卡车在二维基础质保中使用年限上的取值，并增加对使用公里限制的取值。同时，建议制造商 M 应该改善卡车的可靠性，减少未来出现索赔成本的增加，以保证利润。

6.3　个性化质保政策的设计与优化

6.3.1　问题描述及相关假设

单一的二维基础质保政策 $\Omega(L_0, M_0)$ 包括两个维度：使用时间限制 L_0 和累积使用量限制 M_0。而柔性二维质保菜单 $\mathcal{M}_n = \{\Omega(L_1, M_1), \cdots, \Omega(L_n, M_n)\}$ 包括 n 个单一的二维基础质保政策。顾客可以根据自己的使用率从柔性二维质保菜

单 $\mathcal{M}_n = \{\Omega(L_1, M_1), \cdots, \Omega(L_n, M_n)\}$ 中选择一个二维基础质保政策。并且，柔性二维质保菜单中不同的二维基础质保政策所对应的产品销售价格都是相等的。根据已有文献 [10,14] 以及索赔数据分析，假设顾客的累积使用量是线性增长的。同时，顾客的使用率 R 与柔性二维质保菜单 $\mathcal{M}_n$ 是独立的。顾客根据自己的使用率从柔性二维质保菜单 $\mathcal{M}_n$ 中选择使其质保期最长的二维基础质保政策。假设顾客的使用率 R 是随机变量，其概率密度函数为 $g(r)$。$g(r)$ 的定义域区间为 $[r_{\mathrm{L}}, r_{\mathrm{U}}]$，$r_{\mathrm{L}}$ 和 r_{U} 分别为顾客的使用率最小值和最大值。

假设制造商对质保期内所发生的产品失效，采用最小维修策略进行免费维修。因此，对于使用率为 R 的顾客而言，产品的失效个数服从非齐次泊松过程。非齐次泊松过程的发生率和累积发生率分别为 $\lambda(t;R)$ 和 $\Lambda(t;R)$。采用等效工作时间原理对不同使用率 R 对于累积发生率的影响进行建模。具体表达式为 $\Lambda(t;R) = \Lambda_0(R^{\eta}t)$。其中，$\eta$ 是使用率影响的参数，Λ_0 是设计使用率情况下产品的累积发生率，这里作为基线。

6.3.2 二维质保菜单对不同使用率顾客的吸引力建模

质保菜单 $\mathcal{M}_n$ 中任意一个二维质保政策 $\Omega(L_k, M_k)$ 对于不同使用率顾客的吸引力是不同的，其中，$k = 1, 2, \cdots, n$。如图 6.18 所示，二维质保政策 $\Omega(L_k, M_k)$ 的名义使用率 $z_k = \dfrac{M_k}{L_k}$ 将顾客分为两种类型：高使用率类型顾客 $r > z_k$ 和低使用率类型顾客 $r \leqslant z_k$。这两种类型的顾客在二维质保政策 $\Omega(L_k, M_k)$ 内的有效质保期是不同的。具体而言，不同使用率顾客在质保期内的有效质保面积 $S(r) = W_t(r) \times W_u(r)$ 是不同的。其中，$W_t(r)$ 是使用率为 r 的顾客超出质保期时的使用时间，而 $W_u(r)$ 为使用率为 r 的顾客超出质保期时的累积使用量。质保期内的有效质保面积 $S(r)$ 越大，意味着制造商承担的免费失效个数越多，对于顾客也越具有吸引力。

为了描述二维质保政策 $\Omega(L_k, M_k)$ 对于不同使用率顾客的吸引力，本节建立吸引力指数进行描述，如公式 (6.22) 所示：

$$\mathrm{AI}(r, z_k) = \frac{S(r)}{S(z_k)} = \begin{cases} \dfrac{L_k \times (r \times L_k)}{L_k \times M_k} = \dfrac{r}{z_k}, & r \leqslant z_k \\ \dfrac{(M_k/r) \times M_k}{L_k \times M_k} = \dfrac{z_k}{r}, & r > z_k \end{cases} \tag{6.22}$$

如图 6.19 所示，二维质保政策 $\Omega(L_k, M_k)$ 对于使用率为 $r = z_k$ 的顾客具有最大的吸引力，此时吸引力指数值为 $\mathrm{AI}(r, z_k) = 1$。因为对于使用率为 $r = z_k$ 的顾客而言，在 $\Omega(L_k, M_k)$ 的有效使用面积 $S(r)$ 是最大的。

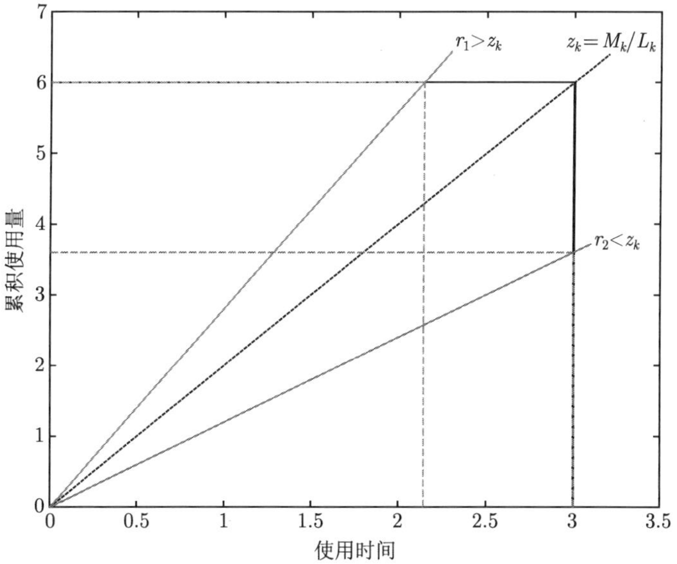

图 6.18　柔性二维质保菜单中的一个质保政策 $\Omega(L_k, M_k)$

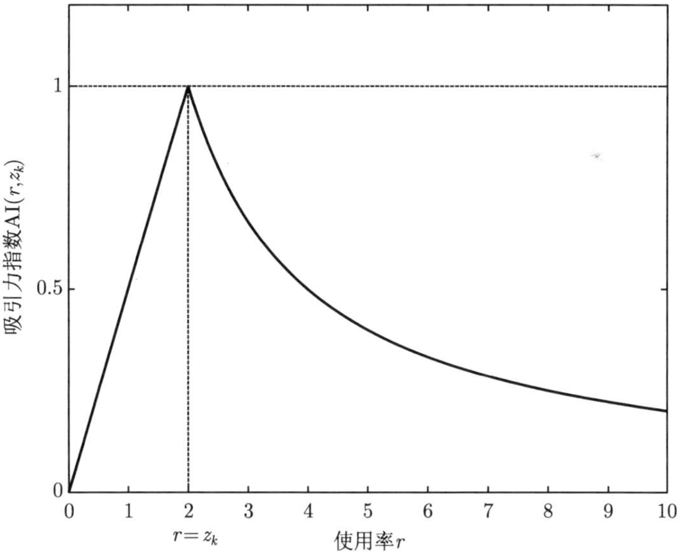

图 6.19　不同使用率 r 顾客的吸引力指数 AI(r, z_k)

二维质保政策 $\Omega(L_k, M_k)$ 的名义使用率 $z_k = M_k/L_k$ 决定着高使用率类型顾客 $r > z_k$ 和低使用率类型顾客 $r \leqslant z_k$ 的比例。根据不同使用率顾客的吸引力指数，可以获得二维质保政策 $\Omega(L_k, M_k)$ 对于顾客整体的期望吸引力指数

$\mathrm{EA}(z_k|r_{k-1},r_k)$，如公式 (6.23) 所示：

$$\begin{aligned}\mathrm{EA}(z_k|r_{k-1},r_k) &= \int_{r_{k-1}}^{z_k}\mathrm{AI}(r,z_k)g(r)\mathrm{d}r+\int_{z_k}^{r_k}\mathrm{AI}(r,z_k)g(r)\mathrm{d}r\\ &= \int_{r_{k-1}}^{z_k}\frac{r}{z_k}\mathrm{d}G(r)+\int_{z_k}^{r_k}\frac{z_k}{r}\mathrm{d}G(r),\quad r_{k-1}\leqslant z_k\leqslant r_k\end{aligned} \tag{6.23}$$

其中，$G(r)$ 为顾客使用率的累计概率密度函数。r_{k-1} 和 r_k 分别为从柔性质保菜单中选择二维质保政策 $\Omega(L_k,M_k)$ 的顾客的最小使用率和最大使用率。图 6.20 给出了在不同名义使用率 z_k 时，期望吸引力指数 $\mathrm{EA}(z_k|r_{k-1},r_k)$ 的取值变化。并且，图 6.20 给出了当 $G(r)$ 服从不同分布的情况，分别是均匀分布、韦布尔分布以及对数正态分布的取值。从图 6.20 可以看出，随着名义使用率 z_k 的增大，期望吸引力指数 $\mathrm{EA}(z_k|r_{k-1},r_k)$ 先增加后减少。因此，当最优的二维质保政策 $\Omega(L_k,M_k)$ 设计时，z_k 的最优取值是使得期望吸引力指数 $\mathrm{EA}(z_k|r_{k-1},r_k)$ 取得最大的值。

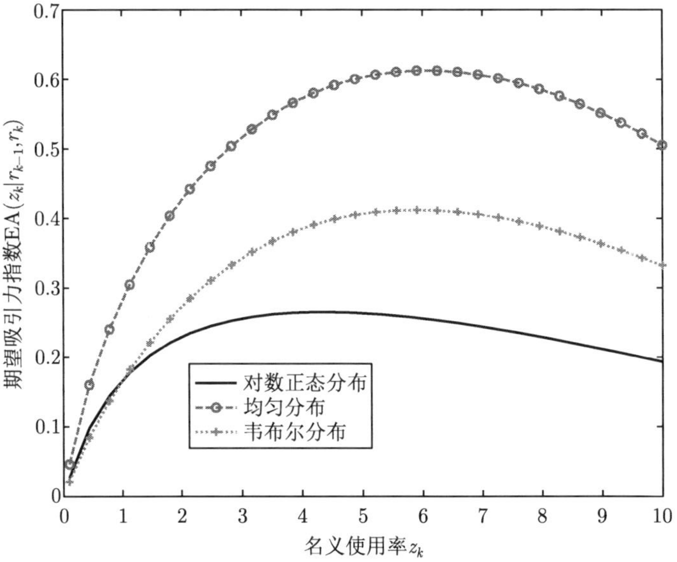

图 6.20 不同名义使用率 z_k 下顾客整体的期望吸引力指数 $\mathrm{EA}(z_k|r_{k-1},r_k)$

对于使用率为 r 的顾客而言，其更在意在二维质保政策内的有效质保面积 $S(r)$ 取值。因为 $S(r)$ 越多，顾客可以享受到的免费维修服务越多。对于使用率为 r 的某一顾客而言，顾客的使用率是固定的，即 $S(r)=W_t(r)\times W_u(r)=rW_t^2(r)=\dfrac{W_u^2(r)}{r}$。顾客通过对超出质保期时的使用时间 $W_t(r)$ 或超出质保期时的累积使用量 $W_u(r)$ 进行排序，得到使得自身有效质保面积 $S(r)$ 最大所对应的二维质保政策。因此，当制造商向顾客提供一个柔性二维质保菜单 $\mathcal{M}_n=\{\varOmega(L_1,M_1),\cdots,\varOmega(L_n,M_n)\}$ 时，他可以对菜单中每一个二维质保政策按照超出质保时间 $W_t(r)$ 或者超出质保累积使用量 $W_u(r)$ 进行排序。根据自身的使用率 r，从提供二维质保菜单 $\mathcal{M}_n$ 中找到最大的二维质保政策，即超出质保期时的使用时间 $W_t^*(r)$ 或者超出质保期时的累积使用量 $W_u^*(r)$ 的最大值。

6.3.3　柔性二维质保菜单的设计原则

制造商在设计柔性二维质保菜单 $\mathcal{M}_n=\{\varOmega(L_1,M_1),\cdots,\varOmega(L_n,M_n)\}$ 时，需要遵守两个基本的设计原则。其中一个设计原则，如定理 6.6 所示。

定理 6.6　设计原则 1。成功实施柔性二维质保菜单 $\mathcal{M}_n=\{\varOmega(L_1,M_1),\cdots,\varOmega(L_n,M_n)\}$ 的一个必要条件是：满足质保菜单中任意质保政策 $\varOmega(L_k,M_k)$ 对于其他任意质保政策 $\varOmega(L_i,M_i)$ 没有绝对优势，即 $L_1>L_2>\cdots>L_n$ 以及 $M_1<M_2<\cdots<M_n$。其中，$i=1,2,\cdots,k-1,k+1,\cdots,n$。

证明　假如质保菜单 $\mathcal{M}_n=\{\varOmega(L_1,M_1),\cdots,\varOmega(L_n,M_n)\}$ 中，二维质保政策 $\varOmega(L_k,M_k)$ 对于二维质保政策 $\varOmega(L_p,M_p)$ 有绝对优势，即 $L_k\geqslant L_p$ 和 $M_k\geqslant M_p$。其中，$p=1,2,\cdots,k-1,k+1,\cdots,n$。对于任意使用率为 r 的顾客而言，在选择二维质保政策 $\varOmega(L_k,M_k)$ 时，其超出质保的时间 $W_t(r)$ 或超出质保的累积使用量 $W_u(r)$ 的取值不会小于选择二维质保政策 $\varOmega(L_p,M_p)$ 时的取值。对于使用率为 r 的顾客而言，选择二维质保政策 $\varOmega(L_k,M_k)$ 要优于选择二维质保政策 $\varOmega(L_p,M_p)$。因此，二维质保政策 $\varOmega(L_p,M_p)$ 在质保菜单 $\mathcal{M}_n=\{\varOmega(L_1,M_1),\cdots,\varOmega(L_n,M_n)\}$ 中是无效的。所以，制造商要成功实施柔性二维质保菜单，就必须满足 $L_k\geqslant L_p$ 以及 $M_k\leqslant M_p$ 或 $L_k\leqslant L_p$ 以及 $M_k\geqslant M_p$。

定理 6.6 给出了成功实施柔性二维质保菜单的基础条件。同时，由定理 6.6 可知，菜单中二维质保政策名义使用率的关系为 $z_1<z_2<\cdots<z_n$。根据 $L_1>L_2>\cdots>L_n$ 以及 $M_1<M_2<\cdots<M_n$，对于柔性二维质保菜单中任意两个相邻的二维质保政策 $\varOmega(L_k,M_k)$ 和 $\varOmega(L_{k+1},M_{k+1})$，必然存在一个交点。交点坐标为时间坐标 L_{k+1} 以及累积使用量坐标 M_k。其中，$k=1,2,\cdots,n-1$。对于使用率等于 $r=\dfrac{M_k}{L_{k+1}}$ 的顾客而言，在柔性二维质保菜单中选择二维质保政策 $\varOmega(L_k,M_k)$ 或者 $\varOmega(L_{k+1},M_{k+1})$，具有相同的超出质保的时间 L_{k+1} 或超出质保的累积使用量 M_k。因此，使用率等于 $r=\dfrac{M_k}{L_{k+1}}$ 的顾客，对于选择二维质保政策 $\varOmega(L_k,M_k)$ 或者 $\varOmega(L_{k+1},M_{k+1})$ 的没有差异的。

定理 6.7 给出了制造商设计柔性二维质保菜单时，将顾客划分为 n 组的基本设计原则。

定理 6.7　设计原则 2。当制造商按照顾客的使用率把顾客分为 n 组时，即 $r_{\mathrm{L}}=r_0<r_1<\cdots<r_{k-1}<r_k<r_{k+1}<\cdots<r_{n-1}<r_n=r_{\mathrm{U}}$，划分顾客的使用率 $r_k=\dfrac{M_k}{L_{k+1}}$。其中，$k=1,2,\cdots,n-1$。

证明　当制造商按照使用率将顾客分为 n 组时，即 $r_{\mathrm{L}}=r_0<r_1<\cdots<r_{k-1}<r_k<r_{k+1}<\cdots<r_{n-1}<r_n=r_{\mathrm{U}}$。使用率为 $r_{k-1}\leqslant r\leqslant r_k$ 的顾客，将会在柔性二维质保菜单中选择二维质保政策 $\Omega(L_k,M_k)$。因为选择二维质保政策 $\Omega(L_k,M_k)$ 时，顾客的超出质保时间 $W_t(r)$ 或者超出质保累积使用量 $W_u(r)$ 最大。此时，使用率为 $r=r_k$ 从质保菜单中选择二维质保政策 $\Omega(L_k,M_k)$ 或 $\Omega(L_{k+1},M_{k+1})$ 是没有差异的。因此，得出 $r_k=\dfrac{M_k}{L_{k+1}}$ 才能满足以上情况，其中，$k=1,2,\cdots,n-1$。

由定理 6.7 可知，柔性二维质保菜单中任意两个相邻的二维质保政策 $\Omega(L_k,M_k)$ 和 $\Omega(L_{k+1},M_{k+1})$ 之间的使用时间限制存在如下关系：$L_{k+1}=\dfrac{z_k}{r_k}L_k$。因此，可以得到 $L_k=\dfrac{z_{k-1}}{r_{k-1}}L_{k-1}=a_kL_1$。其中，$a_k=\prod_{a=1}^{k-1}z_a/\prod_{a=1}^{k-1}r_a$，$k=2,3,\cdots,n$。定理 6.7 建立了两个相邻的二维质保政策间的使用时间限制关系，对于简化柔性二维质保的设计过程是非常有用的。

6.3.4　柔性二维质保菜单的最优设计

制造商在设计最优的柔性二维质保菜单时，既要考虑不同使用率顾客的感知，又要根据质保成本进行菜单设计。对于制造商而言，在给定总期望质保成本 C_0 的情况下，设计最优的柔性二维质保菜单 $\mathcal{M}_n=\{\Omega(L_1,M_1),\cdots,\Omega(L_n,M_n)\}$，使得不同使用率顾客的满意度最大。总期望质保成本 C_0 是由制造商根据历史数据获得或直接给定的。制造商在设计最优柔性二维质保菜单时，其决策变量为质保菜单中每个二维质保政策 $\Omega(L_k,M_k)$ 的使用时间限制 L_k 以及累积使用量限制 M_k 的取值，其中，$k=1,2,\cdots,n$。制造商对顾客按照使用率分为 n 组，即 $r_{\mathrm{L}}=r_0<r_1<\cdots<r_{k-1}<r_k<r_{k+1}<\cdots<r_{n-1}<r_n=r_{\mathrm{U}}$。其中，$r_k$ 和 n 是由制造商根据过往经验或历史数据来确定的，$k=1,2,\cdots,n-1$。一般情况下，制造商在进行顾客分组时，采用均匀分组的策略 [15]，即 $r_k=Q^{-1}(k/n)$。其中，$Q^{-1}(\cdot)$ 为使用率的分位数函数。

在给定总期望成本的情况下，对二维质保菜单进行最优化设计，使得顾客整体的期望吸引力指数最大化。因此，最优的柔性二维质保菜单设计，如公式 (6.24)

所示：

$$\max \mathrm{TA}(z_1, z_2, \cdots, z_n) = \sum_{k=1}^{n}\left[\int_{r_{k-1}}^{z_k} \frac{r}{z_k}\mathrm{d}G(r) + \int_{z_k}^{r_k} \frac{z_k}{r}\mathrm{d}G(r)\right] \tag{6.24}$$

$$\text{s.t.}\begin{cases}\displaystyle\sum_{k=1}^{n} C_r N(L_k, M_k) = C_0 \\ z_k = \dfrac{M_k}{L_k}, \quad k = 1, 2, \cdots, n\end{cases}$$

其中，$\mathrm{TA}(z_1, z_2, \cdots, z_n) = \sum_{k=1}^{n} \mathrm{EA}(z_k|r_{k-1}, r_k)$ 为顾客整体的总期望吸引力指数，C_r 为质保期内单位平均最小维修成本。采用最小维修策略，质保期内产品的失效个数服从非齐次泊松过程。因此，二维质保期 $\Omega(L_k, M_k)$ 内的期望索赔数量 $N(L_k, M_k)$ 为

$$N(L_k, M_k) = \int_{r_{k-1}}^{z_k} \Lambda(L_k; R)g(r)\mathrm{d}r + \int_{z_k}^{r_k} \Lambda\left(\frac{M_k}{r}; R\right) g(r)\mathrm{d}r, \quad r_{k-1} \leqslant z_k \leqslant r_k \tag{6.25}$$

下面考虑使用率为 $r_{k-1} \leqslant r < r_k$ 的顾客，从二维质保菜单中最优的选择，如定理 6.8 所示，其中，$k = 1, 2, \cdots, n$。

定理 6.8　**顾客的最优选择。当制造商按照 $r_i = \dfrac{M_i}{L_{i+1}}$ 对顾客进行划分时，对于使用率为 $r_{k-1} \leqslant r < r_k$ 的顾客而言，在二维质保菜单 $\mathcal{M}_n = \{\Omega(L_1, M_1), \cdots, \Omega(L_n, M_n)\}$ 中的最优选择为 $\Omega(L_k, M_k)$。其中，$i = 1, 2, \cdots, n-1$ 和 $k = 1, 2, \cdots, n$。**

证明　顾客根据自身超出质保期的使用时间或累积使用量的最大值进行选择。对于使用率为 $r_{k-1} \leqslant r \leqslant r_k$ 的顾客而言，有 $r \leqslant r_k = \dfrac{M_k}{L_{k+1}} < \dfrac{M_{k+1}}{L_{k+1}} = z_{k+1} < z_{k+2} < \cdots < z_n$。当选择质保菜单中其他二维质保政策 $\Omega(L_i, M_i)$ 时，$i = k+1, k+2, \cdots, n$，超出质保的使用时间为 L_i。而选择 $\Omega(L_k, M_k)$ 的超出质保期的使用时间为 L_k 或者 $\dfrac{M_k}{r}$。因为 $L_k > L_i$，其中，$i = k+1, k+2, \cdots, n$。并且，$\dfrac{M_k}{r} \geqslant \dfrac{M_k}{r_k} = L_{k+1} > L_i$，其中，$i = k+2, k+3, \cdots, n$。因此，选择二维质保政策 $\Omega(L_k, M_k)$ 要比选择其他二维质保政策 $\Omega(L_i, M_i)$ 更优，其中，$i = k+1, k+2, \cdots, n$。

同样地，有 $r \geqslant r_{k-1} = \dfrac{M_{k-1}}{L_k} > \dfrac{M_{k-1}}{L_{k-1}} = z_{k-1} > z_{k-2} > \cdots > z_1$。当

使用率为 $r_{k-1} \leqslant r \leqslant r_k$ 的顾客选择其他二维质保政策 $\Omega(L_j, M_j)$ 时，其中，$j=1,2,\cdots,k-1$,超出质保期的使用时间为 $\dfrac{M_j}{r}$。而选择二维质保政策 $\Omega(L_k, M_k)$ 的超出质保期的使用时间为 L_k 或者 $\dfrac{M_k}{r}$。因为 $L_k = \dfrac{M_{k-1}}{r_{k-1}} \geqslant \dfrac{M_{k-1}}{r} > \dfrac{M_j}{r}$，其中，$j=1,2,\cdots,k-2$。并且 $\dfrac{M_k}{r} > \dfrac{M_j}{r}$，其中，$j=1,2,\cdots,k-1$。因此，选择二维质保政策 $\Omega(L_k, M_k)$ 要比选择其他二维质保政策 $\Omega(L_j, M_j)$ 更优，其中，$j=1,2,\cdots,k-1$。

定理 6.8 表明顾客的划分策略影响最优二维质保政策的设计。6.3.6 节会对制造商如何设计最优的划分策略进行讨论。根据定理 6.8，当使用率为 $r_{k-1} \leqslant r < r_k$ 的顾客选择二维质保政策 $\Omega(L_k, M_k)$ 时，他们的期望吸引力指数为 $\mathrm{EA}(z_k|r_{k-1}, r_k)$。$\mathrm{EA}(z_k|r_{k-1}, r_k)$ 的值可以根据式 (6.23) 计算得到。

制造商改变名义使用率的取值会影响顾客的期望吸引力指数，如图 6.20 所示。使得顾客的期望吸引力指数取得最大值的最优名义使用率，如定理 6.9 所示。

定理 6.9 最优名义使用率设计。给定顾客使用率分布 $G(r)$ 以及划分策略 r_{k-1} 和 r_k，二维质保菜单中二维质保政策 $\Omega(L_k, M_k)$ 的最优名义使用率 z_k^* 值如公式 (6.26) 所示，其中，$k=1,2,\cdots,n$。

$$z_k^* = \sqrt{\frac{\displaystyle\int_{r_{k-1}}^{z_k^*} r\mathrm{d}G(r)}{\displaystyle\int_{z_k^*}^{r_k} \frac{1}{r}\mathrm{d}G(r)}}, \quad r_{k-1} \leqslant z_k^* \leqslant r_k \tag{6.26}$$

证明 当顾客的使用率分布 $G(r)$ 以及制造商的划分策略 r_{k-1} 和 r_k 给定时，期望吸引力指数 $\mathrm{EA}(z_k|r_{k-1}, r_k)$ 是关于名义使用率 z_k 的函数。期望吸引力指数 $\mathrm{EA}(z_k|r_{k-1}, r_k)$ 取得最大值的必要条件为一阶导数为零，即

$$\mathrm{EA}'(z_k) = \frac{\mathrm{dEA}(z_k)}{\mathrm{d}z_k} = -\frac{1}{z_k^2}\int_{r_{k-1}}^{z_k} r\mathrm{d}G(r) + \int_{z_k}^{r_k} \frac{1}{r}\mathrm{d}G(r) = 0$$

同时，$r_{k-1} \leqslant z_k \leqslant r_k$，而 $\mathrm{EA}'(r_{k-1}) > 0$ 和 $\mathrm{EA}'(r_k) < 0$，如下所示：

$$\mathrm{EA}'(r_{k-1}) = \int_{r_{k-1}}^{r_k} \frac{1}{r}\mathrm{d}G(r) > 0$$

$$\mathrm{EA}'(r_k) = -\frac{1}{r_k^2}\int_{r_{k-1}}^{r_k} r\mathrm{d}G(r) < 0$$

因为 $\mathrm{EA}'(z_k)$ 在区间 $[r_{k-1}, r_k]$ 上是连续的，所以，必然存在一个最优值点 z_k^* 使得 $\mathrm{EA}'(z_k^*) = 0$ 。当 $r_{k-1} \leqslant z_k < z_k^*$ 时，$\mathrm{EA}'(z_k) > 0$；当 $z_k^* < z_k \leqslant r_{k-1}$ 时，$\mathrm{EA}'(z_k) < 0$。因此，$\mathrm{EA}(z_k)$ 取得最大值的最大值点为 $z_k = z_K^*$ 。

根据定理 6.9 ，给定顾客使用率的分布以及顾客的划分策略 r_k 的取值，柔性二维质保菜单中每个二维质保政策的最优名义使用率 z_k^* 就可以确定，其中，$k = 1, 2, \cdots, n$。

下面将对二维质保菜单的质保成本进行分析，并根据质保成本对质保菜单中最优的使用时间限制和累积使用量限制进行分析。

总期望质保成本 C_0 取决于二维质保菜单中二维质保政策的使用时间限制和累积使用量限制的取值。对于使用率为 $r_{k-1} \leqslant r < r_k$ 的顾客而言，选择二维质保政策 $\Omega(L_k, M_k)$ 时，质保期内的期望质保成本为 C_k。考虑制造商采用最小维修策略进行维修，参考文献 [10] 和文献 [15] 的相关研究，非齐次泊松过程的发生率 $h(t; R)$ 的形式，如公式 (6.27) 所示：

$$h(t; R) = h_0\big(r^\eta t\big) r^\eta \tag{6.27}$$

其中，$h_0(t) = \alpha^{-\beta}\beta t^{\beta-1}$，$\beta > 1$，$\alpha > 0$。根据公式 (6.25)，提供二维质保政策 $\Omega(L_k, M_k)$ 的期望质保成本 C_k 为

$$C_k = \frac{C_r}{\alpha^\beta} b_k L_k^\beta \tag{6.28}$$

其中，$b_k = \displaystyle\int_{r_{k-1}}^{z_k^*} r^{\beta\eta}\mathrm{d}G(r) + z_k^{*\beta}\int_{z_k^*}^{r_k} r^{\beta(\eta-1)}\mathrm{d}G(r)$。因此，二维质保菜单的总期望质保成本 TC 为

$$\mathrm{TC} = \frac{C_r}{\alpha^\beta}\left(b_1 L_1^\beta + \sum_{k=1}^{n} b_k (a_k L_1)^\beta\right) \tag{6.29}$$

其中，$a_k = \prod_{a=1}^{k-1} z_a^* / \prod_{a=1}^{k-1} r_a$，$k = 2, 3, \cdots, n$。

根据定理 6.7 可知，$L_k = \dfrac{z_{k-1}^*}{r_{k-1}} L_{k-1} = a_k L_1$ 。当制造商给定总期望质保成本 $\mathrm{TC} = C_0$ 时，根据式 (6.29)，柔性质保菜单中二维质保政策 $\Omega(L_1, M_1)$ 的最优使用时间限制 L_1^* 以及最优累积使用量限制 M_1^* 的取值，如公式 (6.30) 所示：

$$L_1^* = \frac{\alpha C_0^{\frac{1}{\beta}}}{C_r^{\frac{1}{\beta}}\left(b_1 + \sum_{k=2}^{n} a_k^\beta b_k\right)^{\frac{1}{\beta}}},\quad M_1^* = z_1^* L_1^* \tag{6.30}$$

根据 $L_k = \dfrac{z_{k-1}^*}{r_{k-1}} L_{k-1} = a_k L_1$，其他二维质保政策的最优使用时间限制 L_k^* 和最优累积使用量限制 M_k^* 的取值为 $L_k^* = a_k L_1^*$ 以及 $M_k^* = z_k^* L_k^*$。其中，$a_k = \prod_{a=1}^{k-1} z_a^* / \prod_{a=1}^{k-1} r_a$ 和 $b_k = \displaystyle\int_{r_{k-1}}^{z_k^*} r^{\beta\eta} \mathrm{d}G(r) + z_k^{*\beta} \int_{z_k^*}^{r_k} r^{\beta(\eta-1)} \mathrm{d}G(r)$。

6.3.5 柔性二维质保菜单的设计流程

本节对于以上柔性二维质保菜单的设计流程进行总结，具体步骤如下所示。

步骤 1：制造商确定总期望质保成本 C_0、质保菜单中二维质保政策的个数 n 和顾客的划分策略，即 r_k 的取值，其中，$k = 1, 2, \cdots, n-1$。

步骤 2：根据定理 6.9 和公式 (6.26)，得到二维质保菜单中每个二维质保政策 $\Omega(L_k, M_k)$ 的最优名义使用率 z_k^* 的取值，其中，$k = 1, 2, \cdots, n$。

步骤 3：根据产品可靠性和维修策略等，计算柔性二维质保菜单的总期望质保成本 TC ，如公式 (6.29) 所示。

步骤 4：根据定理 6.7 和总期望质保成本 TC，计算二维质保菜单中每个二维质保政策的最优使用时间限制 L_k^* 以及累积使用量限制 M_k^* 的取值，如公式 (6.30) 所示。

6.3.6 最优顾客划分策略

市场中顾客的使用率是不一样的。制造商根据顾客的使用率进行划分时，划分策略 r_k 的取值可以根据市场调研、历史数据或顾客需求等来确定，其中，$k = 1, 2, \cdots, n-1$。一般情况下，制造商采用最常见的策略是均匀划分策略。均匀划分策略是指制造商根据顾客的使用率分布将顾客均匀地分为 n 组，即 $r_k = Q^{-1}(k/n)$，其中，$k = 1, 2, \cdots, n-1$。$Q^{-1}(\cdot)$ 是使用率的分位数函数。除了均匀划分策略，制造商按照使用率划分顾客的方法是有很多的。本节将对最优的划分策略进行讨论。

由定理 6.8 可知，顾客的划分策略影响最优柔性二维质保菜单的设计。因此，最优顾客划分策略可以通过使得顾客整体总期望吸引指数 TA 取得最大值进行设计。这里，划分策略 r_k 将作为决策变量，其中，$k = 1, 2, \cdots, n-1$。最优的顾客划分策略可以进行如下建模：

$$
\begin{aligned}
\max\ \mathrm{TA}(r_1, r_2, \cdots, r_{n-1}) = \sum_{k=1}^{n} \Bigg[& \int_{r_{k-1}}^{z_k(r_{k-1}, r_k)} \frac{r}{z_k(r_{k-1}, r_k)} \mathrm{d}G(r) \\
& + \int_{z_k(r_{k-1}, r_k)}^{r_k} \frac{z_k(r_{k-1}, r_k)}{r} \mathrm{d}G(r) \Bigg]
\end{aligned}
\tag{6.31}
$$

$$
\text{s.t.}\begin{cases}\displaystyle\sum_{k=1}^{n} C_r N_k(r_{k-1}, r_k) = C_0 \\ z_k(r_{k-1}, r_k) = z_k = \dfrac{M_k}{L_k}, \quad k = 1, 2, \cdots, n \\ r_0 = r_{\mathrm{L}}, \quad r_n = r_{\mathrm{U}}\end{cases}
$$

其中，$z_k(r_{k-1}, r_k)$ 为关于 r_k^*、r_{k-1}^* 以及 z_k^* 之间的关系式。最优的名义使用率 z_k^* 可以通过定理 6.9 求解，其中，$k = 1, 2, \cdots, n$。

定理 6.10 给出了通过最优顾客划分策略进行划分时的一个必要条件。

定理 6.10　**最优划分策略的必要条件。使得顾客整体总期望吸引力指数 $\mathrm{TA}(r_1, r_2, \cdots, r_{n-1})$ 取得最大值的一个必要条件是：$r_k^{*2} = z_k^* z_{k+1}^*$，其中，$k = 1, 2, \cdots, n-1$。**

证明　在公式 (6.31) 中，引入拉格朗日乘子 λ。因此，得到以下公式：

$$
L(r_1, r_2, \cdots, r_{n-1}) = \sum_{k=1}^{n} \mathrm{EA}(r_k - 1, r_k) - \lambda\left(\sum_{k=1}^{n} C_r N_k(r_{k-1}, r_k) - C_0\right)
$$

使得 $L(r_1, r_2, \cdots, r_{n-1})$ 取得最大值的必要条件是满足 $\dfrac{\partial L}{\partial r_k} = 0$，即

$$
\frac{\partial L}{\partial r_k} = \frac{z_k}{r_k} g(r_k) - \frac{r_k}{z_{k+1}} g(r_k) - \lambda\left(\frac{r_k}{r_0}\right)^{\beta\eta} g(r_k)\left(\left(\frac{L_k z_k}{r_k \alpha}\right)^{\beta} - \left(\frac{L_{k+1}}{\alpha}\right)^{\beta}\right)
$$

根据定理 6.7 可知，$L_{k+1} = \dfrac{z_k}{r_k} L_k$。因此，可以得到 $\dfrac{\partial L}{\partial r_k} = \dfrac{z_k}{r_k} g(r_k) - \dfrac{r_k}{z_{k+1}} g(r_k)$。当 $\dfrac{\partial L}{\partial r_k} = 0$ 时，可以得到 $r_k^2 = z_k z_{k+1}$，其中，$k = 1, 2, \cdots, n-1$。

定理 6.10 建立了最优划分策略 r_k^* 和质保菜单中相邻的二维质保政策的最优名义使用率 z_k^* 和 z_{k+1}^* 之间的关系式，其中，$k = 1, 2, \cdots, n-1$。同时，根据定理 6.9 可以得到相邻的最优划分策略 r_k^*、r_{k-1}^* 与最优名义使用率 z_k^* 之间的关系式。因此，可以对最优的划分策略 r_i^* 以及最优的名义使用率 z_j^* 进行联立求解，其中，$i = 1, 2, \cdots, n-1$ 和 $j = 1, 2, \cdots, n$。联立求解的方程组，如公式 (6.32)

所示：

$$
\begin{cases}
r_i^{*2} = z_i^* z_{i+1}^*, \quad i = 1, 2, \cdots, n-1 \\
z_j^* = \sqrt{\dfrac{\displaystyle\int_{r_{j-1}^*}^{z_j^*} r\mathrm{d}G(r)}{\displaystyle\int_{z_j^*}^{r_j^*} \frac{1}{r}\mathrm{d}G(r)}}, \quad j = 1, 2, \cdots, n \\
r_0^* = r_{\mathrm{L}}, r_n^* = r_{\mathrm{U}}
\end{cases}
\tag{6.32}
$$

为了获得最优划分策略的数学解析解，本节假设顾客的使用率分布 $G(r)$ 在区间 $[r_{\mathrm{L}}, r_{\mathrm{U}}]$ 中服从均匀分布。根据定理 6.9 可知，$r_k^* = z_k^* \exp\left(\dfrac{1}{2}\left(1 - \dfrac{r_{k-1}^{*2}}{z_k^{*2}}\right)\right)$。因此，最优的划分策略 r_i^* 以及最优的名义使用率 z_j^*，由公式 (6.33) 所示：

$$
\begin{cases}
r_1^* = z_1^* \exp\left(\dfrac{1}{2}\left(1 - \dfrac{r_0^{*2}}{z_1^2}\right)\right), \quad z_2^* = r_1^{*2}/z_1^* \\
r_2^* = z_2^* \exp\left(\dfrac{1}{2}\left(1 - \dfrac{r_1^{*2}}{z_2^2}\right)\right), \quad z_3^* = r_2^{*2}/z_2^* \\
\cdots \\
r_n^* = z_n^* \exp\left(\dfrac{1}{2}\left(1 - \dfrac{r_{n-1}^{*2}}{z_n^{*2}}\right)\right), \quad z_n^* = r_{n-1}^{*2}/z_{n-1}^*
\end{cases}
\tag{6.33}
$$

其中，$r_0^* = r_{\mathrm{L}}$ 以及 $r_n^* = r_{\mathrm{U}}$。如公式 (6.33) 所示，最优的划分策略 r_i^* 以及最优的名义使用率 z_j^* 都是关于 z_1^* 的函数，其中，$i = 1, 2, \cdots, n-1$ 以及 $j = 2, 3, \cdots, n$。因此，当给定 $r_0^* = r_{\mathrm{L}}$ 和 $r_n^* = r_{\mathrm{U}}$ 时，z_1^* 可以通过求解方程组获得。

当顾客的使用率服从其他分布，如对数正态分布、韦布尔分布以及伽马分布时，可以通过数值方法进行最优策略的求解。

6.3.7 梯形二维质保政策的设计

本章的讨论中，顾客可以根据自己的使用率从设计的柔性二维质保菜单中进行选择。然而，并不是所有的顾客对于自己的使用率有充分的认识，尤其是一些新顾客。当顾客对于自己的使用率不确定时，顾客将无法从柔性二维质保菜单中进行选择。所以，这种情况下，制造商可以通过设计一个梯形二维质保政策给这些使用率不确定的顾客。

假设市场中部分顾客不能确定自己的使用率，同时，假设该部分顾客的使用率是线性的，并不会在临近质保期时，出现增加自己使用率的情况 [16]。此种情况下，制造商可以设计一个梯形二维质保政策来满足这部分顾客的需求。在设计柔性二维质保菜单 $\mathcal{M}_n = \{\Omega(L_1, M_1), \cdots, \Omega(L_n, M_n)\}$ 时，制造商的总成本不变，不同使用率的顾客的满意度最大。而梯形二维质保政策，可以参考柔性二维质保菜单 $\mathcal{M}_n$

进行如下设计：将柔性二维质保菜单 $\mathcal{M}_n = \{\Omega(L_1, M_1), \cdots, \Omega(L_n, M_n)\}$ 中所有的二维质保政策进行合并，即 $\mathcal{M} = \{\Omega(L_1, M_1) \cup \Omega(L_2, M_2) \cup \cdots \cup \Omega(L_n, M_n)\}$。设计的梯形二维质保政策如图 6.21 所示。

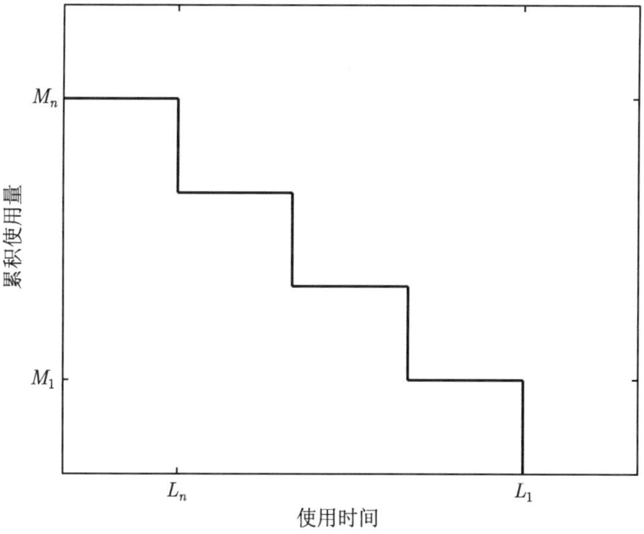

图 6.21　梯形二维质保政策

6.3.8 仿真试验

本节采用汽车市场中设计柔性二维质保政策的例子，对本章的方法进行分析和验证。某一汽车制造商生产某一类型的汽车，该汽车在市场中原有的二维质保政策是单一的。该汽车的二维质保政策为 $L_0 = 3$ 年或 $M_0 = 6$ 万公里。为了提高市场竞争力及增加顾客对于售后服务的满意度，该制造商决定设计一个柔性二维质保菜单。该柔性二维质保菜单包含 $n = 3$ 个二维基础质保政策。制造商并不希望增加柔性二维质保菜单的质保成本，即该柔性二维质保菜单的总期望质保成本等于原有的二维质保政策 $\Omega(L_0, M_0)$。根据已有的汽车索赔数据分析，顾客的使用率服从对数正态分布，其概率密度函数为

$$g(r) = \frac{1}{r\sqrt{2\pi\sigma^2}} \exp\left(-\frac{(\ln r - \mu)^2}{2\mu^2}\right), \quad r > 0 \tag{6.34}$$

其中，$\mu = 0.5$ 以及 $\sigma = 1$。同时，制造商对质保期内汽车的失效采用最小维修策略。因此，非齐次泊松过程的强度函数为

$$h(t; R) = \alpha^{-\beta}\beta t^{\beta-1} r^{\eta\beta} \tag{6.35}$$

其中，$\beta=1.1$，$\alpha=10$ 以及 $\eta=0.8$。维修一次失效的平均维修成本 $C_r=1$，因此，根据公式 (6.25) 可得，提供原有二维质保政策 $\Omega(L_0,M_0)$ 时的期望质保成本 $C_0=0.3275$。根据式 (6.23)，可以计算出，提供原有二维质保政策 $\Omega(L_0,M_0)$ 时顾客整体的期望吸引力指数 $\mathrm{TA}_0=0.5181$。

当制造商采用均匀划分策略时，即制造商根据顾客的使用率将顾客均匀地分为 $n=3$ 组。如图 6.22 所示，均匀划分策略为 $r_1=Q^{-1}(1/3)=1.07$ 以及 $r_2=Q^{-1}(2/3)=2.54$。此时，根据本节的内容可以得出，最优的柔性二维质保菜单为 $\mathcal{M}_3=\{\Omega_1(4.34,2.92),\Omega_2(2.73,4.50),\Omega_3(1.77,6.93)\}$，如图 6.22 所示。当制造商提供 $\mathcal{M}_3=\{\Omega_1(4.34,2.92),\Omega_2(2.73,4.50),\Omega_3(1.77,6.93)\}$ 的柔性二维质保菜单时，顾客的总期望吸引力指数 $\mathrm{TA}_1=0.7399$。可以看出，$\mathrm{TA}_1>\mathrm{TA}_0$，即在均匀划分策略下制造商提供柔性二维质保菜单比单一的二维质保政策 $\Omega(L_0,M_0)$ 更优。

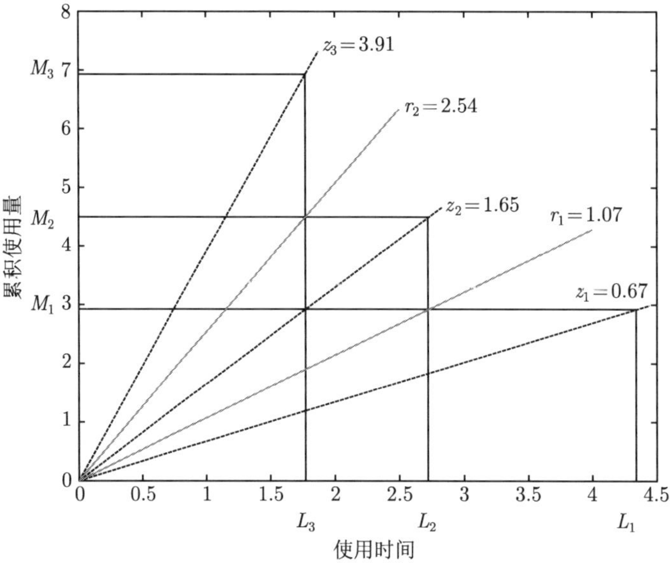

图 6.22 采用均匀划分策略时的最优柔性二维质保菜单

当制造商实施最优的划分策略时，如 6.3.6 节所示，最优的顾客划分策略为 $r_1=1.04$ 以及 $r_2=2.61$，如图 6.23 所示。此时，$\mathcal{M}_3=\{\Omega_1(4.32,2.85),\Omega_2(2.73,4.51),\Omega_3(1.73,7.13)\}$ 为最优的柔性二维质保菜单。顾客整体对于该柔性二维质保菜单的总期望吸引力指数为 $\mathrm{TA}_2=0.7402$。而 $\mathrm{TA}_2>\mathrm{TA}_1$，因此，制造商采用最优的划分策略要优于采用均匀划分策略。但是，与采用最优的划分策略相比，通过均匀划分策略求解的步骤及算法要更加简单和迅速。同时，TA_2 与 TA_1 之间的差异很小。因此，建议制造商采用均匀划分的策略，进行柔性二维质保菜单的最优设计。因为不仅求解的步骤及算法要更加简单和迅速，而且求解得到的顾客总期望吸引力指数，与采用最优划分策略时相比，其数值相差不大。

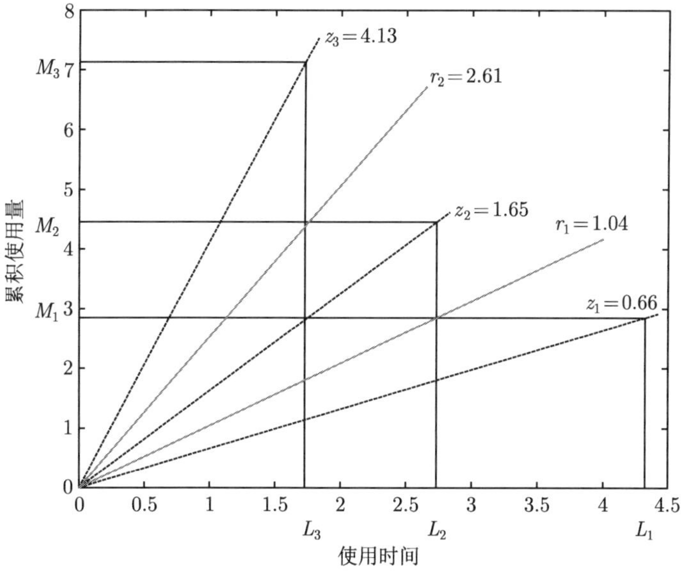

图 6.23　采用最优划分策略时的最优柔性二维质保菜单

6.3.9 敏感性分析

下面对模型中的参数进行敏感性分析，主要考虑的参数包括顾客的使用率分布相关参数 μ 和 σ，以及制造商设计柔性二维质保菜单中分组个数 n。研究这些参数变化对于总的期望质保成本 C_0、总的期望吸引力指数 TA 以及最优柔性二维质保菜单设计的影响。

顾客的使用率分布直接影响柔性二维质保菜单的最优设计。参数 μ 决定着对数正态分布中使用率的对数 $\log(r)$ 的均值。如图 6.24 所示，当顾客的使用率 μ 增加时，制造商提供单一的二维质保政策 $\Omega(L_0, M_0)$ 的总期望质保成本 C_0 以及顾客的总期望吸引力指数 TA_0 会出现先增加后减少的趋势。因为单一二维质保政策 $\Omega(L_0, M_0)$ 的名义使用率 $r_0 = \dfrac{M_0}{L_0}$ 是不变的，当顾客的 μ 增加到 r_0 时，C_0 和 TA_0 都会增加。而继续增加 μ，名义使用率 r_0 保持不变的，从而导致 C_0 和 TA_0 的值减小。然而，当制造商提供柔性二维质保菜单时，无论均匀划分策略还是最优划分策略，顾客的总的期望吸引力指数 TA_1 和 TA_2 是保持不变的，如图 6.24 所示。同时，TA_1 和 TA_2 的数值是大于 TA_0 的数值。这意味着柔性二维质保菜单要优于提供单一的二维质保政策，并且，柔性二维质保菜单可以根据顾客的使用率情况进行相应的调整。同时，注意到 TA_1 和 TA_2 之间的差异很小。图 6.25 给出了当顾客的使用率 μ 增加时，质保菜单中最优的二维质保政策的时间限制 L_1 以及累积使用量限制 M_1 的变化、最优划分策略以及最优名义使用率的变化。从图 6.25 可以看出，当顾客的使用率 μ 增加时，质保菜单中最优的二维质保政策的时间限制 L_1 会减少，而累积使用量限制 M_1 会增加。注意到 $L_1 > L_2 > \cdots > L_n$ 以及 $M_1 < M_2 < \cdots < M_n$。同时，如图 6.25 所示，最优划分策略 r_i 以及最优名义使用率 z_j 会随着顾客的使用率 μ 增加而增加，其中，$i = 1, 2$ 以及 $j = 1, 2, 3$。

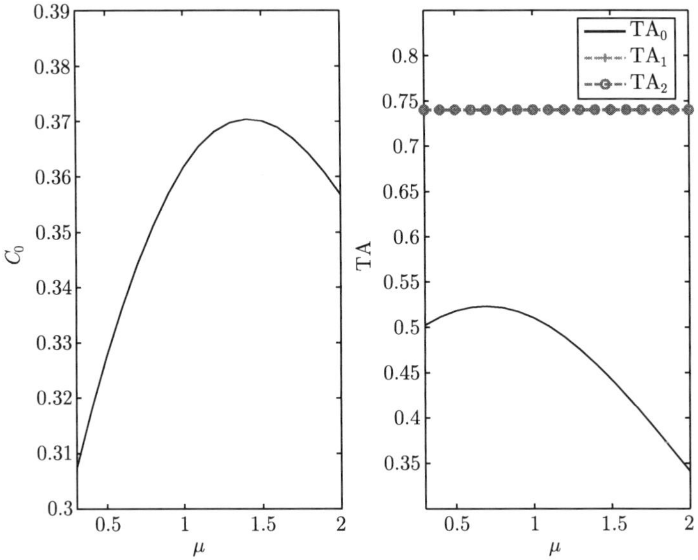

图 6.24　μ 对于总期望质保成本 C_0 和总期望吸引力指数 TA 的影响

当顾客使用率的形状参数 σ 增加时，意味着顾客中使用率的异质性在增加。如图 6.26 所示，当顾客使用率的形状参数 σ 增加时，会带来制造商提供的总期望质保成本 C_0 的减少。同时，如图 6.26 所示，当顾客中使用率的异质性增加时，顾客对于所提供的无论是单一的二维质保政策以及柔性二维质保菜单，都会带来其总期望吸引力指数的下降，即 TA_i 会减少，其中，$i = 0, 1, 2$。然而，顾客对于柔性二维质保菜单的感知 TA_1 以及 TA_2，都要高于提供单一的二维质保政策 TA_0 的数值。同时，注意到 TA_1 和 TA_2 之间的差异很小。由图 6.27 所示，当顾客的使用率 σ 增加时，质保菜单中最优的二维质保政策的时间限制 L_1 以及累积使用量限制 M_1 的变化、最优划分策略以及最优名义使用率的变化。从图中可以看出，当顾客的使用率异质性增加时，最优的二维质保政策的时间限制 L_1 会增加，而累积使用量限制 M_1 会减少。与此同时，如图 6.27 所示，当顾客的使用率 σ 增加时，最优划分策略中 r_1 的值会减少，而 r_2 的值会增加。同时，当顾客的使用率 σ 增加时，最优名义使用率会出现不同的变化趋势，如图 6.27 所示。

制造商设计柔性二维质保菜单中二维基础质保政策的数量 n 会影响顾客对于质保菜单的总期望吸引力指数以及菜单中最优的二维基础质保政策的设计。如图 6.28 所示，当制造商增加柔性二维质保菜单中二维基础质保政策的数量 n 时，顾客对于制造商提供的柔性质保菜单的总期望吸引力指数 TA 会增加。从图中可以看出，随着 n 的增加，总期望吸引力指数 TA 增加的斜率在减少。这意味着当制造商可以通过设计合适的 n 来影响顾客的总期望吸引力指数 TA 取值。例如，为了使顾客的总期望吸引力指数 TA $\geqslant 0.80$，根据图 6.28 可知，制造商在设计柔性二维质保菜单时，菜单中二维基础质保政策不应该少于 5 个。同时，如图 6.28 所示，当质保菜单中二维基础质保政策数量增加时，二维基础质保的最优时间限制 L_1 会增加，而累积使用量 M_1 会减少。

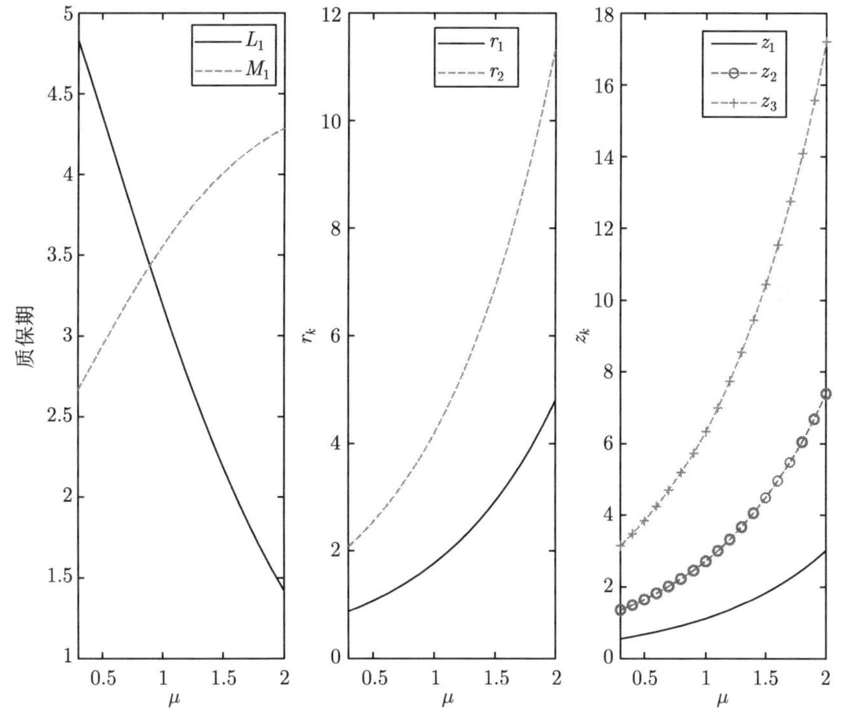

图 6.25　μ 对于最优柔性二维质保菜单、最优划分策略以及最优名义使用率的影响

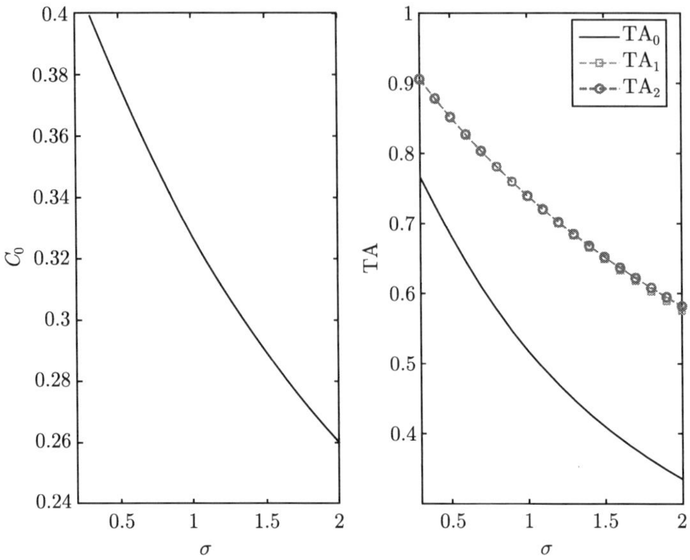

图 6.26　σ 对于总期望质保成本 C_0 和总期望吸引力指数 TA 的影响

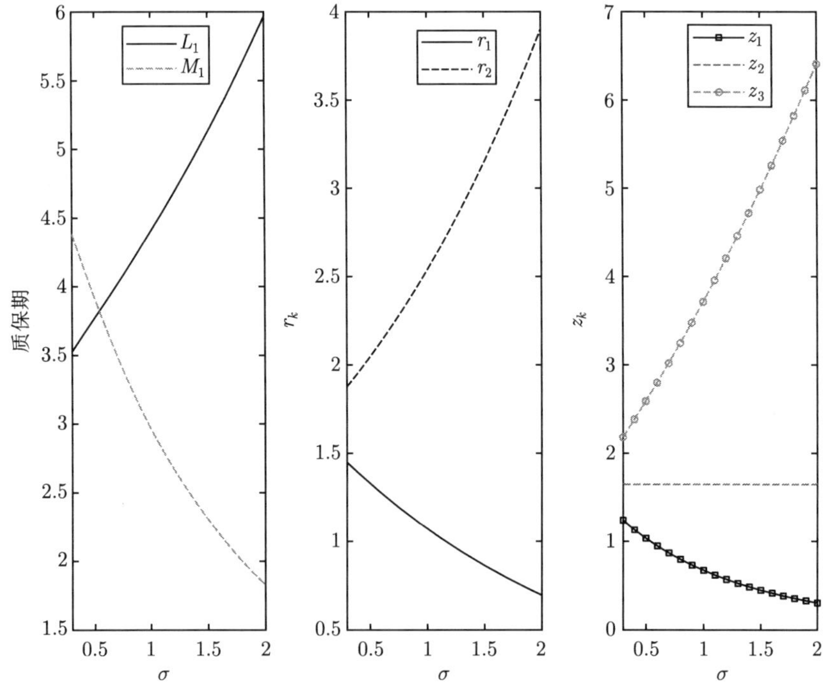

图 6.27　σ 对于最优柔性二维质保菜单、最优划分策略以及最优名义使用率的影响

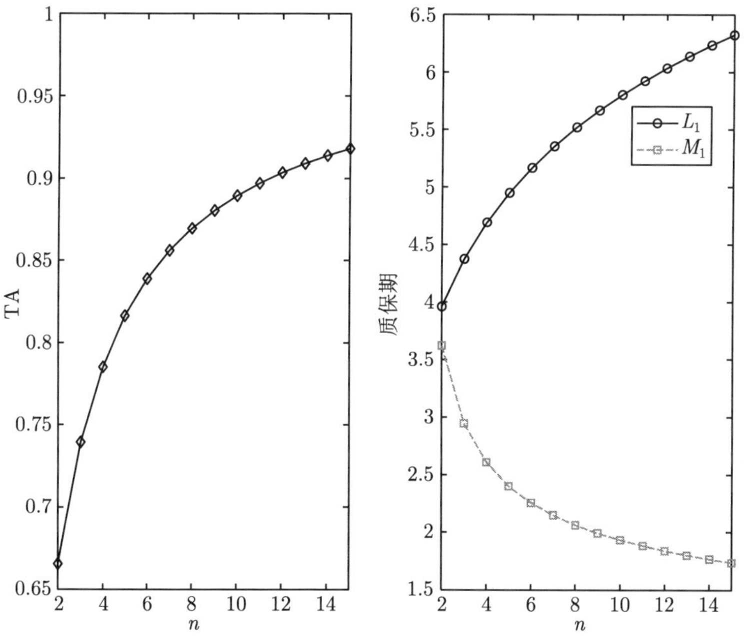

图 6.28 柔性质保菜单中质保个数 n 对于总期望吸引力指数以及质保设计的影响

6.3.10 管理启示

通过上面的数值试验以及敏感性分析，下面对于制造商能够更加有效和成功地实施柔性二维质保菜单，提出三条建议。

第一，建议制造商采用均匀划分策略对顾客进行划分。从图 6.24 以及图 6.26 可以看出，与采用最优划分策略相比，制造商采用均匀划分策略时，顾客的总期望吸引力指数是很相近的。而且，制造商采用均匀划分策略时，采用的步骤及算法会更加简单和省时。

第二，制造商在确定柔性质保菜单中二维质保政策的数量 n 时，应该考虑顾客使用率的异质性情况。因为当顾客使用率的异质性很大时，顾客对于柔性二维质保菜单的感知不高。此时，制造商应该加大柔性质保菜单中二维质保政策的数量 n，来应对顾客使用率的异质性很大的情况。

第三，由于制造商对于总质保成本 C_0 的确定会影响柔性二维菜单中二维质保政策的时间限制和累积使用量限制，因此制造商在确定总质保成本 C_0 时，要综合考虑产品的可靠性、产品售价以及市场策略等要素，以设计最优的柔性二维质保菜单。

6.4 本章小结

本章首先介绍了产品质保政策设计和优化的重要意义与关键问题。对一维质保政策进行了设计和优化，包括一维质保成本分析、质保销售函数和案例分析等内容。其次，针对以汽车等复杂产品为代表的二维质保政策进行了设计和优化，包括二维质保政策下的需求函数建模、二维质保成本分析、仿真试验和案例分析等内容。最后，考虑顾客的不同使用率，进行了个性化质保政策设计和优化，包括二维质保菜单对不同使用率顾客的吸引力建模、柔性二维质保菜单设计原则、最优设计方法和设计流程、最优顾客的划分策略和仿真试验等内容。

参考文献

[1] Glickman T S, Berger P D. Optimal price and protection period decisions for a product under warranty [J]. Management Science, 1976, 22 (12): 1381–1390.

[2] Manna D K. Price-warranty length decision with Glickman-Berger model [J]. International Journal of Reliability and Safety, 2008, 2 (3): 221–233.

[3] Huang Y S, Gau W Y, Ho J W. Cost analysis of two-dimensional warranty for products with periodic preventive maintenance [J]. Reliability Engineering and System Safety, 2015, 134: 51–58.

[4] Manna D, Pal S, Sinha S. A note on calculating cost of two-dimensional warranty policy [J]. Computers and Industrial Engineering, 2008, 54 (4): 1071–1077.

[5] Wang X, Su C. A two-dimensional preventive maintenance strategy for items sold with warranty [J]. International Journal of Production Research, 2016: 1–15.

[6] Murthy D P, Blischke W R. Warranty Management and Product Manufacture [M]. London: Springer Science & Business Media, 2005.

[7] Iskandar B, Murthy D. Repair-replace strategies for two-dimensional warranty policies [J]. Mathematical and Computer Modelling, 2003, 38 (11): 1233–1241.

[8] Blischke W R, Karim M R, Murthy D P. Warranty Data Collection and Analysis [M]. London: Springer Science & Business Media, 2011.

[9] Ye Z S, Hong Y, Xie Y, et al. How do heterogeneities in operating environments affect field failure predictions and test planning? [J]. The Annals of Applied Statistics, 2013, 7 (4): 2249–2271.

[10] Lawless J F, Crowder M, Lee K A. Analysis of reliability and warranty claims in products with age and usage scales [J]. Technometrics, 2009, 51 (1): 14–24.

[11] Meeker W Q, Escobar L A, Hong Y. Using accelerated life tests results to predict product field reliability [J]. Technometrics, 2009, 51 (2): 146–161.

[12] Iskandar B P, Murthy D P, Jack N. A new repair–replace strategy for items sold with a two-dimensional warranty [J]. Computers and Operations Research, 2005, 32 (3): 669–682.

[13] Majeske K D. A non-homogeneous Poisson process predictive model for automobile warranty claims [J]. Reliability Engineering and System Safety, 2007, 92 (2): 243–251.

[14] Lawless J, Hu J, Cao J. Methods for the estimation of failure distributions and rates from automobile warranty data [J]. Lifetime Data Analysis, 1995, 1 (3): 227–240.

[15] Ye Z S, Murthy D P. Warranty menu design for a two-dimensional warranty [J]. Reliability Engineering and System Safety, 2016, 155: 21–29.

[16] Rai B, Singh N. Modeling and analysis of automobile warranty data in presence of bias due to customer-rush near warranty expiration limit [J]. Reliability Engineering and System Safety, 2004, 86 (1): 83–94.

附录 A

A.1 韦布尔分布的极大似然估计

```
import numpy as np
import scipy.optimize as so
#韦布尔分布的极大似然参数估计
def WblModelExact(D,k=1,S):
#数据格式: D为N*4矩阵
#第1列为时间;
#第2列为截尾标志,
#0为右截尾; 1表示实际的失效时间
#第3列为对应时间发生的失效或截尾数
#参数:
#D为样本数据, S为参数初始值
#k=1表示参数估计
#k=0则根据参数S给出似然函数值
#S为转化为SEV分布形式的参数
    def LLWbl(S):
    #计算极大似然函数值
        mu=S[0]
        sigma=S[1]
        L=0
        t=D[:,0]
        t=np.log(t)
        censoring=D[:,1]
        Freq=D[:,2]
        z=(t-mu)/sigma
        t1=Freq*(-np.exp(z))
        #用SEV分布计算截尾时的对数似然
        t2=Freq*(z-np.exp(z)-np.log(sigma)-t)
        #失效时的对数似然
        t1=(t1*(1-censoring)).sum()
        t2=(t2*censoring).sum()
        L=t1+t2
        L=-L
```

```
        return L
    if(k==1):
        cons=({'type':'ineq','fun':lambda x:np.array(x[0])},

        {'type':'ineq','fun':lambda x: np.array(x[1])})
        bnds=[(1,15),(0.1,5.)]
        ops=so.minimize(LLWbl,S,constraints=cons,
                bounds=bnds,options={'disp':False})
        return ops
            #优化结果，其中ops.x给出了参数值
        else:
                return LLWbl(S)
                #返回似然函数值

import sympy as sy
import numpy as np
import scipy.linalg as LA
#韦布尔分布极大似然估计的协方差矩阵
def IMWblExact(D,S):
#D为样本数据，格式同上
#S为SEV分布的参数（韦布尔分布经过变换）
    t,mu,sig=sy.Symbol('t'),sy.Symbol('mu'),sy.Symbol('sig')
    f1=-sy.log(1/(sig*t)*sy.exp((sy.log(t)-mu)/sig-sy.exp((sy.log(t)
        -mu)/sig)))
    f2=sy.exp((sy.log(t)-mu)/sig)
    F1mm=sy.diff(sy.diff(f1,mu),mu)
    F1ms=sy.diff(sy.diff(f1,mu),sig)
    F1sm=F1ms
    F1ss=sy.diff(sy.diff(f1,sig),sig)
    F2mm=sy.diff(f2,mu,2)
    F2ms=sy.diff(sy.diff(f2,mu),sig)
    F2sm=F2ms
    F2ss=sy.diff(f2,sig,2)

    F1mm=F1mm.subs({mu:S[0],sig:S[1]})
    F1ms=F1ms.subs({mu:S[0],sig:S[1]})
    F1sm=F1sm.subs({mu:S[0],sig:S[1]})
    F1ss=F1ss.subs({mu:S[0],sig:S[1]})

    F2mm=F2mm.subs({mu:S[0],sig:S[1]})
    F2ms=F2ms.subs({mu:S[0],sig:S[1]})
```

```
F2sm=F2sm.subs({mu:S[0],sig:S[1]})
F2ss=F2ss.subs({mu:S[0],sig:S[1]})

F1mmLambda=sy.lambdify(t,F1mm,'numpy')
F1msLambda=sy.lambdify(t,F1ms,'numpy')
F1smLambda=sy.lambdify(t,F1sm,'numpy')
F1ssLambda=sy.lambdify(t,F1ss,'numpy')

F2mmLambda=sy.lambdify(t,F2mm,'numpy')
F2msLambda=sy.lambdify(t,F2ms,'numpy')
F2smLambda=sy.lambdify(t,F2sm,'numpy')
F2ssLambda=sy.lambdify(t,F2ss,'numpy')

t1=D[:,0]
censoring=D[:,1]
Freq=D[:,2]
Lmm=0
Lms=0
Lsm=0
Lss=0
for i in np.arange(D.__len__()):
    if(censoring[i]==0):
        Lmm+=Freq[i]*F2mmLambda(t1[i])#*F2mm.subs(((t,t1[i]),(mu
            ,S[0]),\\
        (sig,S[1]))).evalf()
        Lms+=Freq[i]*F2msLambda(t1[i])#*F2ms.subs(((t,t1[i]),\\
        (mu,S[0]),(sig,S[1]))).evalf()
        Lsm+=Freq[i]*F2smLambda(t1[i])#*F2sm.subs(((t,t1[i]),(mu
            ,S[0]),\\
        (sig,S[1]))).evalf()
        Lss+=Freq[i]*F2ssLambda(t1[i])#*F2ss.subs(((t,t1[i]),(mu
            ,S[0]),\\
        (sig,S[1]))).evalf()
    else:
        Lmm+=Freq[i]*F1mmLambda(t1[i])#*F1mm.subs(((t,t1[i]),(mu
            ,S[0]),\\
        (sig,S[1]))).evalf()
        Lms+=Freq[i]*F1msLambda(t1[i])#*F1ms.subs(((t,t1[i]),(mu
            ,S[0]),\\
        (sig,S[1]))).evalf()
```

```
            Lsm+=Freq[i]*F1smLambda(t1[i])#*F1sm.subs(((t,t1[i]),(mu
                ,S[0]),\\
            (sig,S[1]))).evalf()
            Lss+=Freq[i]*F1ssLambda(t1[i])#*F1ss.subs(((t,t1[i]),(mu
                ,S[0]),\\
            (sig,S[1]))).evalf()
    IM=np.array([[Lmm.__float__(),Lms.__float__()],[Lsm.__float
        __(),\\
                        Lss.__float__()]])
    IM=LA.inv(IM)
    return IM
    #返回协方差矩阵

#估计韦布尔分布累积分布F(te)的置信区间
def FteCICalculate(te,S,IM):
#S为分布参数
#IM为协方差矩阵
    alpha=0.05
    #置信度
    z=(np.log(te)-S[0])/S[1]
    Fte=sevcdf(z,0,1)
    #SEV分布的累积分布函数
    Fte[Fte==1.0]=1-1e-15
    seF=sevpdf(z,0,1)/S[1]*np.sqrt(IM[0,0]+2*z*IM[0,1]+z**2*IM[1,1])
    w=np.exp(ss.norm.ppf(1-alpha/2,0,1)*seF/(Fte*(1-Fte)))
    Ftelo=Fte/(Fte+(1-Fte)*w)
    Fteup=Fte/(Fte+(1-Fte)/w)
    FteCI={'Fte':Fte,'Ftelo':Ftelo,'Fteup':Fteup}
    return FteCI

#失效率函数h(te)的置信区间估计
import pysym as sy
def hteCICalculate(te,dist,S,IM):
    alpha=0.05
    t,mu,sig=sy.Symbol('t'),sy.Symbol('mu'),sy.Symbol('sig')
    g=sy.exp((sy.log(t)-mu)/sig)/(sig*t)
    gmu=sy.diff(g,mu)
    gsigma=sy.diff(g,sig)
    for i in np.arange(te.__len__()):
        tmp1=gmu.subs(((t,te[i]),(mu,S[0]),(sig,S[1]))).evalf()
        tmp2=gsigma.subs(((t,te[i]),(mu,S[0]),(sig,S[1]))).evalf()
```

```
        tmp1=tmp1.__float__()
        tmp2=tmp2.__float__()
        seh[i]=np.sqrt(tmp1**2*IM[0,0]+2*tmp1*tmp2*IM[0,1]+tmp2**2*
            IM[1,1])
        hte[i]=g.subs(((t,te[i]),(mu,S[0]),(sig,S[1]))).evalf()
        w[i]=np.exp(ss.norm.ppf(1-alpha/2,0,1)*seh[i]/hte[i])
    hlo=hte/w
    hup=hte*w
    hteCI={'hte':hte,'hlo':hlo,'hup':hup}
    return hteCI

#分位数寿命t_p的置信区间估计
def tpCICalculate(p,dist,S,IM):
    alpha=0.05
    tp=np.exp(S[0]+sevinv(p)*S[1])
    setp=tp*np.sqrt(IM[0,0]+2*sevinv(p)*IM[0,1]+sevinv(p)**2*IM
        [1,1])
    w=np.exp(ss.norm.ppf(1-alpha/2,0,1)*setp/tp)
    tplo=tp/w
    tpup=tp*w
    tpCI={'tp':tp,'tplo':tplo,'tpup':tpup}
    return tpCI
```

A.2 基于相对似然的韦布尔分布参数置信区间估计

```
#韦布尔分布的极大似然估计
def LEwbl(D,S,fig):
#参数
#D为样本数据, 格式同A.1
#S为参数
#fig=1: 输出图形
    mu=S[0]
    sigma=S[1]
    t0=WblModelExact(D,0,S)
    #A.1中的函数
    #以下代码为寻找一个参数范围的区间
    signal=True
    mu_min=mu
    while(signal):
        t1=WblModelExact(D,0,np.array([mu_min,sigma]))
```

```
    if(np.exp(t0-t1)>0.01):
        mu_min=mu_min*0.99
    else:
        signal=False
mu_max=mu
signal=True
while(signal):
    t1=WblModelExact(D,0,np.array([mu_max,sigma]))
    if(np.exp(t0-t1)>0.01):
        mu_max=mu_max*1.01
    else:
        signal=False

sigma_min=sigma
signal=True
while(signal):
    t1=WblModelExact(D,0,np.array([mu,sigma_min]))
    if(np.exp(t0-t1)>0.01):
        sigma_min=sigma_min*0.99
    else:
        signal=False
sigma_max=sigma
signal=True
while(signal):
    t1=WblModelExact(D,0,np.array([mu,sigma_max]))
    if(np.exp(t0-t1)>0.01):
        sigma_max=sigma_max*1.01
    else:
        signal=False
    #对参数离散化
Mmu=np.linspace(mu_min,mu_max,100)
Ssigma=np.linspace(sigma_min,sigma_max,80)

R=np.zeros((len(Mmu),len(Ssigma)))
for i in range(len(Mmu)):
    for j in range(len(Ssigma)):
            #计算相对似然
        t1=WblModelExact(D,0,np.array([Mmu[i],Ssigma[j]]))
        R[i,j]=np.exp(t0-t1)
X1=Mmu
```

```
Y1=R.max(axis=1)
idx=Y1.argmax()
muCI=np.zeros(2)
#计算95%置信区间
#exp(-chi2(1-alpha,1)/2)=0.1465,alpha=0.05
muCI[0]=SI.interp1d(Y1[:idx],X1[:idx])(0.1465)
muCI[1]=SI.interp1d(Y1[idx:],X1[idx:])(0.1465)
X2=Ssigma
Y2=R.max(axis=0)
idx=Y2.argmax()
sigmaCI=np.zeros(2)
sigmaCI[0]=SI.interp1d(Y2[:idx],X2[:idx])(0.1465)
sigmaCI[1]=SI.interp1d(Y2[idx:],X2[idx:])(0.1465)

if(fig==1):
#绘图
    [MM,SS]=np.meshgrid(Mmu,Ssigma)
    figure=plt.figure(figsize=(10,6))
    ax1=figure.add_subplot(121)
    cs=ax1.contour(MM,SS,R.transpose())
    plt.clabel(cs,inline=1)
    ax1.set_xlabel(r'$\mu$')
    ax1.set_ylabel(r'$\sigma$')

    ax2=figure.add_subplot(222)
    ax2.plot(X1,Y1,lw=1)
    ax2.vlines(muCI[0],np.min(Y1),np.max(Y1)*0.5)
    ax2.vlines(muCI[1],np.min(Y1),np.max(Y1)*0.5)
    ax2.text(np.min(Mmu),np.max(Y1)*0.7,CI[0])
    ax2.text(muCI[1],np.max(Y1)*0.7,muCI[1])
    ax2.set_xlabel(r'$\mu$')
    ax2.set_ylabel(r'$R(\mu)$')
    plt.title(r'$\mu$')

    ax3 = figure.add_subplot(224)
    ax3.plot(X2,Y2,lw=1)
    ax3.vlines(sigmaCI[0],np.min(Y2),np.max(Y2)*0.5)
    ax3.vlines(sigmaCI[1],np.min(Y2),np.max(Y2)*0.5)
    ax3.text(np.min(Ssigma),np.max(Y2)*0.7,sigmaCI[0])
    ax3.text(sigmaCI[1],np.max(Y2)*0.7,sigmaCI[1])
```

```
        ax3.set_xlabel(r'$\sigma$')
        ax3.set_ylabel(r'$R(\sigma)$')
        plt.title(r'$\sigma$')
        plt.show()

    return [muCI,sigmaCI]
    #返回置信区间
```

A.3 经验累积分布函数估计

```
import numpy as np
import scipy.stats as ss
#Python统计包

def empericalCDF(D):
#数据格式同上
    res=[]
    idx=D[:,0].argsort()
    #对时间进行排序
    D=D[idx,:]
    #处理重复时间
    d=np.array(list(set(D[D[:,1]==1][:,0])))
    d=np.column_stack((d,np.ones(len(d))))
    d=np.column_stack((d,np.zeros(len(d))))
    d1=np.array(list(set(D[D[:,1]==0][:,0])))
    d1=np.column_stack((d1,np.zeros(len(d1))))
    d1=np.column_stack((d1,np.zeros(len(d1))))
    for i in range(len(d)):#实际失效时间
        tmp = D[D[:, 0] == d[i, 0]]
        if (len(tmp) > 0):
            for j in range(len(tmp)):
                if (tmp[j, 1] == 1):
                    d[i, 2] = d[i, 2] + tmp[j,2]
    for i in range(len(d1)):#右截尾时间
        tmp = D[D[:, 0] == d1[i, 0]]
        if (len(tmp) > 0):
            for j in range(len(tmp)):
                if (tmp[j, 1] == 0):
                    d1[i, 2] = d1[i, 2] + tmp[j,2]
    d=np.row_stack((d,d1))
```

```
D=d
idx=D[:,0].argsort()
D=D[idx,:]

N=D[:,-1].sum()
Len=D.__len__()
R=np.zeros(Len+1)
R[0]=N
p=np.zeros(Len)
for i in np.arange(Len):
    if(D[i,1]==1.):
    #失效时间
        p[i]=D[i,2]/R[i].astype('float32')
        R[i+1]=R[i]-D[i,2]
    else:
    #右截尾时间
        p[i]=0.
        R[i+1]=R[i]-D[i,2]
R=R[0:-1]
SF=np.zeros_like(p)
SF[0]=1.-p[0]
for i in np.arange(1,Len):
    SF[i]=SF[i-1]*(1-p[i])
SF=SF[p>0]
#生存函数
FE=1.-SF
#累积分布函数
t=D[p>0,0]
p=p[p>0]
seF=np.zeros_like(p)
Fbound=np.zeros((p.__len__(),2))
#计算95%置信区间
for i in np.arange(p.__len__()):
    seF[i]=0
    for j in np.arange(i):
        seF[i]=seF[i]+p[j]/(R[j].astype('float32')*(1-p[j]))
    seF[i]=np.sqrt(SF[i]**2*seF[i])
for i in np.arange(p.__len__()):
    Fbound[i,0]=np.max([0.0,FE[i]-ss.norm(0,1).ppf(0.95)*seF[i
        ]])
```

```
    Fbound[i,1]=np.min([1.0,FE[i]+ss.norm(0,1).ppf(0.95)*seF[i
        ]])
res={'t':t,'FE':FE,'FEbound':Fbound}
#返回结果：时间、经验累积分布、置信限
return res
```

附录 B

B.1 Python 统计包相关函数介绍

Python 统计包包含了大量的常用分布函数，可以用于概率的计算和参数估计。导入包的形式为：import scipy.stats as ss 常用分布。

1）**二项分布**：ss.binom

参数：

n：试验次数

p：事件发生的概率

常用函数：

概率质量函数：ss.binom(n,p).pmf(k)

累积分布函数：ss.binom(n,p).cdf(k)

逆累积分布函数：ss.binom(n,p).ppf(q)

2）**泊松分布**：ss.poisson

参数：

a

常用函数：

概率质量函数：ss.poisson(a).pmf(x)

累积分布函数：ss.poisson(a).cdf(x)

逆累积分布函数：ss.poisson(a).ppf(q)

3）**韦布尔分布**：ss.weibull_ min

参数：

α：尺度参数

β：形状参数

loc：位置参数，默认设置为 0

常用函数：

概率密度函数：ss.weibull_ min(β,scale=α).pdf(t)

累积分布函数：ss.weibull_ min(β,scale=α).cdf(t)

逆累积分布函数：ss.weibull_ min(β,scale=α).ppf(q)

参数估计：ss.weibull_ min.fit(data,floc=0)

当已知未知参数 loc 为 0 时，给定参数 floc=0。

注意，Python 统计包不能直接处理存在截尾数据的情形。

4）**其他分布**

正态分布：ss.norm(μ,scale=σ)

对数正态分布：ss.lognorm(σ,scale=μ)

在使用 Python 的统计函数时，需要注意参数形式，与一般的统计软件不同。

B.2 利用 Scipy 进行最优化求解

通过极大似然法进行参数估计时，需要进行参数的最优化估计，由于常用分布的似然函数估计形式比较复杂，很难得到参数的解析表达式。这时可以使用 Scipy 中 optimize 包中的函数进行参数估计。

导入包：import scipy.optimization as SO

定义目标函数：

```
def func(args):
 fun=lambda x:...
```

此处省略函数的具体定义

```
  return fun
```

定义约束条件：

```
def con(args):
  cons=('type':ineq,'fun':lambda x:x[1]-x[0]**2,
```

不等式约束示例

```
 'type':eq,'fun':lambda x:x[0]+x[1])
```

等式约束

```
 return cons
```

以上的 lambda 函数根据具体的问题进行定义。注意：Scipy.optimize 中的不等式约束默认为“大于等于”约束。

最优化求解：

```
res=SO.minimize(func(()),x0,method='SLSQP',constraints=con(()))
```

这里 x0 是给定的初始解，method 可以根据问题的特征进行选择。

返回的结果 res 是一个对象，包含了求解状态和最优解 res.x。